혐오의 시대를 사는
그리스도인

IVP(InterVarsity Press)는
캠퍼스와 세상 속의 하나님나라 운동을 지향하는
IVF(InterVarsity Christian Fellowship)의 출판부로
생각하는 그리스도인을 위한 문서 운동을 실천합니다.

한국교회탐구센터(The Research Center for the Korean Churches)는
'하나님나라를 위한 교회, 한국 교회를 위한 탐구'를 모토로
한국 교회 개혁을 위한 연구에 힘쓰고 있습니다.

이 책은 IVP와 한국교회탐구센터가 함께 만들었습니다.

혐오의 시대를 사는
그리스도인

김선욱·최종원·김회권·송인규·이일·김동문·송진순·정재영 지음

교회탐구포럼 09

한국교회탐구센터 IVP

차례

머리말 7
01 배제와 혐오의 동학(動學) _김선욱 11
02 왜 기독교는 배제와 혐오의 대열에 서게 되었는가 _최종원 35
03 성경에 포함된 혐오와 저주를 어떻게 이해할 것인가 _김회권 59
04 기독교 진리는 혐오를 함의하는가 _송인규 93
05 한국의 기독교인들이 알아야 할 혐오 표현의 정의, 해악, 대응
    _이일 127
06 우리는 왜 이슬람을 혐오할까 _김동문 149
07 동성애, 혐오를 넘어 편에 서기 _송진순 171
08 혐오 표현에 대한 개신교인의 인식 _정재영 199
부록: 설문조사 문항 257

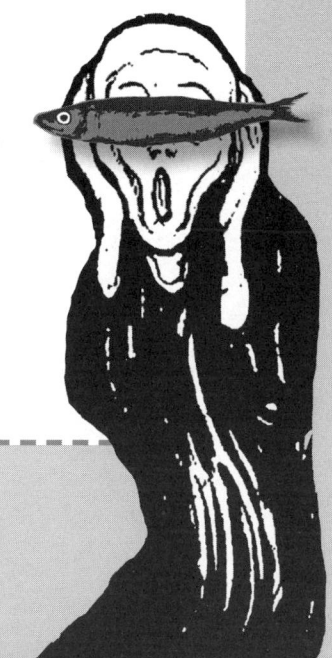

머리말

 미세먼지와 초미세먼지가 우리의 대기 위에 위협적으로 드리우듯, 혐오의 현상이 몇 년 사이에 한국인의 문화적 공간과 사회 환경에 슬그머니 잠입해 가공할 독력(毒力)을 휘두르고 있다. 인간은 개인이나 집단이나 그냥 내버려 두면 자신과 다른 이들—특히 소수의 약자들—을 이질화하고 주변화하고 악마화하는 데 능수능란하다. 그 간교한 획책의 중심에 혐오라는 심리적·사회적 기제가 있다. 인간 사회의 혐오 생성이 두려움 때문이든 빗나간 청결감 때문이든 어쨌든 역사는 그 비극적 결말을 반복해서 보여 주고 있다.

 종교라고 해서 저절로 혐오에 대한 범접 불가능의 영역이 되는 것은 아니다. 오히려 종교가 가담해 혐오가 더욱 극악해질 수도 있다. 적지 않은 그리스도인들이 한국의 개신교가 혹 그렇게 되면 어쩌나 하는 우려와 섬뜩함을 떨치지 못한다. 왜냐하면 혐오의 증상이 이미 보수적 개신교인들(복음주의자들) 사이에 만연되어 있고, 심지어 혐오를 생성하는 데에도 알게 모르게 연루되어 있다는 증거가 포착되기 때문이다.

 제9차 교회탐구포럼은 이상과 같은 현실 인식에서 다소 다급한 심정으로 마련되었다. 우선 이 책자의 마지막 부분은 "혐오 표현에 대한 개신교인의 인식"(정재영)에 할애되어 있다. 한국교회탐구센터는 설문조사 전문 기관인 '지앤컴리서치'에 의뢰해 2019년 3월 27일부터 4월 7일까지 12일 동안 온라인 조사를 실시했다. 표본은 만 15-69세의 전 국민을 대상으로 하여 1,000명을 무작위로 추출했다. 또 개신교인에 대한 형편을 알기 위해 200명의 개신교인을 추가로 모집했다. 해설자는 금번 설문조사 결과를 분석하며 혐오 표현은 교회와 교계에도 널리 퍼져 있고, 특히 교회의 중직자나 지도자들에게서도 빈번히 발견된다고 밝힌다.

앞의 일곱 개의 글은 혐오 현상에 대한 다각도의 분석·설명·성찰·비평이다. 각 필자가 다루는 소재와 주제 그리고 접근 방식은 다양하고 서로 간 차이가 있지만, 공통된 주장은 "그리스도인과 교회가 항시 자기 비판적인 신앙 자세와 기독교 진리에 입각한 보편적 가치관을 견지한다면, 혐오는 그 설 자리를 잃으리라는 것"이다.

첫째 글 "배제와 혐오의 동학(動學)"(김선욱)에서 필자는 윤리·도덕·종교 어느 것도 배제와 혐오의 추동 역할로부터 자유롭지 않다고 밝히며 유대인 혐오 사례를 통해 이 점을 설명한다. 동시에 오늘날 우리 안의 증오와 혐오 또한 윤리·도덕·종교의 기치 아래 자행될 수 있으므로 자기 성찰적 사유와 그리스도의 자기희생적 사랑에 힘입어 극복해야 한다고 주장한다. 그다음 등장하는 "왜 기독교는 배제와 혐오의 대열에 서게 되었는가"(최종원)는 혐오의 대상이던 기독교가 혐오의 주체로 탈바꿈한 역설적 상황을 초기 기독교의 국가주의적 타협에서 찾는다. 오늘날 한국의 기독교가 은연중에 국가 이데올로기와 짝을 짓고자 하는 한 결코 배제와 혐오의 만행은 근절되지 않을 것이라고 경고한다.

다음에 선 보이는 두 글(셋째, 넷째)은 성경의 가르침에 대한 설명을 주안점으로 하고 있다. "성경에 포함된 혐오와 저주를 어떻게 이해할 것인가"(김회권)에서 필자는 구약에 빈번히 등장해 우리를 당황스럽게 만드는 여러 종류의 저주/혐오 본문들, 특정 민족에 대한 진멸 교훈과 저주 시편들을 다룬다. 비록 이런 구절들이 난해한 것은 사실이지만, 본문이 주어진 배경의 특이성과 여타 구절들이 제공하는 내용, 그리스도의 구속적 완성을 염두에 둔다면 혐오와 저주는 설 자리를 잃게 된다는 것이다. "기독교 진리는 혐오를 함의하는가"(송인규) 역시 진리는 혐오와 양립할 수 없음을 강변한다. 이것은 이 세상 사람들의 정체에 대한 것이든, 그리스도인의 사회적 비전에 대한 것이든, 아니면 심지어 저주나 화에 대한 성경의 가르침이든 결코 혐오를 함의하지 않는다는 말이다.

"한국의 기독교인들이 알아야 할 혐오 표현의 정의, 해악, 대응"(이일)은 제목 그대로 무엇이 혐오 표현인지, 그 피해는 무엇이고 어떻게 대응해야 하는지 매우 자세하고 실제적으로 기술하고 있다. 이제 한국 교회는 혐오와 관련해 더 이상 가해자가 되지 않고 치유자가 되기 위해 "들리지 않았던 목소리"에 귀를 기울여야 한다.

나머지 두 편의 글(여섯째, 일곱째)은 혐오 현상이 기승을 부리는 두 영역을 소재로 다룬다. "우리는 왜 이슬람을 혐오할까"(김동문)라는 제하에 오늘날 그리스도인들을 포함해 한국 사회 전반에 유행하는 이슬람포비아(Islamophobia)의 이슈를 거론한다. 필자의 설명에 의하면, 무슬림에 대한 지나친 단순화, 과장과 조작에 의한 허구화, 이슬람 사역에서의 패배를 자인하지 않으려는 합리화 등이 문제의 실상이다. 그러므로 우리 편에서는 그릇된 고정관념과 싸우고 포용의 용기로 맞서는 일이 필요하다는 것이다. 동성애 혐오의 실상을 알리는 "동성애, 혐오를 넘어 편에 서기"(송진순)는 먼저 한국 기독교의 동성애 혐오가 어느 정도의 수위에 이르렀는지, 여러 항목[학생인권조례안 제정, 미션 스쿨의 사태, 퀴어퍼레이드 및 교단별 입장]에 걸쳐 자세히 묘사한다. 동시에 성소수자의 실태와 비극적 상황을 설명하면서 예수 그리스도의 모습과 사랑에 입각해 그들을 포용해야 한다고 역설한다.

나는 이 일곱 개 글이 혐오 현상에 대한 모든 것을 다루었다고는 생각하지 않는다. 또 혐오 표현에 대한 이해에서나 이런 사태에 대한 반응에서 모든 그리스도인들이 획일화되어야 한다고 으름장을 놓는 것도 아니다. 그러나 이 한 가지만은 확실하다. 그리스도인이 편견과 오만과 근거 없는 두려움과 왜곡된 인식에 기초해 사회의 소수자들에게 혐오와 해악의 원인자로 행세하는 것은 "하나님을 시인하나 행위로는 부인하는 가증스런 일"(딛 1:16)이라는 것을! 그러므로 이 책의 내용 가운데 어느 한 가지라도 우리의 눈을 덮고 있는 비늘을 벗길 수 있다면, 그보다 기쁜 일이 어디에 있겠는가!

2019년 6월 1일
송인규

01
배제와 혐오의 동학(動學)

김선욱(숭실대학교 철학과 교수)

혐오 사회를 돌아보며

우리 사회를 가리켜 '낯선 사회'라고 한 것이 그리 오래되지 않았다. 사람들의 마음에 분노의 날이 장전되어 있다가 어느 순간 누군가가 건드리기만 하면 폭발해 버릴 준비가 된 사람들의 사회라는 것이다. 재수 없이 걸리기만 하면 호되게 당하거나 심지어 어처구니없이 목숨을 잃는 일도 있었다. 그러더니 어느 때부터는 화를 많이 내는 사람들을 가리켜 '열폭'(열등감 폭발)이라고 부르는 현상이 나타났다. 열등감은 학벌과 부모의 재산을 중심으로 계급화된 사회적 서열에서 자신이 위계의 상층부로 나아갈 수 없는 한계에서 발생하는 것으로 이해되었다. 이런 열등감에 대한 사회적 인식은 우리 사회를 냉소주의로 충만하게 만들었고, 그래서 '냉소 사회'라는 호칭이 생겼다. 그러다 2016년 강남역 인근 공용 화장실에서 발생한 여성 살해사건을 기점으로 '혐오' 담론이 폭발했다. '남혐' '여혐'이라는 표현은 대중적 표현이 되었고, 혐오는 사회적 담론 형성의 중심이 되었다. 이와 더불어 우리 사회는 이제 '혐오 사회'가 되었다.

강남역 여성 살해사건이 일어난 직후 「한국일보」는 빅데이터 분석에 따라 한국 사회의 혐오 현상에 대한 기사를 내놓았다. 2006년부터 2011년까지 5년간 신문 기사를 분석한 결과 혐오에 대한 기사는 주로 쓰레기 소각장이나 납골 시설 등 소위 혐오 시설과 관련된 것이었다. 그런데 2011년 이후 5년 동안에는 혐오와 관련된 기사가 주로 "소수자, 오프라인, 사람들, 개똥녀, 강남역, 여성들, 신상녀, 강사녀, 동성애, 외국인, 장애인" 등을 중심으로 하고 있었다. 혐오의 대상이 시설에서 사람으로 바뀌고, 특히 사회적으로 취약한 지위에 있었던 여성과 관련해 혐오라는 단어의 사용이 집중되었음을 보여 주었다.[1]

---

1 "빅데이터로 세상 읽기: 한국 사회에서의 혐오", 「한국일보」 2016년 5월 22일자. http://www.hankookilbo.com/News/Read/201605221397520254

2019년 1월 1일의 「한국일보」 빅데이터 분석 기사에 따르면, 혐오 표현과 각종 비하 지칭어의 사용 빈도가 2015년에서 2018년까지 4년 동안 12배가 넘을 정도로 폭증했다. 이들 텍스트에서 사용된 감정어는 '혐오'가 75퍼센트로 압도적으로 많았다. 이 기간 동안 혐오 및 차별 표현의 소재는 젠더 1246퍼센트, 성소수자 64퍼센트, 난민 50퍼센트, 세대 관련 23퍼센트, 다문화 관련 13퍼센트 등과 같이 증가했다. 2016년의 강남역 여성 살해사건 이후 여성들에게 가해진 폭력과 차별에 대한 여성들의 집단기억이 사회적으로 공유되었고, 이에 따라 여성들의 페미니즘 인식이 확대되었다. 또 여성에 대한 차별과 폭력에 대한 반대운동 등이 발생하며 젠더 이슈와 관련해 혐오 표현이 폭증했다. 그런데 이와 더불어 사회적 약자들, 즉 성소수자, 난민, 다문화 가족 등에 대한 혐오 표현도 많이 증가한 것으로 나타났다.[2]

날선 사회, 냉소 사회, 그리고 혐오 사회는 우리 사회에서 순차적으로 나타났다 사라진 것이 아니다. 이는 우리 사회에서 비교적 짧은 기간에 동시적으로 표출된 서로 연관된 현상들의 표현이다. 그러나 날이 선 상태나 냉소가 우리 사회에 현존하는 문제가 개개인에게 반영되어 나타난 것을 일컫는 표현이라면, 혐오는 의도적으로 만들어지고 형성된 측면이 있다. 카롤린 엠케(Carolin Emcke)가 『혐오사회』(Gegen den Hass, 다산초당)에서 지적한 것처럼, 증오 혹은 혐오는 사회적으로 공모되고 유도되어 나타나며, 폭력으로 유도되고 사회적으로 증폭된다.[3] 이 문제가 특히 우리의 관심을 더욱 끄는 것은 우리 사회에서 증오 혹은 혐오가 확산되고 표현되고 증폭되는 데 개신교가 특별한 기여를 하고 있다는 점이다. 보수 기독교 교회는 우경화된 정치집단

---

2 "혐오·배제를 덜다, 공감·동행을 더하다", 「한국일보」 2019년 1월 1일자. http://www.hankookilbo.com/News/Read/201812270661013065?did=DA&dtype=&dtypecode=&prnewsid=
3 카롤린 엠케의 책 제목에 사용된 독일어 'Hass'는 영어의 'hate'에 해당되는 말인데, 우리말 번역에서는 '혐오'로 옮겼다. 따라서 엠케의 의도는 이 글의 언어로 하면 혐오보다 증오에 가깝다.

과 궤를 같이 하며 이슬람 문화와 동성애에 대해 혐오와 폭력적 태도를 표출하고 있다. 그리고 그런 혐오와 공격성의 근거를 '복음적'이라고 자칭하는 성서 해석에 바탕을 둔 종교적·윤리적 입장에 둔다. 따라서 과연 그런 태도가 진정으로 복음적인지 혹은 올바르고 바람직한 것인지를 잘 따져 보는 것이 기독교인들에게 긴급하고 절실한 문제가 되었다.

이미 한국 사회에는 혐오 문제를 해결하기 위한 이론적·실천적 노력이 시작되었고, 바람직한 방향성도 제시되었다. 그러나 참으로 안타깝게도 개신교회들은 대체로 문제 해결을 위해 노력하기보다는 스스로가 해결되어야 할 문제가 되어 버렸다. 사실 신앙적 관점에서 이 문제는 쉽지 않다. 신앙 훈련 과정에서 우리는 신앙적으로나 도덕적으로 미워해야 할 것은 미워하고 혐오해야 할 것은 혐오해야 한다고 배워 왔기 때문이다. 그러므로 신앙적 관점에서 이 문제에 대해 명료한 이해가 이루어지지 않는다면 혐오 행위에 참여하거나 맞서는 분명한 입장을 갖기가 쉽지 않다.

증오와 혐오는 다르며, 이는 구별과 차별과 배제의 행위와 연결된다. 따라서 신앙적 입장을 따지기 전에 우리는 이런 것들이 어떤 연관성을 갖는지, 그리고 이런 바탕에서 어떻게 궁극적으로 혐오라는 행위가 나오는지, 또 혐오 행위는 왜 문제인지를 먼저 철학적으로 따져 보아야 한다. 따라서 이 글은 먼저 증오와 혐오에 대한 개념적 이해를 추구할 것이고, 증오와 혐오를 다루는 가장 근본적인 태도인 윤리와 도덕, 그리고 종교적 태도에 내재된 동학(動學)을 따져 볼 것이다. 이를 바탕으로 우리는 역사적으로 가장 대표적이고 나쁜 혐오 사례인 유대인 혐오를 분석할 것이다. 또한 우리 사회에서 작동하고 있는 혐오에 대해 어떻게 접근할 것인지 짚어 볼 것이다.

증오와 혐오 개념

우리는 실생활에서 혐오 개념을 그리 엄밀하게 사용하지 않는다. 혐오라는 말로 증오를 의미하기도 하고 단순히 싫어하는 감정을 의미하기도 한다. 우리말 사전에 따르면 '혐오'(嫌惡)는 "싫어하고 미워함"을 의미하고, '증오'(憎惡)는 "아주 사무치게 미워함"을 뜻한다. '증오'에서 '증'(憎)은 '미워함'을 뜻하니 증오란 '미워하고 또 미워함'을 의미하고, '혐오'의 '혐'(嫌)은 '싫어함'을 뜻하니 혐오란 '싫어하고도 미워함'을 의미한다. 우리말 사전의 의미는 이처럼 한자어의 뜻을 풀어 놓은 것에 불과하지만, 이 둘 가운데 우리는 증오보다는 혐오를 더 강렬한 미움의 의미로 사용한다. 혐오가 증오보다 더 강한 감정의 표현이라는 말이다. 이 '혐'(嫌)이란 한자에 계집녀(女) 변이 붙어 있는 것은 여성에 대한 동양의 뿌리 깊은 부정적 태도, 즉 한자어 문화권에 내재된 미소지니(misogyny)의 분명한 증거이기도 하다.

오늘날 '혐오'라는 말은 영어의 'hate'(혹은 hatred)와 'disgust' 모두의 번역어로 사용된다. 영어 표현으로 'hate speech'는 '혐오 연설' 혹은 '혐오 발화'로, 'hate crime'은 '혐오 범죄'로 번역이 된다는 점에서 번역어 '혐오'는 애매하게 사용되는 말인 셈이다. 영어 'hate'와 독일어 'Hass'는 '싫어하다'는 의미의 고대영어 'hatian'에서 온 말이다. 영어 'disgust'는 '맛'과 '취향'을 의미하는 라틴어 'gust'에 접두어 'dis'를 붙여 만든 단어로, 맛과 취향에 거슬려 역겹고 구역질이 난다는 의미를 갖는다. 우리나라의 영어사전에는 'hate'는 증오로, 'disgust'는 혐오로 구분해 번역어로 제시된다. 우리말에서 혐오가 애매하게 사용되고 있다고 해도 영어 표현의 함의는 분명히 구별된다. 따라서 이 글에서는 증오를 'hate'(혹은 hatred, 독일어로는 Hass)의 번역어로, 혐오를 'disgust'(독일어로는 Ekel)의 번역어로 일관되게 사용함으로써 구분할 것이다.

혐오(disgust)의 의미는 오늘날의 혐오 현상과 관련해 널리 사용되면서 그에 대한 철학적 분석이 깊이 있게 이루어졌다. 이 분석을 수행한 대표적인 예는 마사 누스바움(Martha Nussbaum)인데, 누스바움에 따르면 혐오라는 감정은 오염 및 부패에 대한 거부감과 연결되어 있다. 첫째, 혐오는 오염에 대한 거부감과 연관된다. 구체적으로는 몸에서 나오는 점액이나 체취 혹은 배설물 등 인간의 동물성을 연상시키는 것과 연관된다는 것이다. 이런 혐오의 대상들이 구토나 거북함 또는 소름이나 경악 등의 반응을 유발한다는 사실에 누스바움은 주목한다. 둘째, 혐오는 부패에 대한 거부감과 연관된다. 썩은 것을 접촉하거나 먹으면 우리의 생명에 위협이 되는데, 혐오는 이처럼 생명력을 감소시키고 죽음을 연상시키는 것과 연결된다는 것이다. 생물학적 변질을 의미하는 오염이나 부패는 우리에게 본능적으로 생명의 위협으로 다가온다는 점에서 그에 대한 거부감은 즉각적이고 반사적이며 동시에 강렬한 것이다.[4] 우리 사회에서 혐오가 언급될 때 대부분 이런 의미로 사용된다.

혐오의 대상으로 인종, 동성애, 여성, 남성 등이 거론될 때 'phobia'라는 표현이 사용된다. 이는 혐오 혹은 혐오증을 의미하는 일종의 정신병리학적 표현이다. 인종 혐오는 제노포비아(xenophobia), 동성애자 혐오는 호모포비아(homophobia), 여성 혐오는 자이노포비아(gynophobia)가 각각 사용된다. 2012년 수원에서 발생한 여성 살해 및 시신 훼손 사건의 범인이 중국인 우위에춘으로 밝혀지기 전 이것이 조선족의 소행이라고 잘못 알려져 나타난 조선족 혐오는 '朝'의 중국어 발음인 '차오'를 이용해 차오포비아(chaophobia)라고 한다.

영어의 미소지니(misogyny)는 대부분 '여성 혐오'로 번역된다. 위키피디아에 따르면, 미소지니는 여성에 대한 증오, 경멸, 편견 등의 태도를 나타내는 말이다. 이는 사회적 배제, 성차별, 적대행위, 남성중심주의, 가부장제, 남성

4　마사 누스바움, 『혐오와 수치심』, 조계원 역(민음사, 2015)을 참조하라.

특권, 여성에 대한 하대, 여성에 대한 특권 박탈, 여성에 대한 폭력, 성적 대상화 등의 방식으로 표현된다고 설명된다. 미소지니는 성서나 다른 종교 경전들, 신화, 동서양 철학 모두에서 발견된다. 이런 의미에서 특히 강남역 여성 살인사건 등으로 표출된 여성 혐오 현상을 담기에 미소지니는 너무 일반적인 표현법이라고 할 수 있다. 이런 병적 여성 혐오 현상은 자이노포비아(gynophobia) 혹은 혐오(disgust)로 표현하는 것이 더 적절해 보인다. 하지만 여성 혐오에 대한 번역어와 그 의미에 대한 문제는 합의되지 않은 채 여전히 논란 가운데 있다.

배제와 증오와 혐오의 동학

증오와 혐오 두 단어 모두에 '미워하다'라는 의미의 '오'(惡) 자가 들었다. '오'의 감정은 동양의 전통에서 중요한 도덕 감정으로 여겨졌다. 맹자(孟子)는 부끄러워하고 미워하는 마음[羞惡之心]에서 옳음[義]이 나온다고 했다. 또한 『예기』(禮記)에 따르면 '오'는 인간의 일곱 가지 자연스런 감정[喜怒哀懼愛惡欲] 가운데 하나다. 이처럼 '오'는 사물을 대할 때 나타나는 단순한 감정일 뿐만 아니라 행위 지향성을 가진 감정, 즉 정동(情動, affection)에 해당한다.

한자 오(惡)는 악(惡)으로도 읽는다. '오'의 대상이 '악'이다. '오'가 '의'로 이어진다고 했을 때, 맹자는 나쁜 것을 미워하는 것에서 세상의 '의'를 실현하는 단초가 나온다고 생각한 것이다. 문제는 무엇이 악이고 나쁜 것인가라는 점이다. 사단칠정(四端七情) 논쟁이 심각하게 전개되고 또 많은 유학 주제에 대한 논쟁이 있었던 조선시대에 유학의 해석 차이를 명분으로 상대를 사문난적(斯文亂賊)으로 몰아 죽음에까지 이르게 했던 것을 보면, '오' 안에 '악'이 자리 잡고 있다고 해도 과언이 아니다. 잘못된 '오'가 '악'으로 이어지는 것을 우리는 역사를 통해 너무나 잘 알고 있다. 천주교에 대한 박해는 더더욱 말할 필요가 없는 과오의 사례에 해당한다. 조선조 유학은 단순한 철학이나 정치 이념이 아니라 강한 종교성을 가진 신념 체계였고, 이런 신념 체계는 쉽게 증오를 낳아 죽임의 정치로 이동할 수 있다.

윤리적 방식

악에 대한 철학적 처방은 윤리와 도덕이다. 윤리와 도덕 모두 실천의 문제를 다루며, 둘 다 같은 것을 지칭하기도 하지만 작동하는 방식은 서로 다르다. 윤리와 도덕은 악에 대처하고 악인을 처벌하는 목적으로 사람들 사이에서 작동하지만, 그것이 이상적으로 작동하지 않을 때(현실에서는 이상적으로 작동하지 않는 경우가 많다) 오히려 배제와 억압의 기제로 작용할 수 있다.

윤리(ethics)는 구성원들이 자신이 속한 공동체의 바람직한 존속과 개인의 좋은 삶이 조화를 이루는 노력을 하는 가운데 오랜 시간 동안 형성되어 온 삶의 방식을 의미한다. 공동체를 구성하는 사람들의 기질과 자연환경, 그리고 개인의 사유와 판단력이 함께 어우러져 어떤 태도가 바람직한 덕(virtue)인지를 규정하게 되고, 구성원들은 그 덕을 실천하도록 요구된다. 그 과정에서 좋고 나쁨, 옳고 그름이 관념적으로 형성되는데, 이런 윤리의 형성 과정에는 공동체가 오랜 기간 소중하게 여겨 온 전통과 공동의 가치 관념이 중요하게 작동한다. 따라서 윤리에는 공동체적 구속성이 작용할 수밖에 없고, 이것은 공동체마다 바람직한 삶의 태도가 다르게 규정되는 현상으로 나타난다. 결국 우리의 관점이 공동체를 벗어나면, 윤리로 요구된 어떤 점들은 개인과 집단을 억압하고 특정 유형의 삶의 태도를 배제하는 원리로 작용하고 있음을 볼 수 있다.

예컨대 오늘날 중국은 공산당을 중심으로 정치·사회적 폐쇄성을 유지하며 자국민들에게 특정한 방식의 윤리적 삶을 요구한다. 여기서 요구되는 덕목에는 '애국' '집단의 이익에 대한 지향' '예의' '직업에 대한 헌신' '공적인 일에 대한 헌신'이 포함된다. 이런 덕목에 선뜻 동의하기는 어렵다. 개인주의보다는 집단주의적 정신을 강화하려는 국가의 관심이 적용된 이런 덕목의 정당성의 근거는 중국의 특수성에 의존한다.[5] 그리고 공동체를 넘어서는 타당성을 갖기가 쉽지 않다. 그 특수성을 중심으로 생각하면 왜 그런 덕목이 요구되는지 이해할 수 있으나, 그것이 바람직하거나 옳다고 여길 수 있는지는 다른 차원의 문제다.

바람직한 윤리의 예를 우리는 아리스토텔레스(Aristotle)의 『니코마코스 윤리학』(*Ethika Nikomacheia*)에서 찾아 볼 수 있다. 아리스토텔레스가 제시하는 덕목들은 모든 사람에게 적용될 수 있는 보편성을 가진 것으로 다가온다. 공동체적 구속성에도 불구하고 그 덕목들이 인간의 이성과 판단력의 타당한 작동에 근거해 구성되고 그 실천력이 검증되기 때문이다. 다시 말해 이상화된 인간과 사회를 지향하는 방식으로 덕목이 구성되고, 그 실천이 담보되는 방식으로 윤리가 구성되기 때문에 오랫동안 『니코마코스 윤리학』이 윤리학의 고전으로 칭송되고 활용될 수 있었다.

윤리는 선과 악을 규정한다. 그러므로 윤리는 배제와 포용을 작동시키고 증오와 훈육, 용서와 재활을 가동한다. 그런데 윤리를 형성하는 공동체적 집단실천이 공동체의 전통과 내적 질서에만 초점을 맞춘다면 그 덕목은 강력한 배제의 동학을 작동시킨다. 집단의 정체성 강화는 이질성과 차이의 배제를 동시에 작동시키므로, 공동체의 윤리는 폐쇄성이 아니라 개방성을 가져야만 순기능을 할 수 있다. 공동체를 강화하고 폐쇄적으로 작동시키려는 노력은 윤리의 목적과는 정반대의 방향으로 나아가 증오와 혐오를 만들어 낼 수 있다. 윤리를 추구하는 행태가 비윤리적이고 비인간적인 상황을 형성하게 되는 것이다.

---

5 천라이, "유가적 관점에서 본 샌델의 '민주주의의 불만'", 마이클 샌델·폴 담브로시오, 『마이클 샌델 중국을 만나다』(와이즈베리, 2018)을 참조하라.

도덕적 방식

도덕과 윤리의 목적은 동일하지만 작동하는 방식은 다르다. 어떤 행위가 좋기는 하지만 과연 옳은 것인가라는 의문에서 도덕은 시작한다. 도덕적 사유의 대표자는 임마누엘 칸트(Immanuel Kant)다. 근대에 들어 공동체 간 교류가 활발해지면서 한 공동체의 덕성이 공동체를 넘어서는 규범적 힘을 발휘하지 못하는 상황이 되었다. 모든 인류에게 적용될 수 있는 규범의 가능성이 요청되는 이 시점에 칸트는 공동체의 덕 중심이 아니라 이성에 근거한 원리(principle) 중심의 도덕 이론을 제시했다.

칸트의 도덕은 "너의 행위의 준칙이 항상 동시에 보편적 입법에 타당하도록 행위하라"는 소위 정언명령으로 표현된다. 여기에는 준칙이라는 원리와 보편적 입법이라는 원칙이 등장한다. 칸트의 도덕명령의 핵심은, 내가 하려는 행동의 원리인 준칙이 보편적 법률처럼 작동했을 때 자기모순에 빠지지 않는지 점검하고, 만일 자기모순에 빠진다면 그것은 옳지 않은 것이므로 행동해서는 안 된다는 것이다. 모순이라는 논리적 장치에 근거한 이 정언명령은 논리적으로 생각하는 존재라면 예외 없이 적용될 수 있다고 했다. 이렇게 적용해 보면 거짓말은 나쁜 것이고 살인이나 자살도 나쁜 것이 된다. 물론 거짓된 사상에 기반을 둔 혐오도 마찬가지다. 이는 적극적 방식으로는 "이웃을 내 몸과 같이 사랑하라"는 예수님의 말씀과 소극적 방식으로는 "네가 원하지 않는 일을 남에게 하지 말라"는 공자의 가르침, 또는 입장을 바꾸어 생각한다는 역지사지(易地思之)의 정신과 같은 것이다.

그런데 원리 중심의 도덕적 사고는 칸트가 가르쳐 준 방식으로만 작동하지는 않았다. 자신의 행위의 준칙을 보편적 입법의 원리에 적용함 없이 그저 자기가 개인적으로 옳다고 생각하는 원칙을 실행에 옮기거나, 혹은 국가의 명령이나 종교적 지도자의 뜻을 보편적 법칙처럼 따르기도 하는 것이다. 유대인 학살을 명령받아 이를 체계적으로 실행에 옮겼던 아돌프 아이히만(Adolf

Eichmann)은 예루살렘 재판에서 칸트의 정언명령을 정확하게 외우며 총통의 말씀을 정언명령의 내용으로 이해했다고 말했다. 법을 잘 지키는 시민으로서 또 세금으로 월급을 받는 국가의 공무원으로서 자신의 직무에 성실하게 임했다는 그가 따랐던 법은 나치의 명령이었고, 그 명령의 내용은 유대인 학살을 효율적으로 시행하는 것이었다.

원리와 원칙을 따르는 사고방식의 정점은 도덕에 있지만, 도덕을 표방하는 원리와 원칙이 모두 도덕적인 것은 아니다. 이상적 도덕은 우리에게 옳은 것과 그른 것을 구분해 잘못된 것을 미워하도록 이끌어 가지만, 어떤 행위의 원칙과 원리적 사고는 우리를 폭력으로 인도하고 증오로 이끈다. 이런 원리적 사고가 발휘하는 증오와 혐오는 이성적으로 작동하는 원리에 기반을 두기 때문에 예외가 없고 가차 없으며, 때로는 잔혹한 행위로 표현되기도 한다.

종교적 방식

윤리나 도덕은 개인과 공동체의 삶을 안전하게 하고 파괴로부터 보호하기 위해 내적으로 배제의 동학을 작동시킨다. 우리는 개인과 공동체의 삶에서 이러한 동학을 중지시킬 수 없다. 그렇게 될 때 개인과 사회의 삶은 무정부 상태로 빠질 것이기 때문이다. 그러므로 좋고 나쁨을 나누어 옳고 그름을 따져 배제를 작동시키는 일은 불가피하다. 그런데 그것이 오작동하거나 나쁜 목적에 활용될 때 배제는 증오와 혐오로 이어져 인간성을 침해하는 결과를 낳게 된다는 것을 앞서 살펴보았다.

윤리와 도덕은 인간의 사유 속에서 형성되어 사회적으로 작용하고 또 반성이 되는 철학적 방식을 가동하지만, 종교는 이런 방식에 종교 자체의 특수한 배제의 동학을 작동시킨다. 종교의 다양성에 따라 배제의 동학의 강도 및 작동 방식에 다양한 차이가 발생하며, 기독교만 하더라도 신교와 구교, 또는 신학과 교파의 다양성에 따라 현격한 차이가 발생할 수 있다.

종교는 경전을 가지고 있고 그 내용을 신성시하고 절대시한다. 그런데 삶 가운데 종교가 작용할 때에는 절대적 믿음을 요구하는 경전도 시공간의 현실에 적용되어야 하고, 그 과정에서 현실과 경전에 대한 해석이 작용한다. 이 해석은 경전에 대한 해석과 현실에 대한 해석의 두 차원에서 이루어진다. 성경을 적절하게 이해하지 못하면 현실을 신앙적으로 살아가기 어렵고, 성경을 잘 이해하는 학자라도 현실에 대한 이해를 제대로 하지 못하면 또한 신앙적 실천이 어렵다. 법을 아무리 잘 알아도 현실을 모르는 이라면 판결을 제대로 내릴 수 없는 것과 마찬가지인 셈이다.

종교적 신앙에 따른 실천 방식도 앞서 살펴본 윤리적 방식과 원리적 방식이 동시에 작용할 수 있다. 종교 안에서 작동하는 윤리적 방식은 종교가 형성한 공동체성과 연관된다. 북아일랜드에서 오랫동안 진행되었던 분쟁은 개신교와 가톨릭이 중심을 형성하고 있었다. 그런데 이 싸움은 구교와 신교의 신앙 분쟁이 아니라 개신교를 중심으로 형성해 온 공동체와 가톨릭을 중심으로 형성해 온 공동체 간의 정치 분쟁이었다. 이 경우 분쟁을 주도한 것은 신앙심이 아니라 공동체 혹은 정치로 표출된 공동체적 정체성이다. 공동체적 삶의 방식이 배타적으로 작용하고 그것을 종교가 뒷받침할 때 배제와 증오는 치열해질 수 있다.

종교 안에서 작동하는 도덕적 방식은 특정 삶의 방식이 종교의 이름으로 원리화되어 보편타당성을 갖는 실천원리로 작동하는 상황으로 표출된다. 그런데 이런 원리화는 예컨대 성경의 특정 부분을 보편화시키는 방식으로 작동한다. 2002년 찰스 테일러(Charles Taylor)가 진행한 특강에서 다문화주의적 배경에서 종교적 관용을 언급했을 때, 한 철학 교수는 이슬람 신자들의 폭력적 행태는 코란(Koran)에 근거한 것이므로 이슬람은 본질적으로 폭력적이라고 주장했다. 이에 대해 찰스 테일러는 그 주장이 옳다면 기독교도 마찬가지라고 반론을 제기했다. 구약성경에서 전쟁을 정당화하고 심지어 정복한 부족의 모든 사람을 남김없이 죽이는 일을 당연한 일로 서술하고 있는 데다가 "십자가 군병"이라는 찬송을 부르며 투쟁 정신을 고양하는 것을 보면 기독교도 마찬가지로 본질적으로 폭력적이라고 답한 것이다.

서양 중세 기독교사에 나타나는 마녀사냥은 서구 문화의 바탕에 깔린 미소지니와 정치적 권력 관계에 왜곡된 성경 해석이 덧입혀져 발생한 죄악이다. 서양 중세의 기독교에는 로마의 권위 개념이 흘러들어와 위계 형태로 자리 잡았고, 교회와 교권의 권위가 종교적 해석의 다양성을 누르는 현상이 발생했던 것이다. 종교 안에 배제의 동학이 작용하는 것은 선악을 가르고 선이 지배하는 세상을 위해 노력하는 종교의 입장에서 불가피한 일이다. 다만 종교 안에서 작동하는 배제의 장치, 즉 경전에 대한 해석과 현실 해석, 그리고 윤리와 도덕적 장치가 작동하는 방식이 개방적이지 않거나 종교의 본래적 정신에 따라 부단히 점검되어 이해되지 않으면 비윤리적이고 비도덕적인 결과가 나타나리라는 점은 역사가 입증해 온 진실이다. 더욱이 종교 공동체 안에서 위계적 권위 체계가 얼마나 강력하게 구축되어 있는가에 따라 이런 왜곡의 정도 또한 심각하게 나타나게 된다.

유대인 혐오 사례

유대인에 대한 혐오 사례에 주목하는 것은 단지 600만 명이나 되는 많은 사람의 희생이 있었기 때문은 아니다. 제주도 4·3사태 때 발생한 살육이 더욱 참혹했다고 할 수 있고, 아프리카 르완다에서 있었던 종족살상 사태는 정치적 배경에서 이루어진 인종청소 사례였으며, 이런 사례는 20세기에 수없이 재발했던 일이다. 그런데 홀로코스트 사건에 주목하는 것은 여기에 다양한 원인이 개입되었으며, 배제와 증오와 혐오가 여러 차원에서 더해지고 증폭되었기 때문이다.

유대인 문제

홀로코스트의 가장 저변에는 '유대인 문제'(the Jewish question)가 있었고, 이는 종교와 정치가 얽힌 문제다. 주후 70년 로마군이 예루살렘 성을 함락시킨 이후 유대인들은 세계 곳곳에 흩어져 살게 되었는데, 이 유대인들을 어떻게 다룰 것인가 하는 것이 '유대인 문제'였다. 유대인들은 가끔씩 왕의 보호 가운데 안정적 삶을 살기도 했지만 주로 차별과 편견과 학대의 대상이 되어 왔다. 유대인들이 받은 혐오의 일차적 성격은 정치적인 것이었다. 그러나 유대인이 유대교를 정체성의 중심으로 삼고 있다는 점에서 이는 동시에 종교적 성격을 갖는다. 즉 유대인에 대한 혐오는 정치적 차원과 종교적 차원 모두에서 작용했다는 말이다.

반셈주의

반유대주의라는 우리말은 통상 반셈주의(anti-Semitism)를 번역할 때 사용된다. 하지만 글자 그대로 반유대주의는 '안티유다이즘'(anti-Judaism)을 의미할 수 있다. 유다이즘은 유대교 혹은 유대주의를 뜻하므로 반유대주의와 반셈주의는 엄격히 구분해 사용할 필요가 있다. 반유대주의는 신약성경에도 표출되듯 유대교에 대한 반대를 포함한다. 유다이즘이 종교로서의 유대교뿐만 아니라 유대교 사상을 폭넓게 의미할 수도 있으므로, 반유대주의는 유대교에 대한 비판을 넘어 그 외연이 확장될 수 있다. 하지만 반유대주의는 유대인들에 대한 전반적인 반대나 증오 감정인 '유대인 증오'(Jew-hatred)와는 구별된다. 유대인 증오는 인종차별적 태도를 말한다. 이는 우연히 발생할 수 있는 미움의 대상이 특정 유대인이라는 것과는 다르다. 인종주의란 특정 개인에 대한 것이 아니라 인종 전체를 대상으로 한다. 그런데 반셈주의는 여기서 한 걸음 더 나아가 유대 민족 전체를 대상으로 한 증오와 혐오가 체계화된 이데올로기를 의미한다. 반셈주의는 19세기 말 유럽에서 등장했고, 그 명칭은 1879

년 독일 언론인 빌헬름 마르(Wilhelm Marr)가 처음 사용했다.

유대인들은 특별한 복장과 그들의 언어 및 생활방식을 고수하며 자신이 속한 지역의 전통 사회와 잘 어울리지 못했다. 특히 유럽의 기독교 국가들의 문화에서 유대인들은 '예수를 죽인 민족'이라는 비난 섞인 대우를 받기도 했다. 계몽주의 시대에는 평등 정신이 사회를 지배해 유대인들의 권리가 과거보다는 더 많이 보장되었지만 정치적·사회적 상황 변화에 따라 그들의 다름은 차별과 혐오를 불러일으켰다. 유대인들은 지역 공동체에 동화되거나 동화되지 않는 선택을 해야 했고, 유대교도 전통을 고수하는 정통파 유대교와 전향적 태도를 가진 개혁파 유대교로 분리되었다. 유대인들의 정체성 고수는 지역 공동체와 정체성 충돌을 일으키기 쉬웠고, 이는 곧바로 유대인에 대한 차별과 혐오로 이어질 준비가 된 셈이었다.

유대인에 대한 혐오는 반셈주의로 발전함으로써 극단화되었다. 유대인 혐오가 유대인들에 대한 민족적 혐오 태도라면, 반셈주의는 원리적 성격을 갖고 국제적 운동으로 확산된, 민족주의를 넘어선 범유럽의 보편적 운동이었다. 반셈주의는 유대인들이 금권으로 은밀히 정부를 조정하고 있으며 실질적으로 세계 지배를 추구한다는 허구의 주장을 만들어 냈다. 나치 정부는 사이비과학적 근거를 제시하며 마치 인종적 불평등이 과학적 근거를 가진 이론인 것처럼 주장했다. 결국 반셈주의는 나치의 제삼제국 조직 구성의 촉매제가 되었고, 나치 이데올로기의 핵심 요소가 되어 유대인 멸절의 이론적 기초 역할을 했던 것이다.

원리주의와 무사유

나치 독일 안에서 인종주의가 이론화되고 이데올로기화되면서 그 적용 대상은 유대인만으로 국한되지 않았다. 독일인 안에서도 정신병이나 유전질환을 앓고 있는 환자들에게까지 적용되었다. 소위 '안락사'(euthanasia)라는 위장된 이름으로 자행된 이 학살은 1939년부터 전쟁이 끝난 1945년까지 약 30만 명에게 수행되었다. 희생자들은 이들을 위해 특별히 제작된 처형장에서 일산화탄소를 통해 살해되거나, 정신병원에서 아사·방치·약물투여 등의 방법으로 살해되었다. 이들을 기리기 위해 독일의 일부 도시에는 버스 형태의 기념 조형물이 설치되어 있기도 하다.

사람들이 스스로 독립적으로 생각하지 않는다면 혐오가 원칙과 법의 행태로 시행될 때 집단적 혐오 행위에 자발적이고도 무개념적으로 참여하게 된다. 때때로 열정적 참여자로서 혐오를 실천할 수도 있다. 내가 이해하기 어려운 관행이 타 문화권에서 적극 추구되고 있을 때 이를 보고 역지사지로 우리 자신의 문화권 내에서 이루어지고 있는 관행의 타당성에 대해 의문을 갖기란 쉬운 일이 아니다. 더욱이 한 국가의 정부의 명령에 따라 동원된 행위를 수행할 때, 시민이 그에 대해 의문을 갖고 비판적으로 사유하기란 더더욱 어렵다. 비교해 볼 대안적 행위 및 그 원리를 스스로 생각해 내기는 쉽지 않기 때문이다. 앞서 언급했던 것처럼 아이히만이 칸트에 입각한 원리적 사유를 하면서도 실질적으로는 히틀러의 명령을 행동의 원칙으로 삼았다. 그리고 많은 시민들도 원칙 자체에 대한 의문을 제기하지 않은 채 무사유(thoughtlessness)의 상태에서 나치의 행동을 지원했던 것이다. 우리에게는 권위를 넘어서 사유하는 생각의 독립성이 올바른 신앙적 삶을 위해서도 언제나 필요하다.

난민 유대인

유대인 혐오는 난민 문제와 직결된다. 유대인 문제는 결국 난민 문제였다. 국가를 잃은 난민을 어떻게 받아들일까 하는 것이 문제의 본질이었다. 이 문제는 이스라엘 국가의 수립으로 일단락된 듯했다. 하지만 반셈주의는 여전히 남아 있는 문제이고, 이스라엘 국가 수립은 또 다른 문제, 즉 팔레스타인 문제를 낳았다. 이스라엘이 민족국가를 수립하고 1948년에 UN의 인정을 받게 됨으로써 같은 지역에 오랫동안 거주해 왔던 팔레스타인 민족과 아랍인들을 이등 시민으로 격하하고 그들의 삶을 정치적·사회적으로 제한한 것이다. 시온주의자들은 이스라엘 건국을 목표로 활동해 왔는데, 현재의 이스라엘 지역에 주권국가 수립을 계획했을 1930년대 당시부터 유대인 지식인들 사이에서는 반대 여론이 존재했다. 한나 아렌트(Hannah Arendt), 마르틴 부버(Martin Buber), 유다 마그네스(Judah Magnes) 같은 이들은 팔레스타인인, 아랍인, 유대인 등이 함께 참여하는 연방국가가 바람직한 형태라고 보았지만, 유대인의 주권만을 인정하는 주권국가 수립이 유대인들 다수의 열망이었다. 현재와 같은 분쟁 상태는 연방국가 구성을 주장했던 이들이 당연히 예상했던 결과다. 그리고 이런 현실은 난민으로서의 경험을 가진 유대인들로서는 자기모순 상황인 셈이다.

1930년대 초 유럽에서 유대인들에 대한 차별과 폭력이 심각한 상태로 발전되자 유럽의 유대인들 다수가 프랑스로 이주했다. 당시 프랑스 이주 독일계 유대인들의 국적은 독일이었다. 그런데 독일에서 더 이상 살 수 없게 되어 이주한 뒤 그들은 '훌륭한 프랑스인'이 되기 위해 노력했다. 어떻게 살아가는 것이 바람직한 프랑스 시민이 되는 길인지 모색하기 위해 자발적 모임을 만들어 진지한 토론회를 열기도 했다. 그렇게 그들은 7년 동안 좋은 프랑스인이 되려고 노력했다. 그들이 프랑스 국적을 얻기 전에는 일단 법을 잘 지키는 것이 중요했다. 그런데 독일이 프랑스 침공을 눈앞에 둔 위협적 상황에서 프랑스에는 친나치의 비시(Vichy) 정부가 들어섰다. 비시 정부는 독일계 유대인들에게 수용소로 들어가도록 명령했다. 그들은 이미 프랑스에 충성했던 것처럼 자발적으로 수용소에 들어갔다. 이때 그들이 수용소로 들어가야 했던 것은 그들이 프랑스인이 아니라 독일인이었기 때문이다. 독일이 프랑스를 침공한 이후 독일계 유대인들이 있던 수용소는 강제 수용소로 바뀌었다. 거기 있던 자들은 이제 독일인이 아니라 유대인이라는 이유로, 거기서 죽음의 수용소로 옮겨져 살해되었다. 이것이 유대인들이 경험한 난민의 운명이었다. 원치 않는 이주를 해야 하는 난민에게는 인권이 존재하지 않는다.

『안네의 일기』로 널리 알려진 안네 프랑크(Anne Frank)의 가족은 미국으로 이민을 시도했으나 실패하고 네덜란드 암스테르담에 숨어 지내다 1944년 8월에 나치에게 발각되어 죽임을 당했다. 1938년 미국의 여론조사에서는 정치적 이유의 난민을 받아들이지 말자는 여론이 67퍼센트에 달했고, 1941년에는 미국 내 나치 간첩 조직망이 있다고 생각한 사람들의 숫자가 71퍼센트였다. 제2차 세계대전 중 배를 타고 미국에 도착한 유대인 수천 명을 독일 간첩일 수 있다는 이유 등으로 돌려보냈는데 그중 상당수가 나치에 희생되었다. 유대인에 대한 불안과 배제가 결국 그들을 죽음으로 내몬 것이다.

비인간화와 절멸

유대인은 홀로코스트를 통해 약 600만 명이 희생되었다. 장애인이나 유전병 환자, 집시 등 유대인 이외의 희생자도 상당수에 이른다. 유대인에 대한 박해가 처음부터 절멸(extermination)을 목표로 했던 것은 아니다. 처음에는 이들을 해외 이주시키려 했고, 뒤이어 이들을 게토(ghetto)로 몰아넣어 격리시켰다가, '최종 해결책'이라는 이름으로 유대인의 절멸을 추구했다. 이 과정에서 유대인은 처음에는 법적 인격이 박탈당해 그 어떤 법적 보호도 받지 못하는 상태가 되었다. 뒤이어 그들은 수용소나 감옥의 고문과 감금 상태에서 양심이 작용할 수 없는 상황에 빠지는, 도덕적 인격이 살해되는 상황을 맞았다. 친구에게 죄를 뒤집어씌워 죽게 만들 것인가, 아니면 가족을 죽게 만들 것인가를 선택해야 하는 실제 상황에서 도덕적 양심은 기능을 멈추게 된다. 끝으로 이들은 각 사람들이 개인으로서 가지는 차별화된 개성과 정체성이 말살되는, 개성의 파괴를 경험했다. 서로 바싹 달라붙은 상태로 서서 며칠간 쉼 없이 이동하는 수용소행 열차를 타고, 발가벗겨지고 고문을 당하는 가운데 육체적 파괴를 경험할 때 더 이상 인간으로 존재할 수 없는 상태로 나가게 되는 것이다.

유대인을 절멸하는 데 참여한 사람들이 스스로 인간을 죽게 만들고 있다는 생각을 하지 못할 만큼 유대인들은 철저히 비인간화되었다. 전체주의 체제 속에서 유대인은 '잉여적' 존재가 되어 존재할 필요가 없는 '물체'가 되어 버린다. 정치, 종교, 문화, 원리주의적 사고, 제도를 통한 인간성의 철저한 파괴를 통해 배제는 증오로, 또 혐오로 나아가며, 사유가 개입할 수 없는 혐오의 극단화 가운데 유대인은 절멸의 대상이 되어 죽어 갔던 것이다.

우리 안의 증오와 혐오

우리 속에는 난민들에 대한 혐오, 외국인 노동자들에 대한 혐오, 조선족에 대한 혐오가 존재한다. 다문화 가족에 대한 혐오가 있고, 탈북자들에 대한 혐오도 작용하고 있다. 이슬람에 대한 혐오와 동성애자들에 대한 혐오도 존재한다. 우리에게 존재하는 혐오는 항상 만들어진 것이고, 조작이 작용된 것이라고 분명히 말할 수 있다. 이런 혐오는 어떤 세력에 의해 만들어지고, 타당하지 않은 근거에 의해 정당화되고 옹호되며 실천되도록 독려된다. 중요한 것은 이런 실천에 독려되지 않고 설득되지 않는 것이다.

앞서 길게 살펴본 홀로코스트 사례와 독일의 전체주의는 단 하나의 근거에서 파생된 것이 아니라 여러 줄기의 원인들이 얽혀 그 결과로 나타난 것이다. 그 줄기 각각을 적절하게 해결할 수 있었다면 비극은 피할 수 있었다. 우리와 직접 연관이 없어 보이는 홀로코스트 이야기에 주목한 이유는 바로 이런 것이었다. 이 땅에서 이루어지는 많은 일들이 홀로코스트로 이어지는 여러 줄기들과 비슷한 모습을 지니기 때문이다. 현재 우리에게 나타나는 많은 증오와 혐오 현상은 우리 시대의 경제 환경과 사회 여건을 토대로 하고 있고,

제대로 된 정치의 부재와 배려의 상실로 인해 그것이 가능한 공간이 열렸다. 또한 사람을 물건처럼 대하고, 고통 가운데 있는 이들과 공감하지 못하는 현상이 경제적 이유로 혹은 모두가 주위를 돌아볼 여유가 없을 만큼 바쁘다는 이유로 정당화되고, 위기에 처한 이들이 죽음으로 내몰리고, 사회적 약자에 대한 혐오가 증폭되도록 방관하거나 촉진하는 결과를 낳았다. 우리 사회는 인간답지 못한 삶이 강요되는 사회로 한 걸음씩 나아가고 있는 것이다. 그리고 우리에게는 그런 사회로 나아가게 만드는 흐름들을 하나씩 드러내고 해결해 나가야 할 과제가 주어졌다.

혐오의 작용에는 사유가 개입되지 않는다. 그래서 혐오에는 혐오가 해결책이 될 수 없다. 혐오를 혐오한다는 것은 혐오 행위자를 외면하고 피해 버리거나 혹은 혐오 행위자를 경멸하고 비이성적 충돌로 혐오 문제를 접근하는 등 바람직하지 못한 결과로 나타나기 십상이기 때문이다. 마사 누스바움은 혐오에는 분노로 대처해야 한다고 충고한다. 혐오는 배제와 소외를 결과로 만드는 감정인 반면, 분노란 기존의 질서에 균열을 내고 기존의 윤리와 도덕적 인식에 충격을 주는 역할을 하는 감정이다. 분노로 대처한다는 것은 혐오 행위자에게 사유를 가능하게 하는 기회를 제공하고, 공적 공간 안에서 혐오 표현과 혐오 행위가 어떤 기능을 하는지 공개해 규범적으로 비판받을 수 있는 계기를 만드는 것을 말한다.[6] 이런 효과를 낳도록 하는 바람직한 분노의 실천이 고민되어야 한다.

사회적 이유에서 혹은 종교적 근거로 특정 혐오가 작동되도록 요구될 때, 우리는 우선 혐오에 저항하고 거부하는 자세를 가질 필요가 있다. 혐오는 특정 집단에 낙인찍기를 요구하고 그들에 대한 혐오를 실천하는데 있어 조금도 주저하지 않게 만든다. 사유 없이 느낀 대로 행동하도록 혐오는 우리 안에서

---

[6] 윤지영, "현실의 운용원리로서의 여성 혐오: 남성 공포에서 통감과 분노의 정치학으로",「철학연구」 제115집(2016), pp. 197-243를 참조하라.

작동하는 것이다. 혐오가 작동할 때, 혐오를 만드는 자와 혐오 조작을 따르고 실천하는 자, 그리고 혐오 대상으로 고통 받는 자의 분리가 발생한다. 혐오는 혐오하는 자와 혐오 대상자가 완전히 구분되며, 결코 동일한 인간이 아니라는 확신에서 발생한다. 그리고 관용이나 소통이 개입할 여지를 없애고 타자의 소멸만을 추구한다.

혐오의 표현과 행위가 종교적 근거에서 이루어질 때 우리는 그 근거에 작용하는 해석학적 공간에 주목해야 한다. 내가 교육받은 교리 내용이 절대적인 것처럼 생각되어도 그것은 일정한 종교적 해석 공동체가 배경에 있어 그것을 정당화하는 것이다. 같은 기독교 내에서도 다양한 해석이 열려 있는 경우가 대부분이다. 또한 종교적 실천이 윤리와 도덕의 옷을 입고 있는 경우가 많지만, 그 근거와 효과를 잘 살펴보아야 한다. 함께 더불어 잘 살아가는 세상을 추구하는 실천철학의 길인 윤리와 도덕이 자칫 잘못하면 배제와 증오의 동학으로 작동할 수 있기 때문이다. 개인이 스스로 윤리적이고 도덕적으로 사유하는 것을 막고 교리적으로 사유를 통제하고 길들이는 극우적 행태가 우리의 신앙생활을 지배하도록 해서는 안 된다.

거리로 나오는 것은 정치 행위다. 정치 공간에서 가장 중요한 태도는 자신의 입장을 말로 설득하고 다른 사람들의 동의를 구하는 것이다. 물리적 공격과 혐오의 표현은 정치 공간 자체를 파괴하는 행위이며, 이는 정치에서 가장 경계해야 할 행위다. 정치 공간이 파괴되면 폭력이 사회를 지배하게 된다. 인간이 동물이 아니라 인간다울 수 있는 것은 말로써 우리의 공동 행위를 이끌어 갈 수 있는 가능성이 우리에게 있기 때문이다.

더욱이 기독교는 자기를 희생하고 십자가에 달려 돌아가시면서까지 사랑을 표현한 예수님에게서 그 생명력을 받는다. 우리에게 필요한 것은 혐오와 공격성으로 무장한 종교 행위가 아니다. 사랑을 드러내는 예수님의 말씀을 실천하는 것이 우리의 신앙 행위인 것이다.

참고문헌

1. 단행본

김민하,『냉소사회』(현암사, 2016).
김선욱,『아모르 문대에서 레스 푸블리카로: 한나 아렌트의 공화주의』(아포리아, 2015).
김선욱 외,『평화와 반평화: 평화인문학적 고찰』(프리칭아카데미, 2013).
_____,『혐오와 수치심』, 조계원 역(민음사, 2015).
누스바움, 마사,『혐오에서 인류애로』, 강동혁 역(뿌리와 이파리, 2016).
샌델, 마이클,『중국을 만나다』, 김선욱 외 역(와이즈베리, 2018).
아렌트, 한나,『예루살렘의 아이히만』, 김선욱 역(한길사, 2016).
_____,『전체주의의 기원 1』, 이진우·박미애 역(한길사, 2016-1).
_____,『전체주의의 기원 2』, 이진우·박미애 역(한길사, 2016-2).
엠케, 카롤린,『혐오사회: 증오는 어떻게 전염되고 확산되는가』, 정지인 역(다산초당, 2017).
프레이저, 낸시,『전진하는 페미니즘: 여성주의 상상력, 반란과 반전의 역사』, 임옥희 역(돌베개, 2017).

2. 단행본 및 잡지의 글

박정수, "기독교의 '반-유대주의' 담론과 평화의 문제", 김선욱 외,『평화와 반평화: 평화인문학적 고찰』(프리칭아카데미, 2013).
손희정, "혐오담론 7년",「문화과학」문화과학사 93호(2018), pp. 20-49.
신은화, "혐오와 지배",「哲學研究」대한철학회 제143집(2017), pp. 189-214.
윤지영, "현실의 운용원리로서의 여성 혐오: 남성 공포에서 통감과 분노의 정치학으로",「철학연구」제115집(2016), pp. 197-243.
이정범, "혐오의 유형적 정의와 범죄성 판단기준에 대하여", Asia-pacific Journal of Multimedia Services Convergent with Art, Humanities, and Sociology, Vol.8, No.5 (2018), pp. 207-216.
정다영, "혐오 표현과 민주주의",「법학논총」국민대학교 법학연구소 31(2)(2018), pp. 123-164.
천라이, "유가의 관점에서 본 샌델의 '민주주의의 불만'", 마이클 샌델,『중국을 만나다』김선욱 외 역(와이즈베리, 2018), pp. 123-142.

3. 인터넷 기사

"빅데이터로 세상 읽기: 한국 사회에서의 혐오",「한국일보」 2016년 5월 22일자. http://www.
    hankookilbo.com/News/Read/201605221397520254
"안네 프랑크 비극 뒤엔 미국의 반난민 정서도 작용",「한겨레」 2018년 7월 9일자. http://www.
    hani.co.kr/arti/international/europe/852486.html
"혐오·배제를 덜다, 공감·동행을 더하다",「한국일보」 2019년 1월 1일자. http://www.
    hankookilbo.com/News/Read/201812270661013065?did=DA&dtype=&dtypec
    ode=&prnewsid=

02
왜 기독교는 배제와 혐오의 대열에 서게 되었는가

최종원(밴쿠버기독교세계관대학원 교수)

들어가며

'혐오의 시대를 사는 그리스도인'이라는 주제 아래 나는 '그리스도인도 한때는 혐오의 대상이었다'는 사실에 대해 숙고해 볼 것이다. 실제로 기독교가 태동한 시기인 1세기부터 오랜 기간 그리스도인들은 다양한 차별과 혐오의 대상이었다. 그러니 한때 혐오와 배제, 박해의 피해자였던 그리스도인들이 타자를 혐오하는 것은 기독교 가르침의 본질을 왜곡한 것일 뿐 아니라 쓰라린 역사의 경험을 망각한 행위라고 할 수 있다.

그렇다. 로마의 네로 황제 때부터 기독교가 공인된 4세기 무렵까지 이어진 로마제국의 기독교 박해와 순교의 역사는 우리에게 익숙하다. 역사에 조금만 관심을 가지고 들여다보면 서로마제국이 멸망하고 소아시아의 상당 지역이 이슬람에 편입되며 기독교의 운명이 매우 다채로웠음을 알 수 있다. 예를 들어, 초대교회 시절 가장 활발한 라틴신학 형성의 중심지였던 북아프리카 교회는 그곳의 도나투스파(Donatist)가 이슬람으로 개종하며 역사에서 사라졌다. 그것이 북아프리카를 점령한 이슬람의 박해 위협 때문에 무슬림으로 강제 개종한 것이건, 아니면 타락한 교회에 실망한 그리스도인들의 자발적 선택이었건 간에 북아프리카 교회는 그 이후 기독교 역사에서 대부분 사라졌다.

하지만 모든 지역에서 기독교가 완전히 뿌리 뽑힌 것은 아니다. 핍박 속에서도 독자적인 고대 기독교 문화를 유지하고 오늘까지 살아남은 고대 교회들이 있기 때문이다. 예컨대 이집트의 콥트 기독교는 이슬람 문화와 전통 속에서도 기독교 전통을 독자적으로 유지하고 있다. 거대 종교 세계에서 비주류 소수 종교로 스스로의 정체성을 지켜 내기 위해 그들은 손목에 작은 십자가 문신을 새겨 넣었다. 그 전통은 세기를 넘어 지금까지 유지된다. 미국의 이라크 침공이 있기 전까지 이라크에는 상당수의 기독교 신자가 존재했다. 흥미롭게도 이라크 통치자였던 사담 후세인(Saddam Hussein) 내각의 각료 중에도 그리스도인이 몇 명 있었다. 안타깝게도 이라크전쟁 이후 상대적으로 평화롭게 살던 이라크 기독교 공동체는 더 이상 이라크 내에서 살지 못하고 전 세계로 흩어져야 했다. 이라크인들을 독재자의 압제에서 해방한다는 명분을 내걸었던 전쟁이 도리어 그 속에서 두 번의 천 년을 지켜 내며 살아온 그리스도인들을 흩어 버렸다.

서양의 중세 기간 동안 기독교 지역을 이슬람이 정복하면서 획일적 지배와 피지배 현상이 나타난 것은 아니다. 지역마다 편차가 적지 않았다. 서유럽이 11세기 예루살렘 고토 회복을 명분으로 십자군 원정을 시작하기 전 이미 유럽의 남서쪽 이베리아 반도를 지배하고 있던 이슬람인 무어인들을 몰아내기 위한 십자군이 조직되었다. 8세기경부터 15세기까지 점진적으로 진행된 이 일련의 흐름을 레콩키스타(reconquista, 재정복운동)라고 한다. 흥미롭게도 이 지역에 사는 무슬림, 그리스도인, 유대인 들은 평화로운 공존을 의미하는 다문화 정책인 콘비벤시아(convivencia)를 유지하고 있었다. 무어인들의 지배 속에서도 다른 종교들이 독자적인 정체성을 유지하며 공존한 것이다. 이 에스파냐 지역에 존재했던 기독교 문화를 모자라브(mozarab) 문화라 부른다. 레콩키스타 이후 이 모자라브 문화는 가톨릭을 수용하며 서유럽의 기독교 전통에 편입되었다.

오늘날 북아프리카 지역과 중동 지역의 기독교가 어떤 역사의 운명을 거쳐 왔든 그들은 그 지역에서 종교적으로 소수자였고 비주류일 수밖에 없었다. 따라서 그들은 정치적·종교적 소수자에게 따르는 불이익과 차별을 경험해야 했다. 하지만 이것을 가리켜 기독교 혹은 그리스도인들이 배제와 혐오의 대상이 되었고 그곳에서 핍박을 견디며 살아왔다고 규정하는 것은 다소 조심스럽다. 또한 이것이 오늘 우리가 우리 안의 소수자와 타자를 대하는 반면교사로 삼아야 한다는 적용 역시 어떤 면에서는 과도하게 나이브한 것이

될 수 있다.

그러므로 오늘 한국의 기독교 세계에 스며들어 있는 배제나 혐오의 뿌리를 조금은 다른 차원에서 접근할 필요가 있다. 그를 위해 이 글을 끌어가는 주제어로 '정체성'을 삼는다. 그 정체성이 국가나 민족 혹은 종교와 만날 때 어떤 식으로 진화되는지 살펴봄으로써 그리스도인들이 고민해야 할 가치를 재고하고자 한다. 그 출발은 '어떻게 교회가 예수님의 가르침과 어긋나게 차별을 할 수 있는가'라는 당위적 질문을 내려놓는 것이다. 그리고 다시 질문을 만들어야 한다. '무엇 때문에 교회는 차별과 혐오의 대열에 서게 되었는가?'

정체성과 폭력

국교 혹은 지배적인 세력의 종교가 존재하는 국가나 민족 속에서 소수 종교나 종파가 피해를 입는 것은 어쩌면 필연적이다. 그것은 고대와 전근대의 경험만이 아닌 현대에도 유지되는 경험이기 때문이다. 하지만 소수의 존재와 그 지속성의 증거들은 소수자에 대한 배제와 혐오의 가능성도 있지만 역설적으로 정책적인 보호 역시 존재할 수 있다는 가능성을 시사한다. 12세기 서유럽의 가톨릭 공의회에서 결정한 유대인에 대한 정책은 이 경계를 아슬아슬하게 넘나든다. 유대인들의 집단 정착촌인 게토(ghetto)의 형성은 십자군 원정으로 인해 반유대 정서가 고조된 유럽 대륙에서 유대인들을 보호하기 위한 가톨릭교회의 조치였다. 그러나 이 보호조치는 실제로는 유대인들을 식별하는 '다윗의 별'을 달고 다니도록 하는 사실상의 차별로 이어졌다. 그리고 이런 차별은 유대인이 그리스도인을 하인으로 삼을 수 없도록 하는 제도로까지 나아갔다. 유대인들은 중세 형성기부터 십자군 원정이 이루어지기까지 500년 이상을 유럽의 당당한 구성원으로 살아갔다. 하지만 제도적 차별이 시행되고 두 세기 후 무렵부터는 유럽에서 유대인을 물리적으로 추방하는 시도까지 이어졌다.

여기서 재고할 핵심은 기독교나 이슬람이라는 개별적인 종교의 정체성으로 사회 현상을 설명하는 것은 적절하지 않다는 것이다. 경전과 교리, 성직제도를 갖춘 제도 종교 중 혐오와 배제, 폭력을 내세우는 종교는 없다. 더구나 혈통 조건이 핵심 요소인 유대교와 달리 이른바 세계주의(cosmopolitanism)를 내세우는 고등 종교의 경우 종교적 가르침에서 배타와 배제, 혐오의 교리는 존재할 수 없다.

그렇다면 종교의 이름으로 자행된 피의 역사, 배제와 혐오의 역사는 어떻게 볼 것인가 하는 질문이 던져진다. 이 질문을 좀더 직설적으로 바꾸면 이렇다. 그리스도의 전적인 은총과 사랑만을 구원의 도리로 유독 강조하는 한국 교회의 가르침과, 타자와 소수자에 대한 배제와 혐오를 선동하는 섬뜩한 구호가 난무하는 대다수 교회의 현실 사이의 이 모순을 어떻게 해석해야 할까?

한 종교의 교리가 인간의 전적 타락과 신의 전적인 은총만을 기대는 동등하게 한계적인 인간성을 강조한다면, 누구나 그 신 앞에 동등하게 평등한 존재임을 고백해야 마땅하다. 실제로 이러한 자각이 피부색이 다르다는 이유만으로 같은 인간을 노예로 삼고 동등한 인간으로 존중하지 않았던 과거의 유럽과 아메리카대륙에서 노예 해방을 성취했다. 그런데 루터교회와 가톨릭교회는 각각 20세기 독일에서 히틀러의 통치를 정당화시켜 주고 이탈리아에서 파시즘을 지지했다. 이것은 무엇을 말하는가? 민족이나 국가, 인종 등과 같은 공동체의 정체성을 유지하고 하나로 묶는 데 종교가 이데올로기로 오용될 수 있다는 것이다.

시대에 따라 그 대상은 달랐지만 보수적인 한국 교회에서 주요하게 주장해 온 반공 이데올로기, 친미반북, 대체복무 반대, 이라크전 파병 찬성, 반이슬람 정서, 반페미니즘, 반동성애 정서 등은 모두 종교가 가부장제 성격을 띤 국가 이데올로기에 충실하게 반응한 것이라고 할 수 있다. 선거 때만 되면 나타나는 보수 정당에 대한 그리스도인들의 몰표의 배경이다. 광장에서 구국을 외치는 교회는 늘 국가주의 이데올로기와 흐름을 함께했다.

이쯤 되면 처음 논제인 한때 혐오의 피해자였던 그리스도인들이 왜 이제는 앞장서 혐오와 배제를 생산하는 주체가 되었는가에 대한 고민이 정리될 수 있다. 그것은 과거 그리스도인들이 박해를 받았던 이유는 국가 권력에 부합하지 않는 종교의 가치를 고수했기 때문일 수 있다는 것이다. 이것이 바로 로마에서 기독교가 공인된 후 얼마 지나지 않아 교회가 '다름'을 압제하고 신속하게 이단으로 정죄해 처벌한 이유를 설명해 준다. 배제와 혐오는 사실 표면적으로 '종교'의 가르침을 업고 이루어지지는 않는다. 국가주의, 민족주의, 인종주의와 같은 이데올로기가 정체성을 강조하는 종교 이데올로기화된 결과인 것이다. 종교가 성찰성을 잃어버리고 그 종교가 몸담고 있는 공동체의 정치와 섞일 때 폭력적 결과물을 낼 수 있다. 종교의 이름으로 자행되는 배제와 혐오는 그 부산물이다.

프로이트(Sigmund Freud)가 '유대인의 정체성'이라는 단어를 사용함으로써 널리 알려졌다고 하는 '정체성'이라는 단어는 어떤 개인의 '자신이 소속된 민족이나 국가 혹은 교회 공동체를 대표하는 고유한 특성에 대한 인식'이라고 정의할 수 있다. 다시 말하자면 타자와 구별되는 자신들만의 인식이다. 그러므로 정체성과 타자성은 동전의 양면과 같은 것이다. 이 정체성이라는 단어는 그리스도인들도 구별되는 자신의 신앙을 표현하기 위해 주로 사용한다. '복음주의'라는 정의를 예로 들어 보자. 가장 널리 알려진 데이비드 베빙턴(David Bebbington)의 복음주의 정의에 따르면, 복음주의는 성서중심주의, 회심주의, 십자가중심주의, 행동주의 등의 성격을 지닌다. 하지만 이런 내적 특성을 구별하는 것 외에도 외부의 사건이나 사안에 대한 태도가 더 잘 정체성을 나타내기도 한다. 예컨대 동성애나 낙태에 대한 태도, 진화론이나 타 종교에 대한 태도 등이 여기에 포함된다.

한 집단에 대한 과도한 배타적 소속감은 스스로의 정체성을 강화함을 통해 그 안에 속하지 않은 타자를 악마화하는 것을 정당화한다. 그렇기 때문에 악마화된 타자를 폭력과 배제, 혐오의 대상으로 삼는 것이 도덕적·윤리적으로 용인되는 것이다. 이슬람을 폭력의 종교, 테러의 종교와 동일시하는 인식은 모든 무슬림을 동일하게 배타할 수 있다는 논리를 생성한다. 정체성이라는 단어는 자신이 속한 국가나 종교 공동체의 특정한 신념으로 표현되지만, 그것이 과도하게 강조될 때 기저에서 의도치 않은 생성물이 나타난다. 극단적으로 '다름'을 타자화하는 것이다. 나와 다른 인종, 나와 다른 종교, 나와 다른 정치 경향성, 나와 다른 성적 정체성 들이 '다름'을 넘어 배타와 혐오의 대상이 될 수 있는 것이다. 그렇기에 타자화는 단순한 정서적 차별만이 아니라 제도적·법적 제약까지 부과할 수 있게 된다. 특정한 공동체의 가치가 인류 보편의 가치를 넘어 강조된다면, 그 공동체와 그 공동체가 속한 사회는 정체성에 대한 강조만큼이나 강력한 타자화가 실현된다. 이것이 강력한 미국중심주의를 기치로 내건 도널드 트럼프(Donald Trump)에 대해 이른바 미국 복음주의자들이 압도적 지지를 보낸 이유가 될 수 있다. 그들의 선택의 핵심은 종교적 가르침과 혼재된 혹은 종교적 정체성으로 포장된 국가주의였기 때문이다.

인도 출신의 하버드 대학교 경제학자로 노벨경제학상 수상자이기도 한 아마르티아 센(Amartya Sen)은 『정체성과 폭력』(Identity and violence, 바이북스)이라는 책에서 과도한 국가적·종교적 정체성이 필연적으로 제도적·물리적 폭력과 연결될 수 있음을 간파했다.[1] 정체성은 자신들만의 고유한 내적 가치를 끊임없이 확인하는 것이기도 하지만, 외부의 적을 만드는 것을 통해 효과적으로 내부의 연대와 결속을 견고하게 만들기도 한다. 그러기 위해 공동체 외

---

1 아마르티아 센, 『정체성과 폭력: 운명이라는 환영』, 이상환·김지현 역(바이북스, 2009)을 참조하라.

부의 타자는 악마화되는 경향이 강하다. 타자를 악마화함으로써 그들에 대한 배제나 혐오, 처벌에 대한 죄의식이 효과적으로 상쇄되기 때문이다. 타자의 악마화는 동시에 자신들의 가치와 규범에 대한 신성화를 낳게 된다. 국가 정체성이나 민족 정체성이 종교와 연결되면 정치와 종교가 구분되지 않는 이른바 정치 종교가 형성되는 것이다.

이탈리아 전체주의를 연구한 에밀리오 젠틸레(Emilio Gentile)에 따르면, 전통적 종교의 권위가 붕괴된 근대 유럽에는 국가·민족·인종 등과 같은 여러 '정체성'을 강조하는 공동체의 신성화가 이루어졌다. 그는 이를 정치의 신성화라고 표현한다.[2] 그 정치 체제 속에 있는 개인이나 집단은 그 집단이 표방하는 상상의 가치를 종교적 차원에서 수용한다. 실제로 근대 말 파시즘이나 나치즘은 이 신성화된 집단의 가치가 대중들에게 종교적인 호소력을 가진 극단의 사례다. 정치의 신성화는 국가의 신성화, 국가를 구성하는 민족이나 인종의 신성화를 낳는다. 따라서 이 정치 체제에 동조하지 않는 이들은 배제해야 할 타자가 됨은 물론이요 물리적 억압이나 처벌을 가해도 문제가 되지 않는 악마화된 존재가 된다. 제주 4·3 사건에 한국 기독교 우파 세력인 서북청년단이 깊숙하게 개입되었다는 것은 이것의 한 사례이다. 국가주의의 정체성과 종교의 정통성을 반체제와 이단이라는 단어와 대비시켜 타자화를 정당화한 것이다.

국가와 종교는 그것이 대표하는 공동체의 고유한 가치를 지속 가능하게 전승하는 것을 목표로 삼는다는 점에서 유사한 특성이 있다. 한 국가의 가치와 그 속에 속한 종교의 가치가 조우할 때 강력한 국가 종교 혹은 종교국가가 생성될 가능성이 높아진다. 뒤집어 표현하면, 국가에 속한 한 종교가 그 국가의 가치와 반대되거나 넘어서는 가치를 내세울 경우 긴장과 대립이 생기

---

2   에밀리오 젠틸레, "정치의 신성화", 『대중독재 2』, 임지현·김용우 공편(책세상, 2005), pp. 41-54.

는 것 또한 필연이다.

고대의 인종주의와 초기 기독교

나는 『초대교회사 다시 읽기』에서 초대교회를 읽어 가는 핵심으로 민족주의와 인종주의를 상정했다. 주로 근대 서구를 읽어 나가는 개념으로 상정된 민족이나 인종을 고대 헬레니즘 사회에 적용한 이유는 초대교회의 성장을 단순히 종교적 맥락에서만 해석하는 것은 충분하지 않다고 보았기 때문이다. 다소 조심스러운 적용이기는 하지만 인종주의라는 키워드로 고대 세계의 헬레니즘과 유대교를 분석했다. 헬레니즘은 헬라어와 헬라 문화를 수용하는 집단과 그렇지 않은 집단을 문명과 야만으로 나누는 문화적 인종주의(cultural racism)을 나타낸다. 그들은 아무리 발달한 문명이라도 자신들의 범주에 소속되지 않을 경우 야만으로 치부했다. 이는 자신들의 우월한 문명으로 여타의 문화를 포괄할 수 있다는 자신감의 표현이기도 하다. 당대 로마제국의 가치를 받아들이는 조건 아래 다른 민족의 문화나 생활양식만이 아니라 다양한 신과 종교 제의가 헬레니즘 문명에 수렴되었다. 반면 유대인들은 혈통적 인종주의(ethnic racism)를 표방한다. 종교의 가치에 대한 동의 못지않게 개인이 선택할 수 없는 혈통 조건이 전제된다는 점에서 유대교는 차별성을 지닐 수밖에 없다.[3]

문화적·혈통적 인종주의가 초기 그리스도인들이 처한 상황(context)이었다. 당대 로마의 가치가 표현된 헬레니즘 문화를 거부함으로써, 유대교 공동체의 혈연에 따른 배제를 거부함으로써 그리스도인들은 탄압의 대상이 되었다. 초대교회 그리스도인들에 대한 박해는 로마제국이 처음 시작한 것이 아

---

[3] 최종원, 『초대교회사 다시 읽기』(홍성사, 2018), pp. 50-63.

니라 유대교로부터 비롯되었다. 기독교 공동체의 확장은 다름 아닌 혈통으로 엮인 유대교 공동체를 잠식하는 것이었기 때문이다. 유대교와 기독교가 명확하게 나뉘기 전, 이방인 그리스도인들에게 유대의 율법을 부과하는 것과 관련된 분쟁이 생겨났다. 유대인들의 압박은 오히려 기독교 공동체가 유대의 인종주의를 넘어 복음 앞에서 차별 없는 인간의 평등한 가치를 구현하는 데 기여했다.

유대교로부터 가해진 박해가 잦아든 후 초기 기독교는 로마제국의 박해 대상이 되었다. 로마의 관점에서 볼 때 유대교는 '종교'였지만 기독교는 그렇지 않았다. 313년 콘스탄티누스 황제(Constantinus I)가 기독교를 공인하기 전까지 기독교는 하나의 종교로 인정받지 못했다. 피지배 국가의 문화나 종교에 관용적이었던 로마였음에도 기독교가 상당한 기간 종교로서 대우받지 못한 데에는 여러 원인이 있었다. 초창기에는 십자가에 못 박힌 예수라는 청년을 신으로 받드는 신흥종교라는 점에서 여러 혐의가 제기되었다. 예컨대 공개적으로 예배를 드리지 않고 새벽에 은밀히 모여 예배를 드리는 것이나, 애찬에서 그리스도의 살과 피를 나눈다는 것은 끔찍한 오해를 불러왔다. 기독교 공동체의 구성원들이 서로를 하나님 안에서 형제, 자매라고 부르는 것 역시 근친상간의 의혹을 낳아 반사회적 집단으로 낙인찍히게 했다.

어쩌면 이러한 오해는 시간이 지남에 따라 풀 수 있는 것이었다. 반사회적·반윤리적 행태를 보인 극단적인 공동체라면 오래 지나지 않아 와해될 수밖에 없을 것이기 때문이다. 그런데 이 오해가 해소되었음에도 그리스도인들에 대한 박해는 몇 세기 동안 이어졌다. 그 박해의 핵심은 더 이상 기독교의 교리가 아니었다. 종교를 제국을 통합하는 통치의 한 방편으로 삼는 로마에게 기독교가 협조적이지 않았기 때문이다. 앞서 언급한 대로 로마는 피식민지의 종교에 관용적이었다. 로마의 신들은 모두 그리스 신화에서 비롯된 것이었다. 이런 로마의 종교 관용정책에서 배제된 종교는 유대교였으며, 그 후에는 기독교였다.

로마는 제국을 유지하기 위해 종교 의식을 적극적으로 활용했다. 사람들에게 하늘의 뜻에 대한 두려움을 심어 주어 그 신의 뜻을 대변하는 통치자나 황제에 대한 복종을 이끌어 냈다. 이런 기제가 황제를 숭배하는 것으로 연결되었음을 유추하는 것은 그리 어렵지 않다. 따라서 로마에서 종교란 개인의 신앙심을 위한 체계를 넘어 로마제국의 일체성을 유지하고 통합하기 위한 도구였다. 이는 로마인들에게서 종교를 의미하는 단어인 '피에타스'(pietas)에서도 잘 나타난다. 종교를 의미하는 '릴리지오'(religio)라는 단어와 달리 '피에타스'에는 종교적 경건이라는 의미 외에도 국가의 질서 및 제국의 질서에 충성한다는 의미가 들어 있다. 로마에서 종교인으로 살아간다는 것은 충실한 제국의 일원임을 고백하는 것과 같은 맥락이다.

따라서 종교란 로마제국의 입장에서 사회 일체성을 높이는 매우 중요한 수단이었다. 로마는 다양한 신을 받아들였지만, 그 조건은 로마제국의 통일성에 기여하는 것이었다. 당연히 로마에서 허용하지 않는 종교를 수용하는 것은 배제의 대상이었다. 그것은 그 대상 종교의 교의나 전통의 문제이기보다는 그 종교가 로마제국에 충분한 충성심을 보인다는 증거가 없기 때문이다. 이런 맥락에서 기독교는 제국의 일체성에 부합하는 종교가 아니었다. 그리스도인들은 제국의 황제 숭배를 거부했다. 황제를 숭배하는 것과 그리스도를 섬기는 것을 서로 양립할 수 없는 것으로 판단한 것이다. 반면 제국의 입장에서는 그리스도인들에게 제국에 대한 애국심이 결여되었다고 보았다.

그러나 더 들어가 보면, 기독교는 제국에 대한 충성심이 부족한 것 이상의 문제를 야기했다. 기독교의 가치와 제국의 가치가 충돌해 제국에서 기독교의 가치가 확산되면 로마의 가치는 필연적으로 약화될 수밖에 없었다. 제국의 토대를 위협하는 것이다. 이런 기독교의 성격은 유대교처럼 인종적 경계 안에 있는 종교와는 근본적으로 다른 것이었다.

제국에서 기독교가 확산될수록 이런 위협은 커지는 듯 보였다. 제국보다 종교의 가치를 앞세우는 기독교를 억제할 수 있는 길은 그들을 비정통으로 몰아가는 것이었다. 로마인들은 제국의 일체성 고양에 도움이 되지 않는 종교를 미신(superstitio)으로 규정했다. 로마 사상가 키케로(Marcus Tullius Cicero)는 미신을 "사람들의 영혼을 억압하고 인간을 나약하게 만드는 것"이라고 규정하고, "미신을 제거하는 것이 제국의 이익에 크게 기여한다"고 주장했다.[4]

종교가 외부로 확산되기보다는 스스로의 경계를 나누는 요소가 된 유대교나, 종교심을 제국에 대한 충성의 요소로 도입함으로써 제국의 확산과 일체성을 고양하는 로마의 종교에 비해 기독교는 분명 다른 길을 걸었다. 그 때문에 로마 시대의 기독교는 헬라인이나 유대인의 방식이 아닌 제3의 방식으로 종교성을 구현한다는 평가를 받았고, 그리스도인들은 제3의 인종(tertium genus)으로 불렸다. 그 핵심은 유대교가 태생적으로 넘지 못한 혈통적 인종주의와 헬레니즘 문화를 기반으로 한 로마제국의 문화적 인종주의를 넘어서는 것이었다. 자연스럽게 그리스도인들의 '정체성'은 누구를 배제하거나 반대하는 대신 문화·인종·성별·신분의 차이를 넘어서는 것이 되었다. 이런 이유로 인해 기독교는 문화·인종·성별·신분 등으로 차별하는 제국의 종교를 대체할 대안의 이념이 될 수 있었다.

이 점은 콘스탄티누스 황제의 기독교 공인에 대한 새로운 시각을 열어 준다. 이미 쇠퇴의 길로 접어든 제국 로마는 종래의 종교를 대체할 이념으로 기독교를 선택한 것이다. 박해받던 기독교가 공인되고 잇따라 국교로 성립된 것은 서로 다른 두 가지 고민을 던져 준다. 그간 미신으로 배제하던 로마의 종교 이데올로기에 대한 기독교의 승리인 동시에 기독교가 또 다른 국가주의의 가해자가 되는 길을 열었기 때문이다. 그리고 그 우려는 머지않아 현실로

---

[4] 최화선, "로마 공화정 말기의 '종교religio'와 '미신superstitio' 개념", 「서양고전학연구」 17집(2001), p. 148.

드러났다.

　미신으로 배제되던 종교가 제국의 이념을 책임지는 위치에 오르게 된 것에 대해 여러 질문이 제기될 수 있다. 기독교가 공인된 이후 교회와 제국의 관계는 어떻게 변했는가? 제국의 이념과 기독교의 이념이 충돌할 여지는 없었는가? 기독교 내에서 제국 종교가 되는 것에 대한 반발은 없었는가? 기독교는 여전히 인종주의의 경계를 넘는 포용의 공동체를 지향했는가?

　초대교회에서 가장 오랫동안 논쟁거리였던 도나투스파를 통해 살펴보자. 교회가 긴 기간 동안 로마제국의 박해를 받았던 것은 제국의 이념과 종교의 이념이 충돌한다고 믿었기 때문이다. 하지만 그 박해의 기간은 또 다른 의미에서는 배교와 타협의 기간이기도 했다. 타협이란 다시 말해 제국의 이념과 종교의 가치가 부딪칠 때 제국의 이념을 우선으로 두었다는 것이다. 복종하고 타협할 때 안녕을 약속하는 국가주의는 도나투스파가 볼 때 또 다른 형태의 종교였다. 도나투스파가 속한 북아프리카 교회는 박해의 기간에 적극적으로 저항하는 박해의 철학을 실천했다. 문제는 더 나은 가치를 위해 혐오와 배제의 대상이 되는 순간을 모두가 견뎌 내지는 못했다는 것이다. 순교자가 출현한 지역에서 배교자 역시 나올 수밖에 없었다.

　북아프리카 지역의 도나투스파 교회는 배교자들을 다시 받아들이지 않았다. 박해 시 타협했다는 것은 종교가 제국 이념에 굴복했다는 것이다. 마치 일제 치하에서 신사참배를 한 것과 유사하다. 도나투스파의 태도는 박해의 기간이 지나고 기독교가 공인된 후에도 지속적인 긴장을 야기했다. 이제 그 대상은 박해하는 로마제국이 아니라 로마제국과 밀착된 제도 교회였다. 도나투스파는 제국에서 공인되어 국교의 자리를 차지한 교회와는 다른 독자적인 세력을 형성했다. 이 분열의 흐름은 도나투스파가 북아프리카에서 이슬람으로 집단 개종한 7세기까지 이어졌다.

　도나투스파의 고민은 종교적 차원에서는 교회의 분열 사건이었지만, 더 큰 그림에서 보면 제국의 이념에 종속되지 않으려는 정치적 분열이기도 했다. 제국에 비협조적인 도나투스파는 로마의 탄압 대상이 되어 사회·경제적 빈곤을 겪었다. 그들이 처한 극단적인 상황은 종교적 광신을 야기했고, 다시 사회적 분노로 이어졌다. 도나투스파들은 제국에 물리적으로 저항해 순교자가 되는 것을 긍정했다. 다른 한편에서 도나투스파를 둘러싼 논쟁은 국가와 교회 사이의 관계에 대한 고민이기도 하다. 제도 종교로 자리 잡은 기독교는 체제 순응적이 되었지만, 모든 그리스도인이 이 상황을 수용한 것은 아니었다. 제도 종교가 된 기독교에 대해 위기의식을 가진 많은 이들이 자발적으로 사막으로 들어가 수도사가 되었다. 도나투스파는 제국에 대한 비판적 시각을 유지했고, 제국 교회가 된 기독교는 도나투스파를 방치하는 것은 제국의 분열을 낳는 것이라 보고 도나투스파에 대한 제국의 탄압을 묵인했다.

기독교의 내재적 가치와 제국의 지향점 사이에서 교회가 제국의 일체와 통합이라는 지향을 수용했기 때문이다. 기독교는 종교적 경건성과 제국에 대한 충성심을 분리시키지 않는 전통적 제국 종교의 가치를 고스란히 물려받게 되었다. 그에 부합하지 않는 가르침은 이제 미신이자 이단으로 척결의 대상이 되었다. 혐오와 배제의 피해자가 가해자의 자리에 선 것이다.

근대, 국가와 종교의 관계 재설정

근대 유럽에서 국가와 종교 사이의 긴장은 종교로 인해 새로운 전환을 맞았다. 16세기의 종교개혁 기간은 근대적 형태의 국민국가가 등장한 시기다. 국민국가는 종교개혁 전통이나 가톨릭 전통을 개별 국가에 맞게 조화시키고 발전시켜 나갔다. 중세 말 이단으로 판정받은 14세기의 존 위클리프(John Wycliffe)나 15세기의 얀 후스(Jan Hus) 등과 같은 개혁가들의 사상을 종교개혁가들이 수용하며 가톨릭 중심의 전통을 벗어난 프로테스탄트 전통을 형성했다. 하지만 근대 국가 형성기의 교회는 국가 이데올로기에 충실할 것을 요청받았다. 이제 교회의 최상위 군주는 가톨릭 교황이 아닌 각 국민국가의 수장이 되었다. 잉글랜드의 종교개혁을 실현한 헨리(Henry) 8세와 그 아들 에드워드(Edward) 6세는 구약성경의 다윗과 솔로몬으로, 잉글랜드는 새로운 이스라엘로 비유되었다.

근대 기독교가 국가 종교로 재편됨에 따른 저항도 이어졌다. 그 대표 사례가 재세례파다. 기독교 초기의 도나투스파의 반제국적 저항은 16세기 재세례파를 통해 재현되었다. 실은 이천 년 기독교 역사에서 그 어느 집단보다 가혹한 핍박을 받았음에도 충분히 해명되지 않은 집단이 재세례파다.

16세기의 맥락에서 대두된 급진적인 성령 운동이나 무정부적 성격으로 국가에 저항한 것 등에도 불구하고 재세례파의 핵심 주장은 교회론이다. 이 맥락에서 그들의 주장은 도나투스파와 같다. 태어나면서 누구나 다 제도 교회의 구성원이 되는 것은 참다운 신자들의 교회일 수 없다는 것이다. 313년 기독교가 공인된 이후, 태어나면 영세를 받아 모두 가톨릭 제도 교회의 일원이 되는 제국교회 체제에 도나투스파는 반대했다. 그들에게 교회란 개인 스스로 신앙에 대해 판단하고 인정하고 고백할 때에만 들어갈 수 있는 제한적인 것이어야 했다. 16세기 국민국가의 지원으로 종교적 정체성을 형성해 나가던 주류 프로테스탄트에게 재세례파의 주장은 자연히 받아들여질 수 없었다. 스스로 분파를 형성한 이 집단은 국가권력의 배제와 탄압의 대상이 되었다.

급진파 종교개혁이나 좌파 종교개혁으로 불리는 이들이 제기한 질문은 도나투스파의 질문과 본질적으로 동일하다. 신앙이란 어느 특정 국가에 속함으로써 규정할 수 있는 것이 아닌, 신 앞에 개인이 자발적 의지로 선택하는 것이다. 정치적인 시각에서 재세례파는 제도 국가를 부정하는 집단이었다.

그 대가는 무척이나 가혹했다. 근대 서구 기독교 역사에서 재세례파의 위협을 제거하기 위해 가톨릭과 프로테스탄트가 연합하기까지 한 흔치 않은 기억을 남겼다. 그들이 국가를 부정하는 반정부 세력인지, 아니면 국가에 종속되지 않고 주체적으로 신앙을 영위하고자 한 평화주의자들인지는 각자 서 있는 지점에 따라 다르게 보일 것이다.

근대의 국가주의에 경도된 종교의 억압과 배제의 대상이 된 것은 비단 재세례파만이 아니다. 중세에서 근대를 열어 가는 시점에 근대의 부작용과 병리현상이 도드라지게 드러난 사례는 바로 마녀사냥이다. 물론 중세에 이미 마녀에 대한 관념이 존재했고 처벌의 기록도 있지만 그것을 넘어 마녀사냥이라는 전 사회적 히스테리로 발전한 것은 오롯이 근대에 들어서의 일이다. 왜 '근대'에 마녀사냥이 일어났을까? 중세 가톨릭 교황을 중심으로 하는 공동체가 개별 국민국가로 분열되면서 각각의 국민국가는 독자적 국가 정체성을 확립하고 강화시켜 나갈 필요가 생겼다. 크게 국가를 중심으로 나뉘게 된 종교는 이 작업을 용이하게 했고, 때문에 중세에 느슨하게 허용되던 종교적 관행이나 실천 등이 제도 속에서 규율을 받게 되었다. 그러므로 마녀사냥이란 국가와 교회가 형성하고자 하는 체제 내에 들어오지 못하거나 들어올 의지가 없는 이들을 본보기로 처벌해 교훈을 삼으려는 시도였다. 즉 주변인, 소외된 자, 타자 들이 마녀라는 이름으로 광기의 희생양이 되었다. 그러기에 당시의 배제와 혐오의 희생자는 남성보다는 여성, 상층민이나 식자층보다는 무식한 하층 계급이 되기 쉬웠다.

이 마녀사냥이 일부 지역에 국한된 현상이 아니라 15세기부터 17세기 말까지 이어진 전 유럽적 현상이자 아메리카 신대륙에서 가장 극성이었다는 점은 새로운 근대 체제를 성립하기 위해 타자에 대한 혐오와 배제가 광범위하게 일어났음을 보여 준다. 흥미롭게도 중세 말 마녀에 대한 이미지, 마녀의 특성, 마녀의 집회 모습 등에 대한 재판 기록은 유럽의 전역에서 동일한 형태로 등장한다. 예컨대 마녀들은 남들이 보지 않는 밤에 악마 숭배를 하기 위해 인적이 없는 숲속에 모여 연회를 연다. 그들은 물리적으로 쉽게 접근할 수 없는 숲속에 다다르기 위해 빗자루를 타고 날아다녀야 했다. 이 표준적인 마녀의 이미지는 1486년 출간된 하인리히 크라머(Heinrich Kramer)와 야콥 슈프랭거(Jacob Sprenger)의 마녀사냥에 대한 지침서 『마녀를 심판하는 망치』(*Malleus Maleficarum*, 우물이있는집)에 잘 나타나 있다.

마녀사냥의 절정기와 유럽의 종교개혁기, 30년간의 종교전쟁 시기는 거의 중첩된다. 천 년 이상 지탱되던 하나의 유럽이 분열되는 와중에 새로운 국가 질서를 확립해 사회 불안을 잠재우는 것이 필요했다. 그를 위한 가장 효과적인 방식은 종교적 일체성을 강조하는 것이다. 이른바 유럽의 '재기독교화'라고 불리는 종교 재편의 시기에 구교와 신교 모두에서 종교재판이나 마녀사냥 등이 부적응자와 비순응자를 가려내는 정체성 정치의 한 현상이었다.[5]

다시 말해 마녀나 악마 숭배는 민중들 사이에 있었던 실제 관행이었기보다는 엘리트 지배 계층의 통제 수단으로 고안된 발명품이었다. 마녀사냥을 통해 지배 계층은 차이와 다름에 대해 혐오와 배제, 극단적 처벌로 대응했다. 국가의 정체성 정치를 통한 차별과 배제, 혐오의 기제는 청교도 정신이 지배하던 신대륙의 마녀사냥에서 확인할 수 있다.

신대륙으로 간 청교도들은 누구였는지, 그들이 왜 메이플라워호를 타고 건너갔는지부터 생각해 보아야 한다. 그들이 신대륙으로 간 이유에 대한 교과서적 답변은 '신앙의 자유를 찾아서'이다. 아마도 신대륙으로 건너간 청교도들의 시각에서는 분명 그랬을 것이다. 그렇다면 잉글랜드의 시각에서는 어떨까? 이 사안은 그리 간단하지 않다. 헨리 8세가 이혼 문제로 로마와 결별하고 국교회를 성립한 후 여러 곡절 끝에 엘리자베스 여왕(Elizabeth I of England)이 국교회를 확립했다. 하지만 어중간한(*via media*) 입장이었다. 잉글랜드 내부에서는 가톨릭적 요소를 여전히 지키고자 하는 파와 제네바의 칼

---

5   정체성 정치 혹은 동일성 정치에 대한 논의는, 이성림, "타자, 여성, 이방인", 「신학과 세계」 88집 (2016), pp. 253-276를 참조하라.

뱅(Jean Calvin)의 가르침을 강화하려는 청교도들이 서로 대립했다. 결혼을 하지 않았던 엘리자베스 여왕의 죽음 이후 가장 가까운 친척인 스코틀랜드의 제임스(James) 6세가 뒤를 이어 잉글랜드에 제임스 1세로 즉위했다. 스코틀랜드에서 존 녹스(John Knox)의 장로교 정치의 영향하에 있던 왕이 잉글랜드 왕으로 오자 잉글랜드의 청교도들은 이제 드디어 잉글랜드에도 제네바와 같은 완벽한 신의 도시가 이루어지길 기대했다. 하지만 국왕은 순순히 청교도들의 청원을 들어줄 생각이 없었다. 이것이 일차적으로 잉글랜드 내의 정치 종교의 분열이다. 제임스 1세는 분열된 국론을 하나로 묶기 위한 방책으로 성서 번역을 선택했다. 당시 잉글랜드 교회에 보급판으로 비치된 '제네바 성경'은 칼뱅주의의 색채가 강했다. 난외주에 '적그리스도'는 '교황'이라고 친절하게 설명되어 있을 정도로 당파성이 짙었다. 이 성서 번역의 결과로 나온 것이 잉글랜드에서 오랫동안 사랑받은 "킹제임스 성경"(1604)이다.

그러나 청교도들은 이런 정책에 만족하지 않았다. 대학 교육을 받은 청교도 성직자들이 일선 교회에 배치되면서 그들은 청교도적 가치를 개교회에 뿌리내리고자 했다. 그래서 고안한 것이 주일 예배를 드린 후 주일학교를 실시하는 것이었다. 성도들에게 성경을 가르쳤다. 하지만 요즘처럼 주 5일 근무가 아니었으므로 대부분의 서민들이 유일하게 쉴 수 있는 시간은 주일 오후였다. 그들은 본래 예배를 드린 후 맥주를 마시고 축구를 하며 주일을 보냈으며, 이런 전통에서 마시는 맥주를 '처치 에일'(church ale)이라 불렀다. 그런데 청교도들은 주일을 엄숙하게 보내는 것을 강조하며 이런 유구한 교회 전통을 타락한 것으로 비판하고 금지했다. 청교도 성직자들의 이런 정책으로 교회 내 젠트리(Gentry) 및 서민과의 갈등이 생겼다. 단순히 종교 문제가 아니라 사회의 계급 갈등이 유발된 것이다. 급기야 청교도 성직자들에 반대하는 세력들이 국왕에게 청원서를 제출하기에 이르렀다.

제임스 1세는 1617년 관련 신학적인 논제를 서술한 "스포츠의 서"(Book of

Sports)를 작성해 반포했다. 단순하게 말해, 주일 오후에 맥주를 마시고 축구를 할 수 있도록 허용한 것이다. 이것은 청교도들이 잉글랜드 내에서 자신들이 꿈꾸는 종교 국가를 실현할 수 없다고 판단하는 결정적 사건이었다. 그로부터 3년 후(1620년) 청교도 내 분리주의자들이 탄 메이플라워호가 신대륙으로 출발했다. 물론 그들이 챙겨 간 성경은 제네바 성경이었다. 미국으로 간 분리주의 청교도들은 자신들이 꿈꾼 '언덕 위의 도시'를 건설하기 시작했다. 곧 그것은 언덕 위에서 모든 것을 통제하는 유례없는 경찰국가로 바뀌었다. 그리고 이제 어디까지나 자신들의 신앙고백에 따라 건너온 1세대들과 후속 세대 사이에 갈등이 생겨났다.

신대륙 청교도들의 엄격한 종교 정서는 마녀사냥과도 무관하지 않다. 근대 초 마녀사냥이 가장 크게 이루어졌던 지역이 바로 뉴잉글랜드 청교도의 거점인 매사추세츠였다. 1692-1693년 매사추세츠 주 세일럼에서 140여 명의 사람들이 마술에 사로잡혔다는 혐의로 기소되어 그중 19명이 교수형 판결을 받았다. 실제 이 마녀사냥은 합법적인 사법행위를 가장해 집단의 갈등, 여성에 대한 편견 및 다름에 대한 불관용을 처벌한 사례로 꼽힌다.[6] 소설 『주홍글씨』(The scarlet letter)를 쓴 나다니엘 호손(Nathaniel Hawthorne)은 이 세일럼의 마녀 재판 재판관의 후손으로, 이 사건을 미국 역사에서 가장 부끄러운 사건으로 평가했다. 1953년 미국의 극작가 아서 밀러(Arthur Miller)는 이 세일럼의 마녀사냥을 배경으로 하는 『시련』(Crucible, 민음사)이라는 희곡을 발표했다. 그가 이 작품을 쓸 당시 상원의원 매카시(Joseph R. McCarthy)의 마녀사냥 광기가 전 미국을 휩쓸고 있었다.

근대를 연 사건으로 평가받는 르네상스와 종교개혁은 이 땅에서 유토피아를 구현하고자 하는 이상을 가졌다. 하지만 근대 국민국가가 꿈꾼 이 유토

---

[6] 양정호, "1692년 세일럼 마녀재판을 통해서 본 17세기 뉴잉글랜드의 종교문화", 「젠더와 문화」 8(2) (2015), pp. 7-31를 참조하라.

피아의 이상은 실제로 '다름'을 극도로 억압하고 배제하는 디스토피아로 끝나 버렸다. 결과적으로 마녀사냥은 이런 과정에서 출현한 반갑지 않은 결과물이었다. 그러나 이런 통과의례의 과정을 거쳐 유럽은 '관용'을 배웠다. 잉글랜드의 경우 명예혁명으로 왕위에 오른 오렌지 공 윌리엄(William Henry of Orange)이 "관용법"을 내려 1689년 5월 국교회에 반대하는 프로테스탄트 비국교도들에게 예배의 자유를 허락했다. 그러나 잉글랜드에서 가톨릭에 대한 차별은 그 후로도 백 년 이상 지속되었고, 1829년 "로마가톨릭구제법"이 통과되고서야 제도적 차별이 사라졌다.

국민국가의 형성기인 서양 근대는 국가 이념을 강조하는 정치 이데올로기와 그를 뒷받침하는 종교 이데올로기가 만나는 경우가 많았다. 근대는 국가와 종교의 관계가 재설정되는 시기였다. 여기에서 국가 주도의 종교를 거부하는 개인이나 종파는 제도적 차별과 배제, 나아가 처벌의 대상이 되었다. 국가의 가치나 이상을 종교가 추인했을 때 국가주의라는 종교적 이데올로기가 형성된다. 이에 반대하면 정치적으로는 체제 불복종자가 되고, 종교적으로는 비정통과 이단이 된다. 따라서 그들에 대한 차별과 처벌은 법적 정당성을 띤다. 그 근저에는 국가주의라는 망령이 존재한다. 재세례파나 마녀사냥 등으로 처벌받은 비주류나 소수파들은 모두 국가 폭력의 희생자였다.

근대에 종교로 인한 핍박을 받은 집단은 주로 신앙과 국가의 가치를 동일시하지 않았기 때문이다. 개인의 존엄과 가치보다 국가라는 추상의 실체에 대한 가치를 더 높이 평가할 때 결코 '다름'은 존중될 수 없다. 다름과 차이, 소수자에 대한 불관용은 다수의 편익을 추구하는 효율성에 기반하고 있기 때문이다.

나가며: 한국 교회, 국가주의를 넘어야 한다

한국 산업화 시기의 한때 기독교의 성장과 성취는 국가 이데올로기와 맞물리며 강경 보수 우파의 목소리를 대변했다. 박정희 정권의 유신에 대해 찬성의 목소리를 내고, 쿠데타를 통해 집권한 전두환 정권을 국가조찬기도회를 통해 지지했다. 대체복무제 논의에서도 북한과의 군사 대립이라는 정치 현실을 들어 반대했고, 전쟁의 명분이 논란이 된 이라크전 파병에 대해서는 국익을 위해 찬성했다. 냉정하게 보면, 국가 이데올로기를 넘어서는 가치를 추구해야 할 종교가 본래의 존재 목적을 상실했다는 징후들이었다.

이 현상은 21세기 한국 교회에서도 전혀 개선되지 않았다. 현대 한국 사회의 여러 주류 종교 중 기독교만큼 다름, 사회적 약자, 성소수자, 타 종교 등에 대해 명확하게 불관용의 목소리를 내는 곳도 없다. 주로 보수적인 주류 기독교에서 나오는 목소리는 종교의 가르침에 기반한 것이기보다는 사회의 보수 계층이 제시하는 목소리에 가깝다. 실제 한국 교회는 국가주의의 가치를 충실히 대변하는 곳이 되었다. 한국 사회의 '가짜 뉴스' 생성지로 기독교계의 연류 혐의가 드러나는 것은 종교가 손쉽게 이데올로기로 변할 수 있는 속성을 지녔음을 보여 준다. 그 진영에서 쏟아지는 메시지들은 주로 과도한 친미 반북, 반이슬람, 반동성애, 반페미니즘, 반진화론에 대한 것이다. 종교의 이름으로, 신의 이름으로 타자에 대한 배제와 혐오가 조금의 양심의 거리낌도 없이 확신 가운데 이뤄지고 있다. 이 모습 자체는 이미 타자에 대한 감수성을 상실한, 또 다른 차원에서 종교적 인종주의의 덫에 걸린 모습이다.

종교의 가르침과 배제와 혐오는 어울리지 않는다. 하지만 오늘날 한국 교회의 현실은 배제와 혐오에 대한 혐의에서 자유로울 수 없다. 한국 교회, 그 중에서도 주로 신앙적 혹은 신학적 '정체성'을 강하게 내세우는 집단일수록 배제와 혐오의 발언을 여과 없이 내뱉는 경우가 흔하다.

성경은 천하보다 귀중한 것이 한 사람의 생명이라고 가르친다. '천하'에 국가가 포함됨은 물론이다. 하지만 이 가르침이 무색하게 우리는 눈에 보이지 않는 피상의 가치를 지키느라 실제 존중해야 할 이웃의 존엄과 가치를 외면할 때가 얼마나 많은가. 70년 전 제주 4·3에 참여했던 교회는 공산주의에 맞선 자유 체제 수호의 노력으로 이 비극적 사건을 정당화했다. 국가(정확히는 정부)의 명예와 가치에 대한 집착이 얼마나 컸던지 기무사에서는 세월호의 진실 규명을 요구하는 유가족을 '반체제 종북 세력'으로 분류했다고 한다. 이것이 우리가 살고 있는 사회의 현실이다. 그런데도 수많은 교회에서 '세월호'는 금기어가 되었고, 노란색 리본을 다는 것은 금기 사항이 되었다. 이런 현실이 한국 교회의 타자에 대한 의식 수준이다.

이 낯설지 않은 상황은 역사에서 제도 교회가 국가주의와 인종주의라는 이데올로기에 종속될 때마다 어김없이 반복되었다. 그 피해자들은 이단으로, 마녀로, 무신론자로, 반체제 인사로 규정되어 비난과 처벌을 받았다.

초대 기독교회의 기억을 빌려 보자면, 문명과 야만으로 구분 짓는 로마제국의 문화적 인종주의를 극복하고 유대인과 이방인으로 차별하는 혈통적 인종주의를 극복했을 때 교회는 세계 종교로 뻗어 갈 수 있었다. 그래서 고대에 비문명 지역으로 내버려 두었던 서유럽으로 그 경계가 넓어졌고, 유대와 베들레헴을 넘어 소아시아와 지중해를 넘어 유럽으로 확대되었다. 그리스도인들에게 경멸의 어휘로 붙여진 제3의 인종이 필요하다. 오늘날 문화적 인종주의는 가부장적 제도 국가를 최고의 가치에 놓는 국가주의와 연결되고, 혈통적 인종주의는 인종·피부색·성정체성·종교 등에 따라 차별하는 타자에 대한 배제와 혐오와 연결된다.

추상적인 국가 이데올로기를 넘어서고, 비록 나와 생각이 다를지라도 차별 없이 존중할 수 있는 넉넉한 품이야말로 교회에 필요한 덕목이다. 우리는 역사에서 신의 이름으로 종교의 기치 아래 이루어졌던 수많은 배제와 혐오에 대한 역사의 평가를 이미 알고 있다. 초대교회 시절 '다름'을 수용하지 못함으로써 발생한 교회 분열, 중세 십자군 원정과 반유대주의의 탄생, 근대 견고한 국가 지배 체제 구축을 위해 이루어졌던 재세례파에 대한 탄압과 마녀사냥 등은 모두 역사에서 유죄 평결을 받았다.

종교적 순수성을 지키고 도덕적 사회를 지향하고자 하는 명목 아래 21세기 한국 교회에서 행하는 타자와 다름에 대한 불관용은 역사의 판례를 검토해 보면 그 답이 자명하다. 이제 멈추어 서야 할 때다. 잃어버린 감수성을 다시 찾아야 한다. 차분히 역사를 들여다보며 그 속에서 성찰하는 시간을 가져야 한다.

03
성경에 포함된 혐오와 저주를 어떻게 이해할 것인가

김회권(숭실대학교 기독교학과 교수)

들어가며

성경에는 오늘날의 윤리적 감수성과 보편인권을 존중하는 교양과 배치되는 혐오 발언과 저주 언동, 그리고 반윤리적으로 보이는 야만적 행동 들이 기록되어 있다. 그것은 대부분 동해동량보복법칙에 따른 대응적 저주 언동이요 혐오 피력이다. 성경에서 저주 대상이 되는 목록에는 땅(창 3:17), 동물(창 3:14, 뱀) 혹은 식물(막 11:13-14, 20-21), 특정 지역(삼하 1:21)이나 특정 부족(창 9:25), 우상숭배하는 개인(왕하 9:34), 하나님이 주신 땅을 더럽히는 인류질서 파괴자(신 21:22-23), 이단 전파자(갈 1:8-9), 하나님의 언약 파기자인 이스라엘 자신(신 11:25-29; 28:16-68), 그리고 특정 행위나 악행들이 있다. 인상적인 사실은 하나님이나 이스라엘이 선제적으로 타자를 저주하거나 혐오 행위를 한 경우는 거의 없다는 점이다. 뿐만 아니라 특정 족속이나 사람에 대한 혐오나 저주 언동들 자체에 대해 성경의 다른 부분들이 그것을 완화시키거나 비판적으로 상대화하는 경우 또한 적지 않다. 예를 들면, 아담 때 선언된 땅에 대한 저주나 아내에 대한 남편의 지배 선언(창 3:16)은 아브라함 때부터 시작된 구속사의 진행과 더불어 해체되거나 약화되어 옛 관습 혹은 극복 대상인 '타락'의 일부로 간주되기 시작한다. 여성의 남성에 대한 예종(隸從)이 창조의 퇴행인 타락 상황을 반영한다는 것이다. 남자와 여자 둘 다 하나님의 형상으로 만들어졌다고 선언하는 창세기 1:26-27이 아내에 대한 남편의 지배가 창조 질서에서 이탈한 것임을 깨닫게 한다.

더 나아가 노예제도의 기원을 언급하는 창세기 9:25은 고대 이스라엘 사회도 노예제도의 악마적 폐해에서 자유로운 청정 지역이 아니었음을 보여 준다. 그러나 구약성경은 여러 가지 이유로 노예로 전락한 사람들에 대한 하나님의 구속 의지가 점차적으로 전개되는 구속사를 내세운다. 구약의 구속사는 노예해방적 하나님의 의지를 천명한다. 이 외에도 이방인에 대한 혐오와 경계, 그리고 배제 또한 구약성경의 이스라엘에서 분명히 나타난다. 그러나 이런 혐오, 배제, 저주가 매일의 종교 실천강령으로 제시되지는 않는다. 대부분 그것들은 예언서의 은유적 수사 맥락이나 시편의 절규 문맥 안에 배치되어 있다. 이것은 무엇을 의미하는가? 구약성경은 결코 타자에 대한 혐오와 배제, 저주를 하나님의 백성이 일상적으로 실천해야 할 강령으로 제시하지 않는다는 것이다. 따라서 이런 타자 혐오와 저주 관련 구절이 기독교의 중심 교리를 구성하는 데 너무 과도한 역할을 해서는 안 된다.

이 글은 구약성경의 혐오 발언 혹은 저주 본문 중 오늘날 기독교인에게 윤리적 딜레마를 안겨 주는 대표 본문들을 고찰한다. 이스라엘의 자기 저주 본문인 신명기 27-28장, 뱀과 여자의 후손을 저주하는 창세기 3:14-15, 함의 아들 가나안을 저주하는 창세기 9:25-27, 아말렉을 저주하는 출애굽기 17:16과 신명기 25장, 에돔에 대한 심판 신탁이 나타나는 이사야 34장, 63장과 에스겔 35장, 그리고 마지막으로 대표적인 저주 기원 시편 109편과 137편을 살펴볼 것이다.

구약성경의 저주/혐오 본문들의 원래 자리

히브리어로 '저주하다'를 의미하는 동사는 '카랄'(qālal, 가볍다)의 강세능동형 (피엘) '킬렐'(qillēl)¹과 '아라르'('ārar)의 단순형 동사다.² 둘은 거의 유사한 의미로 사용되나 '아라르' 동사는 시적 본문들에서 '축복하다'는 동사와 대구를 이루며 사용되는 경우가 많다.³ 저주 행위에는 구어로 발설된 말의 현실창조

---

1 사람목적어: 삼하 19:43(멸시하다); 레 20:9(부모), 하나님목적어: 출 22:27; 레 24:15; 삼상 3:13, 사물목적어: 창 8:21; 욥 3:1. BDB, p. 886.
2 창 3:14, 17; 4:11; 5:29(강세능동형); 9:25; 12:3; 27:29; 민 5:18-27(강세능동 여섯 차례 사용); 22:6; 23:7; 욥 3:8. BDB, p. 76. 아라르 동사의 수동분사형 아루르('ārûr)가 제일 빈번하게 사용된다(특히 신명기 27장).
3 Brown-Driver-Brigg, *The Hebrew-English Lexicon of the old Testament* (Hendrickson,

적 마력을 믿었던 고대 사회의 독특한 언어관이 반영되어 있다. 고대 사회에서는 인간의 발화(發話) 행위에 현실을 창조하고 형성하는 힘이 있다고 믿었다(민수기 22-24장에서 발람을 고용해 이스라엘을 저주하게 하는 모압 왕 발락). 사제들의 기도 행위나 기원이 초월 영역의 힘을 땅의 세계로 유입해 매개시키는 위력을 가졌다고 믿었다. 보통 사람들도 복과 저주의 언어를 반복해 발화함으로써 원수나 이웃에게 이런 초월매개적인 해악을 끼칠 수 있다고 믿었다. 특히 저주는 자신의 원수나 불화 중인 이웃에게 자신이 직접 해악을 행하지 않고 신이나 초월적 힘을 빌려 원격으로 해악을 끼치려는 언동이었다. 고대 수메르의 저주기원문들(incantations)은 고대 중근동의 발화 행위를 통한 저주 기원이 상당히 만연했음을 보여 준다.[4]

그런데 저주 언동이나 타자에 대한 극혐 감정을 후손에게 상속시키는 목적이 무엇이냐가 중요했다. 그것은 심리적으로나 정치·사회적으로 주변화된 약자들이 강자를 겨냥해 자기의 정체성을 지키려는 맥락에서 저주 언동과 혐오증이 작동했다는 사실과 관련이 있다. 강자는 자신의 물리력과 경제력 등으로 약자를 지배하고 자기 뜻에 복종시킬 수 있다. 왕이나 지배층은 불의한 재판을 통해 이웃의 생존권을 쉽게 유린할 수 있다. 그러나 약자는 초월의 영역을 자신의 심리적 동맹 세력으로 삼아 말로써 방어전을 치른다. 주변의 주요 세력에 대항하는 약자가 자기 정체성을 지키려는 과정에서 저주 언동이 등장했다. 이런 자기 정체성 수호 전쟁에서 동원되는 말이 바로 저주다. 그러나 오늘날의 저주 언동, 극혐 발언 혹은 배제적 차별 등은 강한 자들이 자신을 과잉보호하는 과정에서 동원하는 폭력이다. 강력한 주류 다수가 소수자를 탄압하는 데 동원하는 것이 극혐과 배제 혹은 저주적 격리다.

2008), p. 76.
4 주전 2천 년대 수메르의 아가데 왕 나람신에 대한 수메르 최고위 신 엔릴의 저주를 기록한 "아가데의 저주"(The Curse of Agade)가 있다[James B. Pritchard, *Ancient Near Eastern Texts relating to the Old Testament* (Princeton; Princeton University Press, 1969), pp. 646-651].

요약하면, 구약성경 어디에도 이방인들에 대한 배제나 차이, 노예들에 대한 차별과 배제가 정경화된 윤리나 행동으로 장려되거나 명령된 적은 없다. 오히려 신명기의 많은 법들은 이방인과 난민을 포용하고 이스라엘의 축제 절기의 수혜자로 여기라고 권고한다. 구약성경이나 신약성경의 이방인 배제나 차별 혹은 제노포비아적 혐오경계발언 등은 모두 이스라엘 공동체가 약자일 때 자기 정체성을 지키기 위해 발버둥치는 과정에서 생성되었다. 때문에 각 시대 각각의 공동체가 직면한 주류 사회 혹은 강력한 세력이 저주와 극혐 발언의 대상이었다. 주전 9세기에는 바알-아세라 혼합주의자들(이세벨)이 저주 대상이었고, 주전 8세기에는 니느웨가 저주 대상이었고, 주전 6세기에는 에돔과 바벨론이 저주 대상이었다.

이스라엘의 자기 저주

사실 구약성경에서 제일 자주 반복되는 저주 언동의 대상은 이스라엘 자손이다. 신명기 11:26-28은 이스라엘이 복과 저주의 갈림길에서 늘 자신의 운명을 결정해야 할 책임을 지고 있음을 상기시킨다. "내가 오늘 복과 저주를 너희 앞에 두나니 너희가 만일 내가 오늘 너희에게 명하는 너희의 하나님 여호와의 명령을 들으면 복이 될 것이요, 너희가 만일 내가 오늘 너희에게 명령하는 도에서 돌이켜 떠나 너희의 하나님 여호와의 명령을 듣지 아니하고 본래 알지 못하던 다른 신들을 따르면 저주를 받으리라."

레위기 18, 20장, 그리고 신명기 27-28장은 하나님과 맺은 언약을 지키지 못할 때 받게 되는 저주와 심판 목록을 담고 있다. 이스라엘이 감수한 자기 저주는 시내산 언약의 빛 아래에서 가장 잘 이해될 수 있다. 모세오경의 핵심 뼈대인 시내산 언약은 고대 근동의 종주-봉신 조약의 틀로 구성되어 있다. 고대 근동의 종주들은 상명하복의 종주-봉신 조약을 의도적으로 파괴하려는 봉신들의 불순종과 배반을 가혹하게 응징하기 위해 조약의 마지막 조항에 다양한 징벌적 저주 목록을 첨부했다. 출애굽기 19-24장, 신명기 27-28장은 시내산 언약을 고대 근동의 종주-봉신 조약의 틀 안에서 제시한다. 종주-봉신 조약의 여섯 개 조항과 이에 상응하는 성경 본문은 다음 도표와 같다.

고대 근동의 종주-봉신 조약의 빛 아래에서 본 시내산 언약

여섯 요소	내용	구약성경 본문
1. 서언(preamble)	종주의 자기소개.	출 20:1; 나는 출애굽의 야웨다.
2. 이전의 종주: 봉신의 역사 개관	종주의 과거의 은혜.	출 20:1b
3. 각각 종주-봉신의 의무 조항	종주의 의무: 땅, 보호와 돌봄. 봉신의 의무: 충성과 순종.	출 20:5-21 신 5:6-24
4. 조약 보관과 낭독 의무 조항	조약 보관, 조약 낭독.	신 27장, 31장; 7년 주기 초막절 낭독.
5. 증인들	여러 신들, 하늘과 땅.	신 32장; 하늘과 땅.
6. 복들과 조약 파기에 대한 저주	짧은 복 목록과 긴 저주 목록의 대조.	신 27-28장; 저주 목록.

위에서 본 것처럼 신명기 27-28장은 시내산 언약의 저주 조항을 구성한다. 하나님과 맺은 언약대로 살지 못할 때 이스라엘에게 임할 저주가 상세히 담겨 있다. 27장에는 에발산에 올라간 이스라엘 여섯 지파들이 일정한 법령과 율법을 어기면 공동체에 저주가 임할 것이라는 레위 사람의 선언 후 '아멘'으로 자기 저주를 수용하는 장면이 나온다.

[16]그의 부모를 경홀히 여기는 자는 저주를 받을 것이라 할 것이요, 모든 백성은 '아멘' 할지니라. [17]그의 이웃의 경계표를 옮기는 자는 저주를 받을 것이라 할

것이요, 모든 백성은 '아멘' 할지니라. [18]맹인에게 길을 잃게 하는 자는 저주를 받을 것이라 할 것이요, 모든 백성은 '아멘' 할지니라. [19]객이나 고아나 과부의 송사를 억울하게 하는 자는 저주를 받을 것이라 할 것이요, 모든 백성은 '아멘' 할지니라. [20]그의 아버지의 아내와 동침하는 자는 그의 아버지의 하체를 드러냈으니 저주를 받을 것이라 할 것이요, 모든 백성은 '아멘' 할지니라. [21]짐승과 교합하는 모든 자는 저주를 받을 것이라 할 것이요, 모든 백성은 '아멘' 할지니라.[5] (신 27:16-21)

이 율법의 말씀을 실행하지 아니하는 자는 저주를 받을 것이라 할 것이요, 모든 백성은 '아멘' 할지니라. (신 27:26)

이 마지막 절이 신약에서 말하는 소위 "율법의 저주"이다(갈 3:13; 약 2:10; 롬 3:23). 여기서 우리가 깨닫는 한 가지 놀라운 사실은 오늘날 기복적 설교에 대해 빈번하게 발출되는 '아멘'의 원래 자리가 자기 저주의 맥락이었다는 점이다. 이스라엘 백성은 타자에게 저주를 퍼붓기 전에 자기에게 저주를 선언한 자기추궁적 선민이었다. 이스라엘은 죄와 벌의 논리에 충실했고, 자기 자신에게 가장 가혹하게 이 원리를 적용했다.

신명기 28:1-14까지는 이스라엘이 언약과 율법을 지켰을 때 받게 될 복의 목록을 말한다. 반면에 15-68절은 불순종했을 때 받게 될 길고 엄혹한 저주 목록이다. 14 대 54 정도의 비율로 축복과 저주의 미래가 예고되고 있다. 이 언약적 저주들은 이스라엘과 야웨가 맺은 시내산 언약(신 27장, 수 24장의 세겜 언약으로 계승) 안에 있는 저주 항목들에 따른 것이다.

---

[5] 이 외에도 다음과 같은 악행이 저주를 유발한다. "자기 아버지나 어머니를 치는 자는 반드시 죽일지니라"(출 21:15, 17); "너는 귀먹은 자를 저주하지 말며"(레 19:14); "누구든지 자기의 아버지나 어머니를 저주하는 자는 반드시 죽일지니라(레 20:9)."

그런데 나중에 밝혀지겠지만 이 저주는 최후심판이 아니라 하나님의 긍휼과 사랑, 죄 사함의 우발성으로 언제든 해소되는 한시적 징벌이다. 예레미야 31장과 에스겔 36장, 그리고 나사렛 예수의 새 언약은 점층적으로 이스라엘에게 가해진 저주의 권세로부터 이스라엘을 구속해 가는 과정을 추적한다.

진멸의 대상이 된 뱀의 후손

창세기 3:14-15은 하나님의 최초 저주 선언이 기록된 창세기 3:11-24 단락의 일부로서 뱀에 대한 저주를 말한다. 아담과 하와는 자신들의 죄악을 심문하시는 하나님 앞에서 죄책을 경감하기 위해 변명을 한다. 특히 하나님이 하와에게 "네가 어찌하여 이렇게 하였느냐"고 물으시자 그녀는 "뱀이 나를 꾀므로 내가 먹었나이다"라고 대답한다(창 3:13). 자신은 단지 '유혹받은 존재'라고 강변한 것이다. 그런데 놀라운 것은 하나님이 뱀에게 사실심문도 하지 않고 바로 선고하신다는 점이다. 뱀은 '사탄이 나를 꾀므로 나는 사탄에게 몸을 빌려 준 것뿐입니다'라고 말하지 않는다. 결국 뱀은 모든 짐승들보다 더욱 **참혹한 저주**를 받아 배로 기어 다니고 흙을 먹고 살아가게 되었다. 뱀에게 선고된 저주는 시효가 없다. 뱀은 여자와 원수가 되고, 둘 사이의 적개심은 그들 각각의 후손에게까지 계승될 것이다. 이 적대성의 마지막 단계는 여자의 후손이 뱀의 머리를 상하게 하고 뱀은 그 여자의 후손의 발꿈치를 상하게 하는 쌍방 타격전이 될 것이다. 뱀과 여자의 후손의 대를 이은 투쟁은 가나안 땅에 정착한 이스라엘 백성이 겪은 투쟁의 역사 속에 갈무리되어 있다. 신명기 전체가 보여 주듯 이스라엘의 가나안 정착 역사는 이집트 혹은 가나안적 기원을 가진 풍요 제의(뱀이 대표하는 제의)를 앞세운 주변 민족들의 종교적 유혹들에 맞서는 투쟁의 역사였다. 뱀과 여자의 후손의 투쟁과 갈등은 이스라엘의 가나안 정착 역사를 통해 실현되었고, 아브라함의 후손 예수 그리스도,

십자가에 달린 예수 그리스도를 통해 온 인류의 유혹자인 사탄의 머리를 타격함으로써 일단락되었다.

사랑과 자비가 많으신 하나님이 왜 뱀과 그 후손들에게 저주를 풀어 주신다는 최소한의 약속도 하지 않으셨는지 의아심이 든다. 뱀과 그 후손의 활동은 임마누엘 칸트(Immanuel Kant)가 말하는 근본악에 속하는 것처럼 보인다. 뱀과 그 후손의 유혹 사역은 지상에서 벌어지는 모든 악행의 근원이기에 용서받을 수 없는 것이다. 뱀과 그 후손에 대한 저주가 해소 불가하다는 사실은 하나님을 향한 일편단심과 순종을 이탈시키는 악행 자체에 대한 영원한 단죄를 의미한다. 여기서 한 가지만 조심하면 된다. 성경은 인류의 특정한 부족과 인종 혹은 개인과 공동체를 여자의 후손이 끝내 정복해야 할 뱀의 후손, 즉 악의 축이라고 동일시하지 않는다는 것이다.

기독교의 유일신론은 세상이 선과 악으로 나뉘어 있다는 이원론과는 판이하다. 이런 이원론은 냉전시대의 사고관이다. 세상을 선과 악으로 나누고 악이 특정 나라와 체제에 100퍼센트 구현되었다고 믿는 것은 기독교가 아니라 마니교의 신념에 가깝다. 전 미국 대통령 조지 부시(George W. Bush)와 딕 체니(Dick Cheney) 등 네오콘(neoconservative)들은 미국인들이야말로 세상의 악을 멸하는 십자군이라고 자임했다. 그들은 북한과 이란 등 몇 나라를 '악의 축'(axis of evil)이라고 보는 마니교적 신앙을 공공연히 드러냈다. 그들의 그릇된 신앙은 미국의 군사력 신봉과 더불어 중동을 아직도 갈등과 무질서로 밀어 넣는 데 기여한다. 미국과 서방은 자신들이 '테러리스트'라고 정죄한 이슬람 극단 세력을 멸절 대상인 뱀의 후손으로 보고, 이슬람 극단 세력은 미국이나 서방을 뱀의 후손으로 본다. 이스라엘의 강경우파 총리 베냐민 네타냐후(Benjamin Netanyahu)나 팔레스타인의 마흐무드 압바스(Mahmoud Abbas) 총리는 서로를 뱀의 후손, 부단한 멸절 대상으로 간주하는 마니교적 확신을 품고 있다. 이스라엘은 지난 세기 동안 유대인에 대한 박해가 있었을 때 회교도로서 아랍 사람들이 자신들에게 피난처를 제공했다는 사실과, 이란의 선조였던 페르시아의 고레스가 유대인 포로들의 고국 귀환을 도왔음을 기억해야 한다. 그럼에도 팔레스타인과 아랍을 뱀의 후손처럼 여기는 현 상황은 구약성경의 그 약하고 가련한 이스라엘과 하등 상관이 없다.

이슬람 테러리스트를 뱀의 후손으로 간주하는 경향이 있는 오늘날 서방과 미국 사람들처럼 요즘 한국의 일부 기독교도들은 이슬람, 동성애, 좌파 등을 극악한 수준으로 타자화하려는 경향을 보인다. 그러나 창세기 3:14-15을 통해 그들이 자신들의 행위를 정당화해서는 안 된다.

이 두 성경구절은 창세기 3장 전체의 문맥 안에서 해석해야 한다. 여자의 후손과 뱀의 후손이 서로 물고 타격하는 현상 자체가 타락 후 질서를 반영하며, 우리가 타락한 세상에 살고 있다는 점을 깨우쳐 주는 것이다. 이 구절을 근거로 섣불리 이웃이나 타인을 멸절 대상으로 극악하게 타자화하는 것을 경계해야 한다. 이스라엘이 참 하나님의 백성이라면, 아랍 테러리스트들을 타자화하기보다는 그들의 입장에서 봐야 하고, 아울러 세르비아와 크로아티아의 기독교인들은 고통 받는 이웃 회교도들을 함께 생각해야 한다. 극단적인 무장 테러리스트를 양산하는 이슬람 국가들이 가장 많이 사용하는 말이 평화다. 미국 네오콘은 9·11 이후 이슬람 세력에 대항하는 집단화된 분노를 통해 이슬람을 극단적으로 타자화해 '미국'이라는 정체성을 강화하려 해서는 안 된다. 마찬가지로 북한을 악마화하는 데 열을 올리고 어떤 평화 협상도 반대하는 한국의 일부 기독교인들도 성숙한 자기 성찰을 해야 한다. 설령 이 세상에 뱀의 후손이라 불리는 근본악의 무리가 있다고 해도 그것이 하나님이 사람을 만들 때 하나님의 형상대로 만드셨다는 사실을 취소시키지는 못 한다. 여자의 후손과 뱀의 후손 사이의 항구적 적대성은 인류의 누군가를 혹은 이웃을 타자화하는 데 동원할 증거 본문이 될 수 없다. 이 항구적 적대성은 타락 이후 세상에 우발적으로 발생한 상황임을 알아야 한다. 이 두 성경구절이 어떤 인간에게도 영원히 해소되지 않는 적개심을 품도록 장려하지 않는다.

오히려 우리는 우리의 발꿈치를 무는 이웃에 대해 그들의 상처와 한의 깊이를 알아주고 우리의 마음을 그들에게 열 수 있어야 한다. 이 멸절적 타자 악마화가 아담과 하와의 타락이 초래한 최고의 분열상임을 알고 그것을 극복하는 데 앞장서야 한다.

'뱀의 후손에 대한 영속적 투쟁'을 예고하는 창세기 3:15의 진의는 타자 안에 있는 악을 보고 그것을 멸절 대상으로 여기기보다는 나에게 적대적인 타자화를 부추기고 유혹하는 더 근원적인 우주적 악을 간파하도록 촉구하는 데 있다. 여자의 후손이 이 근본악을 함께 극복하도록 촉구하는 것이다. 뱀의 후손과 여자 후손 사이의 갈등을 예언하는 본문은 인류 공동체의 특별 구성원을 극악무도하게 타자화해 멸절하라고 명하는 것이 아니다. 오히려 인간 즉 여자의 후손인 인류 공동체가 자신들 밖으로부터 유래해 작동하는 우주적 악에 대해 비판적 성찰을 하도록 촉구하는 것이다. 모든 선한 기독교인들은 상대방을 틀렸다고 단정 짓기보다 상대편 입장에 서는 데 민첩하다. 타자를 뱀이라고 단정 짓기보다는 자신 안에 있는 근본악적 요소를 먼저 보고 소스라친다.

가나안 저주

창세기 9:18-29은 홍수 심판 후 노아와 그의 세 아들의 운명에 대한 원인론적 일화다. 특히 25-27절은 왜 함의 아들 가나안이 셈의 종이 될 운명에 처하게 되었는가를 말한다.

²⁵…가나안은 저주를 받아 그의 형제의 종들의 종이 되기를 원하노라 하고

²⁶또 이르되 셈의 하나님 여호와를 찬송하리로다. 가나안은 셈의 종이 되고 ²⁷ 하나님이 야벳을 창대하게 하사 셈의 장막에 거하게 하시고 가나안은 그의 종이 되게 하시기를 원하노라 하였더라. (창 9:25-27)

가나안에 대한 돌연한 저주의 맥락을 적어도 본문 안에서는 자세히 추정하기가 쉽지 않다. 성경은 가나안에 저주를 초래한 원인 제공자가 만취한 노아라는 사실을 감추지 않는다. 그런데 안타깝게도 노아의 만취와 하체 노출에 대해 부적절하게 대응한 함의 아들 가나안이 저주를 받는다. 가나안의 아버지 함이 벌거벗은 아버지의 하체를 처음으로 보고 밖에 나가 그의 두 형제에게 알렸다(9:22). '알린' 행위를 설명하는 히브리어 동사 '약게드'(yaggēd)는 단순히 '말하다'를 의미하는 동사 '나가드'(nāgad)의 히필동사로서 '미주알고주알 자세히 보고하다'라는 뜻이다. '아버지가 만취해 하체를 드러내고 자고 있다'는 사실 고지 이상의 경멸적 판단이 가미된 고자질이었다. 그가 최초로 이 민망한 장면을 발견했다면 아버지의 허물을 덮어 주었어야 했다. 그러나 그는 아버지의 개인적 허물을 공개적으로 폭로함으로써 아버지 노아의 영적 권위와 영향력을 손상시켰다.

반면에 셈과 야벳은 아버지의 이 민망한 실수를 보지 않으려고 지혜롭게 처신한다. 둘은 옷을 가져다가 자기들의 어깨에 메고 뒷걸음쳐 들어가서 아버지의 하체를 덮고 얼굴을 돌이켜 끝내 아버지의 하체를 보지 않았다(9:23). 가나안 족속의 조상 함이 만취한 채 벌거벗고 잠든 아버지에 대해 다른 두 형제에게 떠벌려서 아버지의 권위를 실추시킨 데 비해 셈과 야벳은 아버지의 실수를 가려 준 것이다. 노아는 단순히 세 아들의 아버지일 뿐 아니라 당시의 영적 지도자였으므로 함의 행동은 지도자의 권위를 크게 실추시킨 꼴이 된다. 그러나 그렇다고 해서 이 허물이 노아의 입에서 발설된, '함의 아들 가나안의 노예화 운명 선언'을 정당화할 수는 없다.

우리의 도덕적 정의감에 거슬리게 하나님은 노아의 실수에 대해서는 어떤 책망의 말씀도 하지 않으시고 오히려 노아가 세 아들의 운명을 갈라놓는 축복과 저주를 순식간에 배분한다. "노아가 술이 깨어 그의 작은 아들이 자기에게 행한 일을 알고"(9:24) 함의 아들 가나안을 저주한다. "가나안은 저주를 받아 그의 형제의 종들의 종이 되기를 원하노라"(9:25). 그리고 "셈의 하나님 여호와를 찬송하리로다. 가나안은 셈의 종이 되고"(9:26) "야벳을 창대하게 하사 셈의 장막에 거하게 하시고 가나안은 그의 종이 되게 하시기를 원하노라"(9:27) 하고 다른 두 아들을 축복한다. 가장 어린 아들 함(가나안의 아비)이[6] 저주를 받아 야벳과 셈의 종이 되는 멍에를 지게 된다는 것이다.

노아는 함의 아들이 셈과 야벳의 종이 되기를 기원한다. 노아의 축복과 저주는 인류 전체에게는 절반의 행복이요 절반의 불행의 시작인 셈이다. 물론 노아의 구두 저주/축복 기도를 결정론적으로 이해해서는 안 된다. 네덜란드 개혁장로교회처럼 함족(흑인)에 대한 백인의 지배를 정당화하기 위해 이 노아 저주 기원문을 인증할 수는 없다. 그러나 해리엇 비처 스토(Harriet Beecher Stowe)가 쓴 『톰 아저씨의 오두막』(Uncle Tom's Cabin, 살림)을 보면, 흑인들의 노예 해방을 반대한 많은 백인 목사들이 창세기 9:25-27을 인용해 함족속의 후손 아프리카인들을 '가나안'으로 간주하고 잔혹하게 학대했다. 이 본문은 오랫동안 가나안을 노예처럼 부렸던 강한 이스라엘이 가나안 토착인들을 타자화한 전형적 경험을 반영하고 있다. 여호수아 16:10; 17:13과 열왕기상 9:21은 이스라엘이 정복하지 못한 가나안 사람들을 노예처럼 부렸음을 인정한다.

그렇다고 해서 만취에서 깨어난 노아가 터뜨린 이 저주 예언이 정경적 권

---

6   나훔 사르나는 가나안이 아마도 아버지 함(Ham)의 죄악에 동참했을 것이라고 본다[Nahum M. Sarna, *JPS Torah commentary Genesis* (New York; JPS Publication Society, 1999), p. 66]. 인간의 죄책을 캐물으려는 전형적인 유대교 랍비의 해석이다.

위를 가졌다고 볼 필요는 없다. 노아의 말에 교리적 권능을 부여하며 함의 아들 가나안의 노예화, 즉 극단적 타자화를 정당화하는 것이 문제다. 축자영감설을 믿는 사람들은 모범적인 신앙 영웅들의 모든 언동이 교리적 규범력을 갖는 것으로 오해한다. 그러나 성경을 정당하고 객관적으로 읽는다면, 노아의 가나안 저주는 자신의 아들에 대한 저주 선언으로 자기 파괴적인 저주 기원이다. 자기 후손에게 노예가 되라고 저주하는 노아 스스로 자기를 훼손한 것이다. 따라서 노아의 만취와 경솔한 행동이 초래한 이 참혹한 저주 기원이 하나님께 옳다 함을 받은 교리적 지침이 될 필요는 없다. 히브리서 11장에서 예거하는 믿음의 영웅들의 모든 언동이 기독교인들의 건덕과 영성 함양의 기준이 되는 것은 아니다. 입다가 자기 딸을 번제로 드린 사건, 그리고 다윗이 암몬의 랍바성을 점령하고 그 거민들을 잔악하게 다룬 것은 기독교인들에게 전혀 모범이 될 수 없다.[7] 사무엘하의 저자는 8:15에서 다윗이 온 이스라엘을 공과 의로 다스린다고 칭찬하지만, 여기서는 타자화된 교전국 모압에서 천인공노할 만행을 자행했다고 고발하는 것이다. 성경의 이 처절한 반영웅적 사실주의는 신앙 영웅에 대한 우리의 순진한 예찬에 경종을 울린다. 성경 자체가 극악무도한 타자화를 비판한다.

아말렉 극단 혐오 언동의 그림자

현대인들에게 가장 큰 반발을 촉발시키는 구약 전쟁의 관습 중 하나가 '헤렘'(ḥerem)이다. '헤렘'은 '진멸하다' '신께 바치다' 등을 의미하는 동사 '하람'

---

[7] 사무엘하 12:30-31은 다윗이 랍바성을 쳐서 그 패배한 왕의 무거운 보석 왕관을 쓰고 으스댔으며 랍바성에 남아 있던 거민들을 톱으로 켜고 써레로 쓸고 도끼로 찍고 벽돌가마로 지나가게 했다(삼하 12:31). 개역개정본은 다윗의 톱질 만행, 써레질 만행, 도끼 살육, 벽돌가마 위로 걸어가게 한 만행을 감추기 위해 거의 오역 수준의 의역을 한다. "그 안에 있는 백성들을 끌어내어 톱질과 써레질과 철도끼질과 벽돌구이를 그들에게 하게 하니라"(삼하 12:31).

(ḥāram)에서 파생된 명사다. 신명기 20:10-14은 이스라엘의 가나안 진입을 반대하는 가나안 토착 도성들이 전쟁을 피하는 방법을 제시한다. 가나안 토착 도성들이 평화를 선제적으로 지킬 수 있는 것은 성문을 여는 것이었다. 그런데 여리고성은 성문을 닫고 농성전을 하며 이스라엘의 가나안 진입을 막는다(수 2, 6장). 이 여리고에 대해 행해진 전쟁이 진멸(헤렘) 전쟁이다. 진멸 전쟁은 이스라엘의 우상숭배 도성이나 특정 개인에게 수행되는 전쟁이다(신 13:15-17). 헤렘 전쟁은 전쟁에서 얻은 모든 전리품(모든 가축과 여자와 남자)을 신에게 제물로 바치는 거룩한 전쟁이다(수 7:11-13). 여호수아 7장에서 아간은 여리고 전쟁의 결과 얻은 전리품 일부를 숨겼다. 비싼 외투와 돈 200세겔을 훔쳤다. 이런 탐심을 가진 자가 전쟁의 주도 세력이 되어 더 많이 가지려고 하면 전쟁의 야만성이 확대된다. 헤렘 전쟁의 전리품은 사적으로 착복되거나 취득될 수 없다. 모든 전리품은 하나님께 불태워 바쳐져야 했다. 가나안 정복 전쟁 중 첫 전쟁인 여리고 정복 전쟁은 헤렘 전쟁으로 규정되었기에 그 전쟁의 결과 얻은 전리품은 사적 취득 대상이 아니었다. 이처럼 헤렘법은 인간의 전쟁 배후에 있는 비린내 나는 이익을 억제하기 위한 장치였다.

사무엘상 15:1-9은 사울 왕이 아말렉 족속을 향해 벌인 헤렘 전쟁을 보도한다. 그런데 사울 왕이 헤렘 전쟁 규칙을 위반한다. 사울은 진멸 전쟁 명령을 받고도(3절) 하나님께 다 바치지 않았다. 사울 왕은 가장 좋은 양과 소는 물론이요 봉신 관계를 유지하기 위해 아각도 죽이지 않았다(9절). 사무엘은 이런 사울의 행동을 비난하고 아각 왕을 살해한다. 현대인들이 보기에는 도무지 이해가 안 된다. 사울 왕의 행동이 인도주의적이고 합리적으로 보이고 사무엘의 행동은 잔혹한 광신 행위처럼 보인다. 아말렉은 언제부터 헤렘 전쟁의 대상이 되었을까? 출애굽기 17장과 신명기 25장은 아말렉에 대한 극혐을 드러내는 배경을 말한다.

야웨의 명령대로 신(Zin) 광야를 떠나 이스라엘 자손의 온 회중이 신 광야의 노선상에 있는 르비딤에 당도해 장막을 쳤으나 마실 물이 없었다(출 17:1). 신 광야는 르비림의 물 사건으로 하나님이 자신들과 함께 계신가를 의심하는 이스라엘의 영적 표류를 노정시킨다. 그러던 차에 아말렉과의 전쟁에서 하나님은 이스라엘의 하나님으로 싸우신다. 하나님은 자신이 치료자 및 의식주의 공급자일 뿐만 아니라 거룩한 전사임을 계시하신다. 거룩한 전사이신 하나님(출 17:8-16; 신 25:17-19)은 이스라엘이 처음으로 벌인 아말렉과의 전쟁에서 확실하게 승패를 주장하는 하나님임을 드러내신다.

그런데 출애굽기 17:14-16은 아말렉 족속을 뱀의 후손급 불구대천 원수로 규정한다(창 3:14-16). 하나님은 모세로 하여금 아말렉과의 전쟁을 책에 기록해 기념하게 하시고 여호수아에게 하나님의 아말렉 멸절 의지를 각인시키라고 명하신다. 모세는 여호수아의 귀에 "내가 아말렉을 없이하여 천하에서 기억도 못 하게 하리라"(출 17:14)는 하나님의 적의를 각인시키라고 명령받았다. 아말렉과의 전쟁이 얼마나 불리한 여건 아래 치러진 비인간적인 전쟁이었는지를 일깨워 준다. 아말렉은 이스라엘을 멸절하려고 이스라엘의 후방(가장 약한 구성원들, 아녀자들)을 무차별 공격했고(신 25:17-18; 참조. 민 14:43; 24:20) 모세는 아말렉의 공격을 피해 가나안 땅으로 벗어나 안전지역에 도달하기 위한 방어전쟁을 치렀다. 하나님의 도움으로 아말렉의 멸절적 공격에서 살아남은 모세는 이 생존을 기념하여 제단을 쌓고 그 이름을 여호와 닛시(여호와는 나의 깃발)라고 했다(출 17:15). 이 특정 순간의 전쟁에서 생긴 대(對)아말렉 적의는 이스라엘 후손에게까지 영원히 상속된다. 아말렉은 불구대천급 원수로 규정되어 버린 것이다. 아말렉은 단지 이스라엘이라는 특정 민족을 공격한 것이 아니라 인간성 자체에 공격을 한 자들이다. 영토 방어나 식량 약탈 등을 위한 전쟁이 아니라 인간의 사악한 야수성과 약탈 본능을 발산하기 위해 전쟁을 한 것이다. 반인륜적 살기로 가득 차 광야 여정으로 지치고 탈진한 비무장 민간인들을 공격했기 때문이다.

적어도 이 문맥에서 아말렉은 이런 야만적이고 사악한 인간성을 대표하는 자들이다. 하나님이 "아말렉과 더불어 대대로 싸우리라"(출 17:16)고 맹세한 것은 이런 악마적 잔인성과 싸우시겠다는 것을 의미한다. 특정 인종에 대한 편견이나 적개심을 조장하기 위한 맹세가 아님이 분명하다. 하나님은 확실히 악마적 회개 불가능으로 전락하는 인간성과 싸워 오고 계신다. 하지만 신명기 25:17-19은 아말렉에 대한 적의를 대대손손 계승하라고 명시적으로 말한다. 다만 이 단락은 아말렉에 대한 대대손손의 적의의 뿌리가 더 구체적으로 무엇인지를 분명하게 보여 준다.

[17]너희는 애굽에서 나오는 길에 아말렉이 네게 행한 일을 기억하라. [18]곧 그들이 너를 길에서 만나 네가 피곤할 때에 네 뒤에 떨어진 약한 자들을 쳤고 하나님을 두려워하지 아니하였느니라. [19]그러므로 네 하나님 여호와께서 네게 기업으로 주어 차지하게 하시는 땅에서 네 하나님 여호와께서 사방에 있는 모든 적군으로부터 네게 안식을 주실 때에 너는 천하에서 아말렉에 대한 기억을 지워 버리라. 너는 잊지 말지니라. (신 25:17-19)

구약성경의 다른 어떤 구절보다 이 아말렉 족속에 대한 지침은 가장 당황스러운 혐오 발언 중 하나다. 여기서 우리는 일반적으로 이스라엘이 가나안 족속을 포함해 다른 집단에 대해 품는 적대심의 수준을 훨씬 초월하는 타민족에 대한 영구적인 적개심을 목격하게 된다. 그것의 뿌리는 신명기 25:17-18에서 암시되듯, 출애굽기 17장에서 언급된 바 '아말렉 족속에 대한 기억이 영원히 소멸될 것이라는 저주 선언'이다(민 24:20; 삼상 15, 30장; 대상 4:41-43). 이 적개심의 수준은 거의 종족 학살의 경지에 이르고 심지어 호전적 전쟁 선동 정신에 고취된 많은 전쟁 이야기에서 기대할 수 있는 수준의 적개심을 무색하게 하는 극단적 인종 혐오의 경지다. 우리는 여기서 하나의 영원불변한

법칙이나 윤리 준칙을 발견하려고 해서는 안 된다. 아말렉에 대한 증오심은 이스라엘 역사의 특정한 시대에 고조되었던 특정 민족에 대한 극단화된 증오심이라고 보아야 한다. 그럼에도 불구하고 거의 인종 학살적인 명령을 내리는 듯한 하나님의 추상같은 이미지가 현대의 평화주의 가치를 숭상하는 윤리학자들에게 심각한 걸림돌이 되었다.

그러나 두 가지 점을 일러두고 싶다. 첫째, 여기서 '아말렉'은 전쟁의 야만성, 비인도적인 무자비와 악행의 화신을 의미한다는 것이다. 역사에서 한때 등장했다가 소멸해 버린 대양의 포말 같은 한 무리의 족속에 대한 증오심 분출이 아니라 아말렉의 악행에 대한 단죄라고 보아야 한다. '아말렉'은 하나님의 영구적인 적을 상징하는 일반명사로 사용되었다고 보는 것이 좋다. 궁지에 몰린 약자를 희생양으로 삼아 자신의 야욕을 극대화시키는 자를 총칭하는 단어라는 것이다. 이런 악행자들의 이름은 하나님 나라에서 영구 도말되어야 하다. 둘째, 하나님의 백성들에게 그들과 대립했던 사람들을 어떻게 대해야 할 것인가에 대해 다른 길을 보여 주는 다른 하나님의 말씀(자비심과 보편적인 하나님의 사랑)과 행위들이 아말렉 족속 도말 명령을 내리는 냉혹하고 잔혹한 하나님의 이미지를 어느 정도 상쇄한다는 것이다(사 19:16-25). 성경의 더 많은 곳에서 하나님의 백성들과 대립했던 이민족들에게까지 확장되는 하나님의 무한 자비를 말하고 있기 때문이다.[8]

에돔에 대한 저주 본문

오바댜는 에돔에 대한 심판과 저주를 담은 1장으로 구성된 예언서다. 단일 부족/족속으로서 에돔만큼 다채롭게 성경의 여러 곳에서 심판과 저주의 예

---

8   Patrick D. Miller, *Deuteronomy* (Louisville, KY.: John Knox Press, 1994), pp. 176-177.

언을 촉발한 족속은 없다. 시편 137:7과 이사야 34장, 63장, 그리고 에스겔 35장이 한결같이 에돔을 극도로 혐오하고 대적하는 본문들이다. 먼저 이사야 34:5-6의 에돔 심판 신탁은 자극적일 정도로 회화적이다. "여호와의 칼이 하늘에서 족하게 마셨은즉 보라, 이것이 에돔 위에 내리며 진멸하시기로 한 백성 위에 내려 그를 심판할 것이라. 여호와의 칼이 피 곧 어린양과 염소의 피에 만족하고 기름 곧 숫양의 콩팥 기름으로 윤택하니 이는 여호와를 위한 희생이 보스라에 있고 큰 살육이 에돔 땅에 있음이라."

오바댜 1:1-18은 다음과 같이 말한다.

^{1}…주 여호와께서 에돔에 대하여 이와 같이 말씀하시니라. 우리가 여호와께로 말미암아 소식을 들었나니 곧 사자가 나라들 가운데에 보내심을 받고 이르기를 너희는 일어날지어다. 우리가 일어나서 그와 싸우자 하는 것이니라.…^{9}드만아 네 용사들이 놀랄 것이라. 이로 말미암아 에서의 산에 있는 사람은 다 죽임을 당하여 멸절되리라. ^{10}네가 네 형제 야곱에게 행한 포학으로 말미암아 부끄러움을 당하고 영원히 멸절되리라. ^{11}네가 멀리 섰던 날 곧 이방인이 그의 재물을 빼앗아 가며 외국인이 그의 성문에 들어가서 예루살렘을 얻기 위하여 제비 뽑던 날에 너도 그들 중 한 사람 같았느니라. ^{12}네가 네 형제의 날 곧 그 재앙의 날에 방관할 것이 아니며 유다 자손이 패망하는 날에 기뻐할 것이 아니며 그 고난의 날에 네가 입을 크게 벌릴 것이 아니며 ^{13}내 백성이 환난을 당하는 날에 네가 그 성문에 들어가지 않을 것이며 환난을 당하는 날에 네가 그 고난을 방관하지 않을 것이며 환난을 당하는 날에 네가 그 재물에 손을 대지 않을 것이며 ^{14}사거리에 서서 그 도망하는 자를 막지 않을 것이며 고난의 날에 그 남은 자를 원수에게 넘기지 않을 것이니라.…^{17}오직 시온 산에서 피할 자가 있으리니 그 산이 거룩할 것이요 야곱 족속은 자기 기업을 누릴 것이며 ^{18}야곱 족속은 불이 될 것이며 요셉 족속은 불꽃이 될 것이요 에서 족속은 지푸라기

가 될 것이라. 그들이 그들 위에 불어서 그들을 불사를 것인즉 에서 족속에 남은 자가 없으리니 여호와께서 말씀하셨음이라. (옵 1:1, 9-14, 17-18)

아모스의 에돔 예언도 가차 없기는 마찬가지다.

[11]여호와께서 이와 같이 말씀하시되 에돔의 서너 가지 죄로 말미암아 내가 그 벌을 돌이키지 아니하리니 이는 그가 칼로 그의 형제를 쫓아가며 긍휼을 버리며 항상 맹렬히 화를 내며 분을 끝없이 품었음이라. [12]내가 데만에 불을 보내리니 보스라의 궁궐들을 사르리라. (암 1:11-12)

에스겔 35장도 에돔에 관한 예언이다. 특별히 에돔 저주 맥락이다.

주 여호와께서 이같이 말씀하시되 세일 산아 내가 너를 대적하여 내 손을 네 위에 펴서 네가 황무지와 공포의 대상이 되게 할지라. (겔 35:3)

에스겔 35:5-7, 9은 이스라엘에 대한 에돔의 오랜 적개심을 말한다.

[5]네가 옛날부터 한을 품고 이스라엘 족속의 환난 때 곧 죄악의 마지막 때에 칼의 위력에 그들을 넘겼도다. [6]그러므로 주 여호와의 말씀이니라. 내가 나의 삶을 두고 맹세하노니 내가 너에게 피를 만나게 한즉 피가 너를 따르리라. 네가 피를 미워하지 아니하였은즉 피가 너를 따르리라. [7]내가 세일산이 황무지와 폐허가 되게 하여 그 위에 왕래하는 자를 다 끊을지라.…[9]너를 영원히 황폐하게 하여 네 성읍들에 다시는 거주하는 자가 없게 하리니 내가 여호와인 줄을 너희가 알리라. (겔 35:5-7, 9)

이사야 63:1-6도 에돔에 대한 보복적 심판 신탁이다. 이 단락은 에돔에 대한 복수로 유혈낭자한 전사의 모습으로 이스라엘을 위로하러 오시는 하나님을 묘사한다. 구약성경 중 가장 잔혹하고 유혈낭자한 하나님의 이미지를 증언한다. 에돔과 보스라에서 "오는 이"는 이스라엘을 위해 공의를 말하고 구원하는 능력을 가진 신적 자아다. 이 신적 자아인 '나'는 포도주즙틀을 밟은 농부처럼 만민들을 쳐 죽이고 보복을 집행하는 과정에서 묻은 피로 뒤엉킨 옷을 입고 귀환하고 있다.

이 모든 성경구절들은 에서 족속에 대한 처절한 심판 신탁이요 저주를 기원하는 혐오 발언이다. 에돔이 가혹한 심판 신탁을 가장 많이 받은 이유는 바벨론 귀환 포로들이 에돔을 타자화함으로써 자기 정체성을 강화하려 했기 때문이다. 앞에서 인용된 모든 에돔 심판 신탁들에 따르면, 에돔은 앗수르가 이스라엘을 침략할 때도 앗수르의 앞잡이가 되었고 바벨론이 유다를 침략할 때도 바벨론의 복심이 되어 유다 침략을 도왔다. 에돔은 전란의 화를 당한 유다를, 자기를 지킬 수단이 없는 비무장 주민들을 철저히 유린하고 약탈했다. 에스겔 35:10("네가 말하기를 이 두 민족과 두 땅은 다 내 것이며 내 기업이 되리라 하였도다. 그러나 여호와께서 거기에 계셨느니라.")이 암시하듯이 에돔 사람이 이스라엘과 유다의 땅을 다 차지해 버렸다. 바벨론 포로기 때 유다 땅을 제일 많이 차지한 이들이 에돔 사람들이었다. 그래서 에돔이 이 악행들 때문에 저주를 받는다. 에스겔 35:11-12은 에돔의 악행에 대한 하나님의 응답이다.

> [11]…내가 나의 삶을 두고 맹세하노니 네가 그들을 미워하여 노하며 질투한 대로 내가 네게 행하여 너를 심판할 때에 그들이 나를 알게 하리라. [12]네가 이스라엘 산들을 가리켜 말하기를 저 산들이 황폐하였으므로 우리에게 넘겨주어서 삼키게 되었다 하여 욕하는 모든 말을 나 여호와가 들은 줄을 네가 알리로다. (겔 35:11-12)

에돔은 특정 족속을 가리키는 고유명사가 아니라 남이 환란당했을 때 그 환란을 이용해 엄청나게 이익을 추구하는 악인을 지칭하는 일반명사로 바뀌었다. 북이스라엘 왕국이 망했을 때 에돔은 앗수르의 침략 앞잡이 역할을 했고, 남유다가 망할 때 바벨론의 앞잡이 역할을 했다. 에돔은 주전 8세기 북이스라엘 왕국이 망할 때 이스라엘 땅을 차지했고 남유다가 망할 때도 그 동일한 범죄를 유다의 땅에 행했다. 오바댜서, 에스겔 35-36장과 이사야 34, 63장 모두 주전 6세기까지 이어지는 에돔의 유다 도발과 약탈 상황을 반영하고 있다. 결국 에돔에 대한 극도의 혐오와 저주, 심판 신탁은 에돔의 악행에 대한 단죄임을 알 수 있다. 에돔에 대한 극단적 혐오 감정의 분출은 대응적이고 파생적인 행동이었다.

그런데 한 가지 인상적인 사실은 에돔에 대한 예언서 본문들의 악마적 타자화 경향에 비해 모세오경의 에돔 관련 본문은 다소 결이 다르다는 것이다. 모세오경은 에돔을 '형제' 혹은 '친족'임을 더 부각시킨다. 대표적으로 창세기 32장이나 신명기 2장, 신명기 23:7-8은 에돔에 대한 형제적 우의와 의리를 강조하고 미워하지 말라고 말한다. 야웨의 총회에 입회할 수 있는 자격을 논하는 신명기 법전에서 에돔에 대한 적의는 해소된다.

> [7]너는 에돔 사람을 미워하지 말라. 그는 네 형제임이니라.…[8]그들의 삼 대 후 자손은 여호와의 총회에 들어올 수 있느니라. (신 23:7-8)

또한 신명기는 에돔이 거주하는 세일산 일대의 영토는 하나님이 에돔에게 주신 천부불가양의 기업이니 침략해서 빼앗지 말라고 명한다(2:4-12). 신명기는 에돔(에서)을 이스라엘의 동족 혹은 형제라고 말함으로써 에돔에 대해 일방적 적의를 품지 않기를 기대한다. 무엇보다 창세기 25-32장은 야곱과 에서의 갈등을 다소 중립적으로 다루며 에서와 야곱 중 미안한 마음으로 용서를 구해야 할 사람은 야곱임을 천명한다. 야곱 족속과 에서 족속의 갈등을 풀 일차적 책임이 야곱에게 있다고 말함으로써 에돔에 대한 예언서 본문들의 일방적 에돔 타자화를 상대화하고 있다. 에돔에 대한 극단적 타자화는 에돔의 악행에 대한 반사적 응답 이상의 차원이 있음을 지적하는 학자들도 있다.

가장 최근에 에돔에 대한 이스라엘의 극단적 타자화를 다룬 책 『이사야서의 폭력, 타자성, 정체성』(Violence, Otherness and Identity in Isaiah 63:1-6)에서 도미니크 이루다야라즈(Dominic S. Irudayaraj)는 에돔에 대한 심판 및 혐오 발언이 가장 빈번한 이유를 제시한다.[9] 유다의 바벨론 유배 동안 에돔이 이스라엘과 유다의 많은 땅을 차지했던 주전 6-5세기 상황이 에돔에 대한 극혐의 심판 신탁이 빈번하게 분출된 이유라는 것이다. 특히 이사야 63:1-6의 잔혹하고 폭력적인 하나님의 이미지 이면에는 유다 땅에 대한 에돔의 점령과 병합 상황이 있다. 저자는 이 본문에서 제3이사야 시대에 존재하던 예후다(귀환 포로 공동체 중심의 주변화된 소수)와 바벨론 유수 동안 유다의 노른자 땅을 사실상 다 차지하고 유다의 불행과 재난을 이용해 유다의 생존 터전을 가로챈 에돔 사이의 극한 갈등을 읽어 낸다. 저자는 이 본문이 유다의 귀환 포로들의 '사회적 정체성'(social identity reading) 과정을 반영하는 가운데 유래했다고 본다. 그는 이 사회적 정체성 형성 중심의 독법을 통해 에돔이 어떻게 이스라엘의 근린(近隣)이지만 또한 얼마나 철저히 타자화되었는가를 보여 준다. 저자는 여기서 에돔에 대한 하나님의 적의를 읽어 내기보다는 소수파였던 귀환 포로들의 에돔 타자화 시도를 읽어 낸다. 예후다 유대인들은 자신들의 불행한 역사를 악용해 고향과 조국을 잠식한 에돔을 극한으로 타자화함으로써 신적 보복 대상으로 삼았다고 본다. 자신들에게 가장 적대적인 만민을 대표하는 에돔과 그 수도 격인 보스라에 대한 하나님의 신적 응징과 유린 환

---

9 Dominic S. Irudayaraj, *Violence, Otherness and Identity in Isaiah 63:1-6* (London et al.: Bloomsbury, 2017).

상을 통해 귀환 포로들은 자신들의 정체성을 형성했다는 것이다. 또한 이사야 63:1-6에 대한 도상학적 읽기(iconographic reading)를 통해 저자는 이스라엘을 위해 신적 보복과 구원을 집행하고, 에돔에서 돌아 '오는 이'(the arriving one) 환상은 바벨론에서 고개를 처박고 살다 돌아오는 바벨론 포로들의 비원(悲願)에 응답하는 예언자적 비전이라고 분석한다. 제3이사야 공동체는 이렇게 강력한 회복적이고 응징적인 심판을 집행하시는 하나님의 능동적 구속을 통해 하나님의 언약 백성으로서 자신들의 정체성을 다시 회복하리라는 희망을 찾았다는 것이다. 이루다야라즈의 연구에 비추어 볼 때, 혐오 발언 혹은 심판 신탁에 나타나는 수사학적이고 문학적인 묘미를 잘 모른 채 은유적 하나님 묘사(보복자 등 폭력 이미지)를 하나님과 동일시하려는 문자주의적 독법에 익숙한 사람들은 오늘날에도 구약의 극혐 발언이나 저주 언어를 자기의 반대편 진영에게 적용하려는 유혹에 쉽게 넘어갈 수 있음을 알 수 있다.

저주 시편과 시편 109편 및 137편의 저주

율법(토라)과 예언서(느비임)가 **하나님이 이스라엘에게 선포하신 말씀의 집성물**이라면, 지혜서와 시가서는 **하나님을 향해 인간이 쏟아 낸 말과 하나님의 역사 주관 섭리에 대한 인간의 비판적·관조적 성찰의 집성물**이다. 지혜서와 시가서에서는 하나님이 들어 주고 받아 주신 모든 인간의 말까지 **하나님의 말씀**으로 간주된다. 여기서는 하나님이 친히 환희에 찬 인간의 찬양과 감사 언어를 열납하시며, 쓰라린 기도, 불평과 의심, 그리고 항변도 묵묵히 경청해 주신다. 지혜서와 시가서의 하나님은 경청하시는 하나님, 연약하고 부서진 인간 옆에 함께하시는 성육신의 하나님이다. 하나님은 시편에서 시인의 저주 기도를 많이 경청하셔야 한다. 성문서 시편, 욥기, 전도서를 인간이 읽을 때 하나님은 긴장하실 수도 있을 것이다.

저주 시편은 시 전체에 걸쳐 악인에 대해 직접 저주를 선포하거나 하나님께 청원하거나 악인 필망을 기원하는 것으로, 의인의 현재 고난을 토로하며(탄식) 하나님의 개입을 촉구하는 강청을 담고 있다. 대표적인 저주 시편을 개관하면 저주 청원의 이유와 목적을 알 수 있다.

시편 35편은 다윗의 저주 청원시로, 악인의 심판이 의인에게는 구원이며 악인을 향한 저주 기원과 의인의 신원 간구는 동연적(同延的) 행위임을 보여준다. 시인은 악인에게서 가난한 자를 건져 내기 위해 저주를 간구한다(4-8절). 시인은 선을 악으로 갚는 악인(11-16절)을 저주한다. 시편 37편은 악인 필망의 원칙을 표명한 시로서(2, 9, 10, 15, 17, 20, 22, 28절) 정의를 사랑하시는 하나님에게 악인이 심판받기를 열망하고 확신한다. 저주 대상은 하나님의 정의를 배척하고 대적하는 자다. 시편 40편은 수렁에 빠진 '나'(의인)를 구원하실 하나님을 믿고 찬양하는 시로서, 14-15절에서 악인을 저주한다. 시편 55편은 고난에 처한 의인(자신)을 구원해 달라는 청원(1-8절)과 함께 원수인 악인을 저주하는 간구를 담았다(9, 15, 19, 23절). 저주 대상이 되는 악인은 강포와 분쟁을 일삼고(9절), 악독하고 압박하며 속임수를 쓴다(11절). 그 악인은 하나님을 경외하지 않으며(19절), 자기와 화목한 자를 치고 배반한다(20절). 시편 58편은 정의를 따르지 않는 통치자와 불의한 재판관에 대한 저주 청원시로서, 6-10절이 저주 간구를 담고 있다. 의인에게 선으로 갚아 주시고 악인을 심판하시는 하나님(11절)을 증거한다.

시편 59편은 악을 행하는 자, 피 흘리기를 즐기는 자, 무죄한 자를 치려 기다리는 자를 저주하는 시다(5, 8, 11-15절). 시편 69편은 의인 자신의 처지를 탄식하며 구원을 청원하고 원수의 멸망을 청원하는 시로서, 저주 대상은 자신(의인)을 까닭 없이 미워하는 원수이다. 그 악인은 의인을 대적해 비방과 수치와 능욕의 환난에 집어던졌다(17-22절). 저주 내용은, 밥상이 올무가 되게 하소서(22절), 보지 못하게 허리가 떨리게 하소서(23절), 주님의 분노가 임하소서(24절), 사는 곳이 황폐하여 거주자가 없게 하소서[25절(가룟 유다에게 임한 저주, 행 1:20)], 죄악에 죄악을 더하사 주의 공의가 들어오지 못하게 하소서(27절), 생명책에서 의인들과 함께 기록되지 못하게 하소서(28절) 등이다. 시편 83편은 아삽의 시로서 주의 백성을 치려고 한마음으로 주를 대적하는 에돔·모압·그발·암몬·아말렉·블레셋·두로·앗수르가 시스라와 야빈, 오렙과 스엡, 세바와 살문나 같이 되게 해 달라는 저주 청원시다(9, 11, 13-17절).

시편 109편은 악한 입과 거짓된 혀로 가난하고 궁핍하여 중심이 상한 자(22절)를 치고 이유 없이 가난한 자를 공격하는 대적자로부터 건져 달라는 청원시이자 저주시이다. 저주 이유는 그가 악으로 선을 갚고 미워함으로 사랑을 갚는 근본적 악인이기 때문이다. 또한 가난하고 궁핍한 자와 마음이 상한 자에게 인자를 베풀지 않고, 핍박하고 죽이려 하기 때문이다(16-17절). 대적을 저주하는 구절이 6-15절, 29절이며 자신의 구원을 하나님께 청원하는 구절이 11-28절, 30-31절이다. 시편 109편의 저주 내용은 유치하고 구체적이다. "악인이 그를 다스리게 하시며 사탄이 그의 오른쪽에 서게 하소서"(6절). "심판을 받을 때에 죄인이 되어 나오게 하시며 그의 기도가 죄로 변하게 하시며"(7절). "그의 연수를 짧게 하시며 그의 직분을 타인이 빼앗게 하시며"[8절, 유다에게 임한 저주(행 1:20)]. "그의 자녀는 고아가 되고 그의 아내는 과부가 되며"(9절). "그의 자녀들은 유리하며 구걸하고 그들의 황폐한 집을 떠나 빌어먹게 하소서"(10절). "고리대금하는 자가 그의 소유를 다 빼앗게 하시며 그가 수고한 것을 낯선 사람이 탈취하게 하시며"(11절). "그에게 인애를 베풀 자가 없게 하시며…그의 자손이 끊어지게 하시며"(12-13절). "그의 조상들의 죄악을 기억하시며 그의 어머니의 죄를 지워 버리지 마시고"(14절). "그 죄악을 항상 여호와 앞에 있게 하사 그들의 기억을 땅에서 끊으소서"(15절).

이 유치하고 살벌한 저주 기도가 구약성경의 야생성을 가장 생생하게 예시한다. 이 저주 기도문의 효능은 무엇인가? 극단적으로 억울하고 원통한 사람이 하나님과 소통하는 하나의 방식이라는 것이다. 이것은 하나님이 저주 행위를 정당화하지는 않으시지만 저주하고 싶은 인간의 용어와 그 감정의 분출은 허락하셨다는 것이다. 감정을 분출함으로써 저주 행위로까지 이어지지 않게 하나님이 미연에 방지하시는 것이다. 저주 언어가 저주 행위를 막아 준다. 저주 언어를 토로하지 못하게 하고, 하나님께 자신의 원시적인 보복 감정을 토로하지 못하게 하면, 억울하고 원통한 사람은 극단적인 행동을 보일 수 있다. 정상 범주를 넘어서는 엄청난 분노가 덮칠 때 저주 기도를 통해 감정을 순환하는 것이다.

　시편 137편은 포로 신세가 된 자신의 처지를 한탄하며 예루살렘이 무너지던 날 이스라엘을 저주한 에돔과 이스라엘을 포로로 끌고 간 바벨론을 심판해 달라는 탄원시이자 저주 기원시다. 7-9절은 잔혹한 탈리오 법칙에 따른 보복을 선동하는 저주문이다.[10] 7절은 에돔 자손을 쳐 달라는 강청이며, 8-9절은 바벨론에게 동해동량보복원칙을 적용하라고 선동한다. '바벨론의 어린 것들을 바위에 메어치는 자에게 복이 있다'고 선언한다. 형식은 저주문이 아니지만 바벨론에 대한 극한의 혐오를 피력한다. 그 이유는 이사야 13-14장, 47:6, 그리고 예레미야 50-51장에 자세히 기록되어 있다. 바벨론은 "여호와와 싸우"다가 발각된 하나님의 원수이기 때문이다(렘 50:24). 하나님과 싸우는 자의 교만은 인류 혐오 범죄와 반인륜적 악행으로 나타난다. 바벨론은 한때 세계 열방을 심판하시는 여호와의 손에 들린 철퇴였지만(렘 51:20) 너무 가혹하게 시온의 노인과 어린 아이, 청년과 처녀 들을 분쇄했다(렘 51:22). 그래서 하나님은 대응적 보복으로 응수하신다. "너희의 눈앞에서 그들이 시온에서 모든 악을 행한 대로 내가 바벨론과 갈대아 모든 주민에게 갚으리라. 여호와의 말씀이니라"(렘 51:24). 결국 에돔과 바벨론에 대한 시편 137편의 혐오 발언과

10　이 외에도 다음 시편들에도 저주 기원 혹은 선언이 들어 있다. 5, 12, 28, 31, 54, 63, 68, 70, 71, 74, 79, 110, 120, 129, 140, 141, 143편.

적대행동 선동 기원은 그들이 이스라엘에게 선제적으로 가한 악행에 대한 응답적 보복 행위라고 볼 수 있다. 시편 137편도 에돔과 바벨론에 대한 비례적 보복 청원은 결국 반인륜적 인류 혐오 범죄에 해당하는 악행에 대한 비타협적인 저항이요 비판이라고 본다.

그럼에도 불구하고 구약성경에는 뜻밖에도 바벨론을 불쌍히 여기며, 바벨론의 긍휼이 이스라엘 포로들에게 위로가 될 것이라고 보는 바벨론 친화적인 본문들도 있다. 예레미야 42:9-17은 바벨론을 종주로 섬기면 바벨론이 긍휼을 베풀 것이라고 보는 친바벨론 본문이다. 예레미야 50:41-43과 이사야 47:5-7은 바벨론이 한때 열방들과 이스라엘을 무자비하게 침략했듯이 북방에서 온 침략군(메대와 페르샤)이 바벨론을 불쌍히 여기지 않을 것임을 말한다. 멸망하는 바벨론에 대한 다소 동정적인 어조가 엿보이기도 한다. 열왕기상 8:46-53은 바벨론 포로들이 그들을 사로잡아 간 자들로부터 긍휼을 얻을 수 있기를 간구하는 솔로몬의 기도문이다. "…그들을 사로잡아 간 자 앞에서 그들로 불쌍히 여김을 얻게 하사 그 사람들로 그들을 불쌍히 여기게 하옵소서"(왕상 8:50). 열왕기하 25:27-30은 이 솔로몬의 기도가 응답받았음을 증언한다. 유다 왕 여호와긴이 사로잡혀 간 지 37년 만에 석방되어 바벨론 포로들의 '왕'(exilic king) 대접을 받는다. 에윌므로닥이 "그에게 좋게 말하고 그의 지위를 바벨론에 그와 함께 있는 모든 다른 왕의 지위보다 높이고 그 죄수의 의복을 벗게 하고 그의 일평생에 항상 왕의 앞에서 양식을 먹게" 하였다. 복권이 이뤄진 것이다. '좋게 말하다'는 히브리어로 '디뻬르 토보트'(dibbēr tôbôth)로서 '좋은 것들을 말했다'이다. '좋은 것들'(토보트)은 계약 함의적인 용어이다. 종주가 봉신에게 베푸는 모든 혜택과 은전을 가리킨다. 진정한 종

---

11 이 주제에 대한 보다 심화된 논의를 보려면, Walter Brueggemann, "At the Mercy of Babylon: A Subversive Rereading of the Empire", in *A Social Reading of the Old Testament*, ed. Patrick D. Miller (Minneapolis, MN.; Augsburg Fortress, 1994), pp. 111-133를 참조하라.

주이신 야웨 하나님의 죄 사함이 곧 있게 될 것을 암시한다. 이처럼 구약성경은 바벨론이 이스라엘에게 행한 좋은 일을 기억하고 바벨론이 하나님의 긍휼을 매개하는 대리자 역할도 했다는 사실을 병기한다." 바벨론에 대한 극혐 발언이나 저주 기원마저도 성경의 다른 본문들에 의해 비판적으로 상대화되거나 희석된다.

시편은 확실히 하나님이 인간에게 직접 내려 주신 말씀이 아니라 인간이 하나님께 토로한 말로 가득 차 있다. 현재의 비대칭적 권력 관계를 정치적으로 바로잡을 힘이 없는 약자가 하나님께 저주 기원을 토설함으로써 하나님의 임박한 개입을 강청한다. 하나님이 이 세상 권력 관계의 무자비한 비대칭성을 교정해 주시리라 희망하며 토설한 이스라엘의 저주 기원문은 이런 수사적 기능을 수행한다. 미래로 투사된 많은 말들이 하나님 백성의 희망적 상상(wishful thinking)과 기도로 표출된 것이다. 중요한 사실은 이런 시가 형식을 띤 수사적 혐오 발언과 저주 기원문에서 기독교인의 바른 행동과 윤리를 형성하는 정경적 가르침을 도출해서는 안 된다는 것이다. 시편 109편과 137편의 저주 기원문으로 저주 교리의 정당성을 뽑아내기는 힘들다. 특히 '바벨론의 영아들을 바위에 메어치는 자는 복되다'(시 137:9) 하고 외치는 것은 탈리오 법칙을 원하는 셈족의 기원문이지 인류 혐오 범죄를 선제적으로 자행하라는 말이 아니다. 기독교인들이 아무 맥락 없이 이런 본문을 삶과 신앙의 표준으로 삼아서는 곤란하다. 하나님은 인간의 소원이 깃든 속생각 토로를 받아 주시지만 그것을 실행하도록 부추기거나 그런 저주를 실행하는 활동을 정경화해 주시지는 않는다. 그럼에도 불구하고 저주나 극혐 감정 토로가 갖는 정신위생학적 순기능과 영혼정화적 기능이 없지는 않다.

만일 시편, 욥기, 전도서 같은 책이 없었다면 우리가 이 부정적인 인간의 언어를 신앙의 언어로 받아들일 근거가 없다. 하나님께 이렇게 불평하고 저주까지 토해 내는 이 시편의 언어도 하나님 말씀으로 수용해 주신다면, 우리는 악인을 저주하지 않으면 살 수 없을 정도로 억울하고 원통한 사람의 혐오 혹은 저주 언어를 최소한 이해할 수는 있다. 억울하고 원통한 영혼들이 토해 내는 저항 언어, 야유와 조롱, 극혐 발언과 저주 기원 언어도 하나님이 경청하시듯, 우리도 그것을 하나님의 말씀으로 들어야 할 때가 있다.

결론

구약성경의 저주 및 혐오 언동의 의미를 몇 가지로 정리할 수 있다.

첫째, 저주 및 혐오 언동은 하나님의 말씀인 성경에 기록되어 있지만, 그것들을 고대 근동 셈족의 탈리오 관습의 맥락에서 해석해야 한다는 것이다. 하나님은 고대 당시의 기준을 가진 구체적인 사람들에게 당신의 구원 계시를 위탁하셨다. 당신의 구원 계시를 수납하는 고대인들에게 모든 시대에 통용되는 초문화적이고 초시대적인 청정 윤리, 최첨단 윤리 기준을 강요하지 않으셨다. 하나님은 역사의 시간 흐름에 따라 인간과 동행하시는 겸손한 하나님이고, 인간의 시간 속에 자신을 드러내시는 역사의 하나님이다. 그래서 고대인들의 인지 도덕감 수준과 감수성에 맞게 당신의 구원 계시를 위탁하셨다. 특히 구약성경의 모든 율법과 관습, 그리고 제도는 역사의 흐름을 타고 변하는 과정에 있는 시간의 피조물이다. 이 시간의 피조물은 아무리 선하고 완벽해 보여도 하나님의 최선, 궁극 의향과 마음을 100퍼센트 반영하지 못한다. 구약의 이혼법(신 24:1-4)은 하나님의 본심을 100퍼센트 반영하기보다는 하나님의 최선 궁극의 선한 의지가 인간의 완악한 마음 때문에(막 10:5) 철저히 관철되지 못한 불완전 율법이다(막 10:2-12). 구약 율법이나 전쟁 관습 등 모든 것이 하나님의 궁극 기준, 최선의 마음을 다 반영하지 못하고 있다. 하나님은

12　John Goldingay, *Approaches to Old Testament Interpretation* (Leicester: Apollos, 1984), pp. 58-59.

당신의 파트너가 되는 인간 집단의 수준에 맞춰 최적의 구원 계시와 율법을 보내셨다.[12] 구약의 율법과 관습은 그것이 선포되고 작동한 각각의 시기에는 제한적으로 하나님의 의도를 드러냈지만, 예수 그리스도 안에 있는 타자적 적대감의 궁극 해소(원수 사랑) 수준의 구원 계시가 올 때까지는 몽학선생 같은 율법의 울타리에서 작동했다.

둘째, 구약성경의 타자 혐오나 저주 언동 구절들은 다른 구약성경 구절들에 의해 비판적으로 상대화되고 있다는 점이다. 구약성경은 열방을 배제하고 타자화하지만 또한 서로 치고 싸우는 열방이 형제자매라고 보는 사해동포주의가 숨 쉰다(창 10-11장). 셈족, 함족, 야벳족이 으르렁거리던 지중해 일대의 문명에서 태어난 성경에는 사실상 셈, 함, 야벳이 형제 사이라는 근원적 친족 의식이 있다. 블레셋이 숙적이요 가나안이 불구대천급 원수이지만 노아 시대로 올라가면 형제라는 동족 의식이 있다. 유다와 에돔의 숙적 관계를 겪고, 유다와 암몬, 유다와 모압의 적대를 겪으면서도 성경은 야곱과 에서가 화해의 포옹으로 재회해야 할 형제라는 사실을 강조한다. 심지어 미디안도 아브라함의 방계혈족이다. 애굽, 구스, 곡과 마곡, 앗수르와 바벨론도 창세기 10-11장의 열국 계보도에 따르면 같은 조상에서 나간 형제들이다. 사도행전 14장에서 바울이 전한 케리그마(kerygma)도 한 조상 아래서 확장된 세계를 말한다. 이사야는 13-23장에서 그렇게 싸우고 대적하던 열방과 나라들이 언젠가 여호와의 산에 올라 야웨의 토라를 배워 평화의 역군이 될 것을 내다보고 있다(사 2:1-4). 이사야 25:6-8은 온 세계 만민에게 임할 종말론적 평화를 노래한다. 하나님이 친히 준비하신 극상품 포도주와 기름진 음식을 먹으며 모든 차별적 민족 정체성의 덮개를 제거하고 친교를 나누는 미래를 꿈꾼다.

셋째, 구약성경의 혐오 발언과 저주 언어는 약자의 편에서 자기 정체성을 수호하려는 관점에서 나왔다는 점이다. 히틀러(Adolf Hitler)나 신나치주의자들이 내거는 인종우생학 등에 근거한 타자 배제가 아니었다. 구약성경의 혐오와 저주 언동은 한 약소한 공동체의 자기 수호 노력의 과정에서 돌출한 비상한 수사이다. 정체성을 강화하기 위해 타자를 배척하고 배제하는 차원이 있는 것은 사실이다. 그래서 이 타자성의 극단에 제노포비아가 있고 종교적 순결주의가 생겨날 수가 있다. 이 과정에서 약소한 공동체는 저주와 혐오 언동을 통해 나와 타자와의 경계를 경직되게 유지한다. 이것이 바로 신약 시대에 오면 유대인과 이방인의 문제로 집약된다. 이방인은 철저히 타자화된 이웃이다. 나와 세포적 연합을 이뤄야 할 이웃이 결코 상종할 수 없는 타자로 변질되고, 이 타자화의 끝에 타자의 악마화(devilization of others)가 있다. 창세기 3:14-15, 그리고 아우구스티누스(Augustin)의 『하나님의 도성』(The City of God) 11-14권의 인간타락론 이래 뱀의 후손, 즉 천사적 악마는 하나님의 긍휼과 구원 대상에서 배제되어 온 면이 있다. 타락한 천사도 회개할 수 있다고 암시한 오리게네스(Origenes)에 대한 아우구스티누스의 격렬한 반박(『하나님의 도성』 21권)이 서방 기독교의 교리가 되면서 악마는 회개 불능, 개선 불능의 근본악의 원천으로 간주되어 왔다. 근본악적 존재와는 화해할 수도 없고 교류해서도 안 된다. 근본악은 악마적 영적 세력의 동조 세력으로 복음 전파의 대상도 될 수 없다고 본다. 그런데 이런 아우구스티누스의 '악마회개불가능성'은 구약성경의 명백한 가르침과는 다소 긴장을 보인다. 미국이 구사하는 '악의 축' 논리는 구약성경 원래의 악마 타자화 논리와는 결이 사뭇 다르다.

에마뉘엘 레비나스(Emmanuel Levinas)나 폴 리쾨르(Paul Ricoeur) 등의 통찰에 입각해 볼 때, 타자성은 악마화를 촉진시키는 촉매제가 아니라 자아의 건설적 확장을 촉진하는 자극제다. 타자는 곧 친구가 될 잠정적 의미의 타자일 뿐이다. 타자의 낯선 모습은 자아의 함몰되고 파손된 곳을 치유하는 타자가 된다. 이사야 53장은 상처 입은 자가 화해를 주도하는 미래상을 꿈꿈으로써 자기 정체성을 지키기 위해 역사의 일순간에 타자 혐오나 배제, 저주를 쏟아 낸 이스라엘의 가장 심오한 자기 해체적 성찰을 보여 준다. 이사야 53장은 배제당하고 차별당하고 유린당했으나 타자 혐오나 타자 악마화로 맞대응하지 않고 화해를 창조하는 상처 입은 하나님 어린양의 드라마를 예고하고 있다.

  마지막으로 제일 중요한 점은 구약성경에 나타나는 모든 저주와 혐오, 차별적 배제는 예수 그리스도의 저주 흡인적 십자가의 죽음으로 그 시효가 끝났다는 것이다. 하나님의 어린양 예수는 율법의 저주에서 이스라엘과 열방을 속량하셨다(갈 3:13). 베드로전서 2:21-24은 구약성경의 타자 혐오와 저주 기원의 악순환 고리가 어떻게 끊어졌는지를 보여 준다.

> [21] 이를 위하여 너희가 부르심을 받았으니 그리스도도 너희를 위하여 고난을 받으사 너희에게 본을 끼쳐 그 자취를 따라오게 하려 하셨느니라. [22] 그는 죄를 범하지 아니하시고 그 입에 거짓도 없으시며 [23] 욕을 당하시되 맞대어 욕하지 아니하시고 고난을 당하시되 위협하지 아니하시고 오직 공의로 심판하시는 이에게 부탁하시며 [24] 친히 나무에 달려 그 몸으로 우리 죄를 담당하셨으니 이는 우리로 죄에 대하여 죽고 의에 대하여 살게 하려 하심이라. 그가 채찍에 맞음으로 너희는 나음을 얻었나니. (벧전 2:21-24)

  나사렛 예수가 구약성경에 축적된 타자 증오, 혐오, 배제, 저주 등 모든 부정성을 극복했다. 그는 죽을 만큼 상처를 당했으나 보복의 악순환 고리를 끊었다. 예수 안에서 모든 악의 활력과 생기는 마력을 잃는다. 폭력과 죽음은 더 이상 저주와 보복 기원을 촉발하지 않는다. 예수의 저주 흡인적 십자가 죽음과 고난으로 이스라엘은 저주와 보복 감정이라는 원시적 충동으로부터 해방되었다. 예수의 자기 저주적 죽음 감수로 인해 이스라엘의 자기 저주도 더 이상 이스라엘을 죄와 사망의 권세 아래 묶어 둘 수 없다. 타자에 대한 배제와 차별은 나사렛 예수의 십자가 죽음 효력 앞에서 더 이상 설 자리가 없다. 인간 사회를 적대적으로 분열시키는 차별과 배제는 예수님이 율법의 저주를 뒤집어쓰고 십자가에서 죽으심으로써 그 시효가 끝났다고 바울은 말한다.

²⁶너희가 다 믿음으로 말미암아 그리스도 예수 안에서 하나님의 아들이 되었으니 ²⁷누구든지 그리스도와 합하기 위하여 세례를 받은 자는 그리스도로 옷 입었느니라. ²⁸너희는 유대인이나 헬라인이나 종이나 자유인이나 남자나 여자나 다 그리스도 예수 안에서 하나이니라. (갈 3:26-28)

그리스도 안에서는 남자와 여자, 선민과 만민, 그리고 자유인과 노예의 차별이 사라졌다는 것이다. 이처럼 저주의 종말론적 해소 관점[13]에서 구약의 저주와 극혐 발언을 상대화시켜 해석할 필요가 있다.

---

13 창세기 3:14에 나오는 뱀과 뱀의 후손에 대한 저주는 종말론적으로도 해소된 것처럼 보이지 않는다.

04
기독교 진리는 혐오를 함의하는가
그리스도인의 사회적 비전과 혐오 현상에 대한 반응

송인규(한국교회탐구센터 소장)

들어가는 말

'혐오'는 인간의 본유적 감정 혹은 태도로서 그 자체가 논란거리일 필요는 없지만 시대의 정황과 사람들의 빗나간 지향 내용 때문에 오늘날 자연스레 거론하기 힘든 주제가 되었다. 아니, 자연스레 거론하기 힘든 정도가 아니고 오히려 격론과 쟁의와 공방의 소용돌이 가운데 내팽개쳐진 상태라고 하는 편이 나을 것이다.

그리스도인들에게는 이 이슈가 더더욱 당황스럽게 여겨진다. 그것은 혐오의 개념이나 혐오 관련 상황의 복잡성 때문만이 아니라 무엇보다 그리스도인들이 이 사태의 원인 제공자로 지목되고 있기 때문이다. 요즘 한창 논의의 초점으로 부각된 여성 혐오, 동성애 혐오, 무슬림 혐오에 보수적 개신교도들이 이런저런 사유로 연루되어 있다는 것은 이미 잘 알려진 사실이다. 그리스도인들을 곤혹스럽게 만드는 것은 우리가 이 이슈에 떳떳이 맞설 수 없다는 데 있다. 이상적으로 말하자면, 그리스도인들은 오늘날 각종 혐오가 판치는 삶의 현장에서 어떻게 사태의 심각성을 완화시키고 우리 사회의 모든 구성원과 더불어 혐오 없는[아니면 적어도 혐오가 점감(漸減)되는] 세상을 꿈꾸느냐 하는 데 힘을 쏟아야 한다. 그런데 그런 역할을 감당해야 할 그리스도인들이 오히려 혐오의 파급과 번창에 기여하고 있다니, 이 어찌 곤혹스러운 처지가 아니라고 할 수 있을까? 우선 우리 눈의 들보를 빼야 여타의 티 또한 제거할 수 있지 않을까?

이 글은 바로 이런 소박한 (그러나 필수적인) 취지에서 마련되었다. 우리 눈의 들보를 인지하고 그것을 빼는 작업이 선행되지 않으면 각종 혐오 사태나 상황에 대한 개선은 출발조차 가능하지 않다는 생각이다. 따라서 나는 주로 그리스도인-그것도 보수적 개신교도 혹은 복음주의자-을 염두에 두고 논지를 펼치고자 한다. 논지의 핵심은 글의 제목에도 반영되어 있듯, '성경(혹은 기독교)의 진리는 혐오를 함의하는가' 하는 문제이다. 좀더 자세히 풀어 놓는다면, 이 질문은 '성경이나 기독교의 진리에 의거할 경우 혐오의 태도나 표현은 정당화될 수 있는가'로 환언될 것이다.

그런데 여기에 언급된 '성경이나 기독교의 진리'는 무엇을 가리키는가? 나는 혐오 이슈와 관련해 세 방면에서 성경(혹은 기독교)의 진리를 언급하려 한다.

진리 1. 이 세상 사람들에 대한 성경의 이해
진리 2. 세상에 대한 그리스도인의 비전
진리 3. 혐오와 유관하다고 여겨지는 성경적 조치들

'진리 1'과 '진리 2'의 경우에는 결코 혐오가 정당화될 수 없다고 하겠다. 이것은 진리의 내용을 살피기만 해도 내릴 수 있는 결론이다. 그러나 '진리 3'은 다르다. '진리 3'의 경우에는 혐오가 정당화될 수 있는 것처럼 여겨진다. 그러나 언뜻 보기와 달리 '진리 3'조차 혐오를 정당화하지 않는다는 것을 나는 밝히고자 한다.

이 글은 먼저 혐오에 대한 전반적 설명[2분단]으로 시작하여 '진리 1'과 연관한 평가[3분단] 및 '진리 2'와 연관한 평가[4분단]로 이어지고, 마지막에 '진리 3'에 대한 해명 작업[5분단]을 시도한 후 마무리할 것이다.

혐오에 대한 전반적 검토

혐오의 의미

한글 사전에 보면 '혐오'(嫌惡)는 "미워하고 싫어함"이라고 짤막히 정의가 내

---

1   고려대학교 민족문화연구원 국어사전편찬실 편, 「고려대 한국어대사전: ㅈ~ㅎ」(고려대학교 민족문화연구원, 2009), p. 7019.

려져 있다. 간명하고 확실한 말 풀이지만 그 이상의 정보가 없어서 아쉽다. 행여나 해서 한영사전을 찾아보니 "disgust, hatred, aversion, repugnance, dislike"가 수록되어 있었다.[2] 이 단어들의 의미를 종합해 정리하면, 역겨움, 반감, 미움, 증오 등의 연관 개념이 한꺼번에 튀어나온다. 그렇다면 혐오는 역겨움에서 시작해 증오까지의 상태를 아우르는 복합적 감정/태도라고 간주할 수 있겠다.

역겨움(disgust)은 "어떤 종목의 음식물이나 약품 등에 대해 유발되는 강한 혐기증(嫌忌症)"[3]으로서, 본능적이고 감각적인 반응을 표명한다. 반면 증오(hatred)는 "사람이나 사물에 대한 적대감이나 강한 반감"[4]으로 되어 있어, 좀 더 정서적이고 윤리적인 색채가 도드라진다.

물론 전문가들은 역겨움이나 증오에 대해 훨씬 깊은 분석과 고찰을 시도했다. 역겨움에 대해 심층적 연구를 시도한 어느 학자는, "역겨움이란 어떤 사물이 지닌 능력, 곧 근접성·접촉·소화에 의해 다른 대상을 더럽히고 염증을 일으키고 오염시키는 힘 때문에 위험시되어, 어떻게든 그 사물을 피하고자 하는 복합적 정서"[5]로 묘사한다. 동시에 그것이 다른 유사 감정들―두려움/공포, 염세증, 경멸, 수치/증오, 화/분노/분개 등―과 어떻게 구별되는지 소상히 기술한다.[6]

이런 학문적 시도는 증오와 관련해서도 마찬가지다. 증오를 사랑과의 연계성 가운데 오랫동안 연구해 온 어느 학자는 "증오도 사랑처럼 특징적으로 삼각형의 구조를 가진 것으로 묘사할 수 있다. 사랑의 세 가지 구성 요소는

---

2 민중서림 편집국 편, 「엣센스한영사전」 제4판(민중서림, 2000), p. 2818.
3 "Disgust", *The New Shorter Oxford English Dictionary*, Vol. 1: *A-M*, ed. Leslie Brown (Oxford: Clarendon Press, 1993), p. 692.
4 "Hatred", *The New Shorter Oxford English Dictionary*, Vol. 1, p. 1196.
5 William Ian Miller, *The Anatomy of Disgust* (Cambridge, Massachusetts: Harvard University Press, 1997), p. 2.
6 위의 책, pp. 24-37.

친밀성(intimacy), 열정(passion), 그리고 다짐(commitment)이다. 증오 역시 세 가지 구성 요소를 가지고 있는데, 친밀성의 부정, 열정 및 다짐이다"라고 밝혔다.

혐오는 이렇게 역겨움으로서의 측면에서도 살펴볼 수 있고 또 증오라는 각도에서도 논할 수 있지만, 나는 이 글에서 역겨움과 증오를 따로 구별하지 않고 그저 '혐오'라는 하나의 용어에 통합시키고자 한다. 그렇다면 혐오란 "자신이 속한 사회의 소수인 혹은 불이익 계층에 대해 경멸·적의·해악의 태도를 품고서 말·행동·상징물을 통해 그들의 안전·자유·생존 등 기본적인 삶의 조건을 위협하거나 침해하는 일"로 규정할 수 있다. 이런 혐오 현상은 여러 방면에서 목격되는데, 대표적으로 여성 혐오, 동성애 혐오, 무슬림 혐오가 있다.

혐오의 구조

혐오는 어떻게 생기며 어떤 식으로 작동하는가? 혐오의 구조는 이 질문에 대한 답변이다. 첫째, 혐오는 **본능적 요인**과 **형성적 요인**에 의한 산물이다. 둘째, 혐오는 **신념**(信念), **정동**(情動), **결의**(決意)에 의해 활성화되고 지속된다. 이 내용을 98쪽 도표와 같이 표현할 수 있다.

인간의 혐오 상태/현상은 두 가지 요인에 의해 산출된다.[8] 하나는 태어나면서부터 인간의 본성에 생득적으로 존재하는 유전적 요인[본능적 요인]이요, 또 하나는 태어난 이후의 사회화 과정에서 후천적으로 습득되는 환경적 요인[형성적 요인]이다. 처음의 본능적 요인은 인간이 빙하기 시대 수렵채집민의

7　Robert J. Sternberg and Karin Sternberg, *The Nature of Hate* (Cambridge: Cambridge University Press, 2008), p. 52.

8　James Waller, "Perpetrators of Genocide: An Explanatory Model of Extraordinary Human Evil", *Journal of Hate Studies*, Vol. 1, No. 1 (2002), pp. 17-19. 원저자는 이 논문에서 네 갈래의 모델을 제시하는데, 나는 그 가운데 앞의 두 가지만 활용한다.

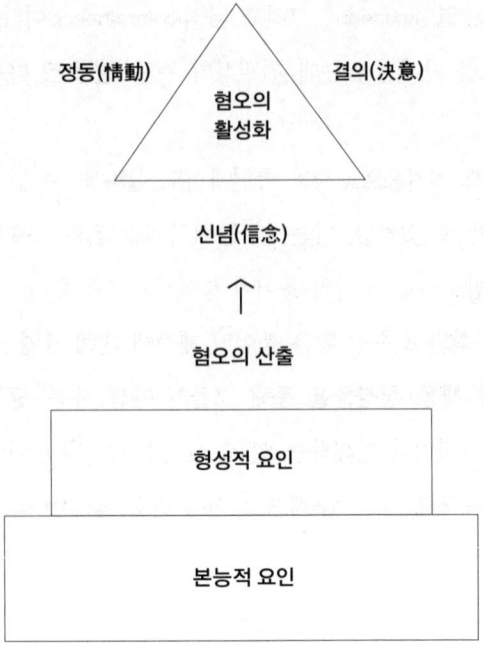

생활 방식에 적응하며 전수받은 심리적·본능적 성향[9]을 가리킨다. 이에는 세 가지 요소가 있다.

- 종족중심주의(ethnocentrism): 자기 그룹만을 옳다고 여겨 거기에 집중하는 경향.
- 외인공포증(xenophobia): 외부인이나 낯선 이들을 두려워하는 경향.
- 공격 및 난폭(aggression and violence) 성향: 죽음을 극복하려는 본유적 욕구로부터 발생하는 경향.

---

9 아마도 복음주의적 그리스도인은 이것을 원죄의 흔적으로 간주할 것이다.

형성적 요인은 어떤 개인이 자기가 태어난 사회 환경 가운데 자라면서 거의 무비판적으로 습득하는 영향력을 일컫는다. 역시 세 가지 항목이 거론된다.

- **문화적 영향력**: 이데올로기적 주입 내용과 프로파간다에 의해 형성되는 신념 체계.
- **도덕적 배제**: '다른 이'를 적과 희생물로 여겨도 된다는 빗나간 합법화 과정.
- **동아리적 결속**:[10] 같은 신념을 가진 이들과 유대를 공고히 함으로써 자아를 위협하는 상황이 발생했을 때 공격적으로 응수함.

인간은 이렇게 본능적 요인과 형성적 요인의 결합에 의해 혐오의 상태/현상을 나타내기 시작한다. 그런데 혐오 상태를 활발하게 지탱시키는 것은 상기 도표에서 삼각형의 세 변에 묘사되어 있는 **신념, 정동, 결의**다.[11] '신념'은 혐오의 표적이 된 개인이나 그룹에 대한 가치판단이 핵심인데, 이는 그(혹은 그들)가 몰가치적(沒價値的) 존재이므로 경멸과 비하의 취급을 받아도 마땅하다는 생각이다. '정동'(情動)은 갑자기 일어나는 분노와 두려움의 급격한 감정을 의미하는데, 이는 혐오 유발자에 의한 사실적 혹은 상상적 위협 상황 때문에 초래된다. '결의'는 혐오를 일으키는 개인이나 그룹과 정분을 끊고 그들을 소외시킴으로써 어떻게든 그 대상으로부터 멀어지려는 지속적 노력을 말한다. 신념, 정동, 결의, 이 세 가지는 혐오자의 내면에 합성적으로 작용하는데, 이로써 혐오의 상태는 끊임없이 활력을 얻고 영양을 공급받는다.

---

10 이 항목은 원저자의 주장점을 좀더 이해하기 쉽게 하기 위해 내가 표현과 설명을 바꾼 것이다.
11 이는 원래 "혐오의 삼각형"[친밀성의 부정(negation of intimacy), 열정(passion), 다짐(commitment)]으로 제시된 내용(Robert J. Sternberg and Karin Sternberg, *The Nature of Hate*, p. 60)인데, 나는 이것을 나의 필요에 맞게 각색했다.

혐오의 실상

오늘날 우리 사회에는 여러 혐오 현상이 난무하고 있다. 장애인 혐오, 여성 혐오, 성소수자 혐오, 이주민 혐오, 유색인 혐오, 무슬림 혐오, 개신교 혐오 등이 그 예다. 나는 이 가운데 여성 혐오, 동성애 혐오, 무슬림 혐오 현상을 선별해 다룰 것이다.

이 분단에서는 과연 '무엇이 혐오에 해당하는지' 살펴볼 것이다. 다시 말해 우리가 '여성 혐오'라고 말할 때('동성애 혐오'와 '무슬림 혐오'의 경우도 마찬가지다) 그것이 정확히 어떤 상황이나 사태를 지칭하느냐는 것이다. 먼저 세 가지 혐오 현상에서 공통되는 바를 묘사하고, 그다음 각 현상에만 독특하게 해당되는 바를 거론할 것이다.

우선 공통 사항이다. 모든 혐오 현상은 두 가지 방면으로 나누어 볼 수 있다. 하나는 **내적 상태**이고 또 하나는 **외적 표현**이다. **내적 상태**란 어떤 이가 혐오와 관련해 마음속으로 품는 생각, 상념, 소신, 판단 등의 사유 행위와 내용을 말한다. 이것은 당사자가 겉으로 공표하지 않으면 외부인은 알 수 없는 그런 속사정이다. 반면 **외적 표현**은 혐오의 마음을 여러 방도로 겉으로 표출하는 일이다. 여기에는 말(구술, 언명, 담화, 연설 등), 글(진술, 논설, 서신, 저술 등), 행위(동작, 제스처, 시위, 상징적 행동, 퍼포먼스 등) 등 다양한 수단이 총망라된다.[12]

어떤 이는 혐오 현상에서 외적 표현의 문제만 논하면 되지 내적 상태까지 운운할 필요가 있겠느냐고 의문을 제기할지도 모른다.[13] 그것은 우리가 이 문제를 그리스도인의 관점에서 논하기 때문에 필요한 바이다. 그리스도인은 하나님 앞에서 사는 존재이므로 겉으로 드러난 행위뿐 아니라 내면 상태(참조. 마 5:28; 6:4, 6, 18; 막 7:21-23; 행 10:34; 롬 2:11; 엡 6:9 등)에 대해서도 항시 신경을

---

12 제러미 월드론, 『혐오 표현, 자유는 어떻게 해악이 되는가?』, 홍성수·이소영 역(도서출판 이후, 2017), pp. 10-12, 50-51, 111, 148-9; 홍성수, "해제", 『혐오 표현, 자유는 어떻게 해악이 되는가?』, p. 300; 홍성수, 『말이 칼이 될 때』(어크로스, 2018), pp. 26, 30-31.
13 아마도 홍성수 같은 저자가 그럴 수 있다(참조. 『말이 칼이 될 때』, pp. 30, 82).

쓰지 않을 수 없다. 따라서 그리스도인의 입장에서는 외적 표현과 함께(아니면 그 이전에) 내적 상태까지 고려해야 마땅하다. 이 점에서 그리스도인은 일반인보다 혐오의 기준이 좀더 엄정한 셈이다. 만일 혐오와 관련해 외적으로 표현하지 않더라도 마음속에 담긴 내용이 올바르지 않다면, 그것이 곧 혐오에 해당한다는 말이다(물론 마음속에 담긴 내용이 문제되지 않는다면, 이 경우 혐오인지 아닌지 전전긍긍할 필요가 없다).

동시에 나는 외적 표현을 하기만 하면 그 무엇이든 혐오의 판정에 걸린다고도 생각하지 않는다. 물론 대부분의 외적 표현은 분명 혐오 현상이라는 지적을 받을 것이다. 그러나 어떤 특정한 상황에서 그리스도인은 혐오 대상에 관해 종교적 확신이나 학문상의 견해를 표명해야 할 경우가 있다. 예를 들어, 복음주의 입장에 선 어떤 그리스도인은 여성 안수를 지지하지 않는다고 말해야 할 때가 있고, 동성애는 하나님의 창조 원리에 맞지 않는다고 소신을 밝혀야 할 때가 있으며, 이슬람의 알라와 기독교의 야훼가 동일한 신이 아니라고 공언해야 할 때가 있다. 이때 그런 확신을 표명한 이를 가리켜 여성 혐오자, 동성애 혐오자, 무슬림 혐오자라고 낙인을 찍을 수는 없다는 것이다. 이처럼 특정한 계기의 혐오 표현에 있어서는 그리스도인이 일반인보다 좀더 자유롭다고 할 수 있다.

지금까지 설명한 내용을 도표화해 재론해 보자. 먼저 여성 혐오(misogyny)부터 살펴보자(102쪽 도표).

여성 혐오와 관련해 그리스도인이 내적 상태까지 점검해야 함은 앞에서 밝힌 바와 같다. 그러나 (M_1)(M_2)는 크게 문제가 되지 않는 내적 상태이므로 상대적으로 여성 혐오 현상과 무관하다고 하겠다. 그러나 (M_3)(M_4)는 그릇된

---

14 이것은 복음주의자들 가운데 상보론(相補論, complimentarianism)을 지지하는 이들의 견해다(송인규, "여성의 위상: 영미 복음주의 내의 지형도", 송인규 외, 『페미니즘 시대의 그리스도인』 (IVP, 2018), pp. 35-37]. 그러므로 복음주의자라고 해도 평등론(egalitarianism)을 내세우는 이들 가운데 일부는 (M_7)이 여성 혐오의 사례에 해당한다고 판정할지도 모른다.

외적 표현	(M₈) 데이트 성추행의 여성 피해 사례를 고려할 때, 여성은 이성교제에 있어 남성보다 훨씬 불리한 위치에 놓여 있음을 절감하게 된다. → No! (M₇) "저희 교단에서는 아직도 여성 안수를 허락하지 않는데, 제 개인적으로는 이것이 디모데전서 2:11-14에 대한 온당한 해석과 적용이라고 여깁니다"라고 신학적 입장[14]을 밝힌다. → No! (M₆) 여성이 뭐라도 해도 신체 구조로 볼 때 남성의 '노리갯감'이 아니냐는 식으로 의견을 제시한다. → Yes! (M₅) 광역 버스 여성 운전기사가 순간의 실수로 차선 변경 신호를 주지 않자 '여자 주제에 버스 운전이라니…' 하는 투의 아니꼽다는 표정을 짓는다. → Yes!
내적 상태	(M₄) 세 번째 육아휴직을 신청한 교사에 대해 '그래, 여자라고 애 낳았다고 찾아먹을 건 다 찾아먹는구나' 하고 억울해한다. → Yes! (M₃) 데이트 상대가 무례하게 굴자 '정말 된장녀네'라고 속으로 빈정댄다. → Yes! (M₂) 공공장소에서 만취한 여성을 보며 '무슨 사정이 있기에 저렇게까지 되었는가' 의아해 한다. → No! (M₁) 속으로 어떤 여성의 옷차림이 유행에 맞지 않는다고 생각한다. → No!

마음의 태도를 반영하므로 비록 겉으로 표출되지 않았다고 해도 여성 혐오 사례에 해당된다.

(M₅)(M₆)(M₇)(M₈)은 모두 혐오와 연관한 외적 표현의 사례이다. (M₅)(M₆)는 확실히 여성 혐오에 해당된다. 그러나 (M₇)의 경우에는 신학적 소신을, (M₈)의 경우에는 학문적 견해를 밝힌 것이므로 여성 혐오라고까지 판정할 수는 없다.

이제 동성애 혐오(homophobia)의 영역으로 넘어가 보자(103쪽 상단 도표).

각 사례의 판정 기준은 여성 혐오의 경우와 동일하다. (H₁)(H₂)(H₇)(H₈)은 동성애 혐오의 사례에 해당하지 않고, (H₃)(H₄)(H₅)(H₆)는 동성애 혐오의 예가 된다.

끝으로 무슬림 혐오(islamophobia)에 관한 사례들이다(103쪽 하단 도표).

---

15 어떤 이는 이러한 종교적 확신의 공적 표명 자체가 동성애 혐오에 해당한다고 주장할지도 모르겠다(참조. 홍성수, 같은 책, pp. 157, 158).
16 아마도 볼프(Miroslav Volf) 같은 신학자는 알라와 야훼가 같은 하나님이라고 보기 때문에[미로슬라브 볼프, 『알라: 기독교와 이슬람의 신은 같은가』, 박지윤 역(IVP, 2016), pp. 23, 27-8, 53, 110, 137, 148, 165-166, 196, 247, 252, 331, 338-339, 343] (I₇) 같은 발언은 무슬림 혐오에 해당한다고 여길지도 모르겠다.

외적 표현	(H₈) 학술자료에 의거해 남성 동성애자들의 평균수명이 이성애자들의 것보다 상당히 밑돈다고 주장한다. ⟶ No! (H₇) 회견 중에 "성경에서 동성애는 죄로 규정한다는 것이 나의 소신입니다"라고 밝힌다.¹⁵ ⟶ No! (H₆) 전화로 "저렇게 남자놈들끼리 사랑이니 애정이니 하고 돌아다니는 걸 보면 구역질이 나서 견디지를 못하겠다구요…" 하고 뒤틀린 심사를 드러낸다. ⟶ Yes! (H₅) '퀴어 축제를 주최하거나 참가하는 자들은 모두 법의 심판을 받아야 한다'라는 전단지를 돌린다. ⟶ Yes!
내적 상태	(H₄) "브로망스 영화 제작은 천인공노할 일이야" 하며 씩씩댄다. ⟶ Yes! (H₃) '저렇게 성적으로 문란한데 에이즈에 걸리는 것도 당연하지'라고 마음으로 정죄한다. ⟶ Yes! (H₂) 거리에서 손을 잡고 걷는 두 남성을 보며 속으로 '연인 관계'인가 생각한다. ⟶ No! (H₁) 최근의 패션 스타일 때문에 특정 남성이나 여성에 대해 성 구별이 어렵다고 느낀다. ⟶ No!

각 사례의 판정은 앞의 여성 혐오나 동성애 혐오의 경우와 별반 차이가 없다. (I₁)(I₂)(I₇)(I₈)은 무슬림 혐오라고 말할 수 없고, (I₃)(I₄)(I₅)(I₆)의 경우만이 그런 혐오 현상에 해당된다.

이제 성경의 진리가 혐오 현상을 함의하는지 차분히 검토해 보자.

외적 표현	(I₈) 아브라함이 하나님께 바친 아들은 이스마엘이 아니라 이삭이라고 주장한다. ⟶ No! (I₇) "무슬림이 신봉하는 알라와 그리스도인들이 예배하는 야훼는 동일한 신이라고 볼 수가 없다"¹⁶고 의견을 표명한다. ⟶ No! (I₆) 무슬림 여성 앞을 지나가며 "아니, 차도르를 착용하지 않으면 어디가 덧나냐?" 하고 들으라는 듯이 쏘아붙인다. ⟶ Yes! (I₅) 평화롭게 사는 무슬림이나 ISIS 극단주의자나 똑같이 사회 발전에 저해 요인이 된다고 사람들을 설득한다. ⟶ Yes!
내적 상태	(I₄) 무슬림 지역에서 발생한 지진과 해일 사태를 뉴스로 접하며 하나님의 저주를 받은 민족이니까 마땅하다고 여긴다. ⟶ Yes! (I₃) "네 주제에 돼지고기라고 마다하다니 아직 배가 불렀군" 하고 조소한다. ⟶ Yes! (I₂) 여성의 위상과 관련해 이슬람 국가에게는 혁신적 조치가 필요하다고 판정한다. ⟶ No! (I₁) 무슬림 이주민이 늘어나면 할랄 음식점들이 어떻게 발전할까 추측해 본다. ⟶ No!

진리 1: 이 세상 사람들에 대한 성경의 이해

성경은 이 세상 사람들을 어떻게 이해하는가? 성경의 진리를 좇을 때, 그리스도인은 이 세상의 믿지 않는 이들을 어떻게 대해야 할까? 과연 그리스도인은 혐오를 정당화할 수 있을까? 이 질문에 대한 답을 찾기 위해 나는 연관된 성경의 가르침을 세 항목으로 정리했다.

첫째, 무엇보다 먼저 이 세상 사람들은 하나님의 형상으로 지음 받은 귀한 존재다. 인간이 다른 피조물과 확연히 구별되는 특징은 그가 하나님의 형상을 좇아 창조되었다는 사실이다(창 1:26, 27). 이것은 타락 이전의 인간에만 해당되는 것이 아니고 타락 이후에도 여전히 강조되는 가르침이다(창 9:6). 인간은 보통 하나님의 형상을 지닌 것으로 묘사되지만(Man *bears* the image of God), 한 걸음 더 나가 아예 하나님의 형상 자체로도(Man *is* the image of God) 이야기된다(고전 11:7). 이렇듯 기독교 인간관의 중심에 '하나님의 형상'이 자리 잡고 있다.

그렇다면 인간은 그 누구나 예외 없이 하나님의 형상을 반영하는 고귀한 존재라는 뜻이 된다. 그가 남자든 여자든 유대인이든 아랍인이든 하나님의 형상을 지니고 있다. 그가 기독교인이든 이슬람교도든 불교신자든 종교와 무관하게 그는 하나님의 형상이다. 그가 장애인이든 식물인간이든 미숙아든 상관없이 하나님의 형상을 보유하고 있는 것이다. 그가 동성애자든 이성애자든, 야만인이든 과학자든, 소아성애자든 마약중독자든 일단 인간인 이상 그는 하나님의 형상을 반영하는 존재다.

이제 범위를 더 넓혀서 동일한 주장을 이 세상 사람들(상당수는 비그리스도인이다)에 대해서도 하지 않을 수 없다. 우리가 매일 접하고 만나고 대화하고 거래하는 모든 사람들은 그의 신분과 직업과 종교와 성적 정체성이 어떻든 모두 하나님의 형상을 지닌 귀한 존재다.

바로 여기에서 우리는 왜 여러 기독교 지도자들이 하나님의 형상을 인간의 존엄성(human dignity)[17]이나 인권(human right)[18]과 적극적으로든 우회적으로든 연관시키는지 이해할 수 있다. 이처럼 우리가 모든 인간에게는 범할 수 없는 고귀한 특질이 있다거나 기본적으로 인정받아야 할 권리가 있다고 주장하는 근저에는 '하나님의 형상'이라는 성경의 가르침이 깔려 있는 것이다.

둘째, 이 세상 사람들은 우리의 이웃이다. 이 가르침은 예상과 달리 그리스도인들의 의식과 가치 체계에 깊이 녹아 있지 않은 것 같다. 그리스도인치고 '이 세상 사람들은 우리의 이웃이 아니야'라고 노골적으로 표명할 사람은 별로 없겠지만, 그렇다고 해서 이런 성경의 가르침을 심각하게 받아들이는 이들 또한 그렇게 많은 것 같지 않다는 말이다.

심지어 어떤 그리스도인은 이 세상 사람들이 우리의 이웃이라는 명제에 의아심을 품을지도 모르겠다. 그러나 예수님은 "네 이웃을 사랑하고 네 원수를 미워하라"(마 5:43)는 유대교의 가르침에 담긴 유대인들의 통념을 깨뜨리기 위해, "나는 너희에게 이르노니 너희 원수를 사랑하며 너희를 박해하는 자를 위하여 기도하라"(마 5:44)고 명하셨다. 이를 통해 '이웃'의 범위에는 모든 사람이 포함된다[19]는 분명한 메시지를 전하신 것이다. 뿐만 아니라 '누가 나의 이웃이냐'고 묻는 율법교사의 질문(눅 10:29)에 대한 예수 그리스도의 답변 또한 당시 사람들의 흔한 예측을 이중으로 뒤엎는 것이었다. 그는 우선 이웃의 개념을 수혜자(受惠者, beneficiary) 위주에서 시혜자(施惠者, benefactor) 중심으로 전환했다. 또 이로써 사실상 '이웃'의 범위를 '인류' 전체[20]로 확장하는 효과를

---

17 Bernd Oberdorfer, "Human Dignity and 'Image of God'", *Scriptura*, Vol. 104 (2010), pp. 231-239.
18 Jeremy Waldron, "The Image of God: Rights, Reason, and Order", *NYU School of Law, Public Law Research Paper* No. 10-85 (December 2010), pp. 224-227.
19 Robert L. Thomas, "Neighbor", *The Zondervan Pictorial Encyclopedia of the Bible*, Vol. 4: M-P, ed. Merrill C. Tenney (Grand Rapids, Michigan: Zondervan Publishing House, 1980), p. 409.
20 D. L. Parkyn, "Neighbour", *New Dictionary of Christian Ethics & Pastoral Theology*, eds.

가져왔다.

그러므로 우리는 '이웃' 개념의 외연이 온 세상 사람이라는 엄연한 사실을 가슴 깊이 새겨야 한다.[21] 역시 하나님의 형상 경우와 같이 표현하자면, 우리가 만나고 접촉하는 사람들이 유대인이든 아랍인이든, 동성애자든 이성애자든, 힌두교도든 무신론자든, 극우파든 평화주의자든 우리와 어떤 식으로든 '연결된' 우리의 이웃인 것이다.

셋째, 이 세상 사람들 가운데 소수자/약자/불이익 계층은 더욱 우리의 관심과 주목을 받아야 한다. 이에 대한 성경의 가르침은 이미 구약 시대부터 확립되었다. 구약성경의 민족 단위적 출발점이자 법제적 토대가 되는 모세오경, 특히 율법의 조항을 보면, 사회적·경제적 약자(혹은 불이익 계층)에 대한 배려 및 보완 조치가 눈에 띄게 부각되어 있다. 거기에 등장하는 그룹은 고아, 과부, 품꾼, 신체장애인, 가난한 자, 종/노예, 이방인/객/타국인 등 모든 소수자와 사회적 소외자를 망라한다. 그들에게 베풀어져야 할 특혜 조치는 음식물 제공, 공정한 재판, 압제나 학대 방지, 품삯의 제날짜 지급, 안식일의 휴식 보장 등 다양했다.[22]

소수자와 약자를 돕는 구약 시대의 정신은 신약 시대에도 면면히 이어진다. 예수 그리스도로부터 시작해 초대교회에 이르기까지 믿는 무리들은 사회적 소외층에 대한 대우에 있어 적극적이고 파격적이었다. 이 점은 우선 예수님이 당시 사회적 소외층의 전형적 범례(範例)인 세리(마 9:10; 눅 15:1-2) 및 창녀(마 21:31-32; 눅 7:37-50)와 더불어 어떻게 교류하셨는지 일별하면 바로 드러난다. 그 외에도 고아와 과부에 대한 관심(약 1:27) 또한 경건의 핵심으로 제시

David J. Atkinson *et al.* (Leicester, England: Inter-Varsity Press, 1995), p. 624.
21 칼 헨리 역시 기독교 윤리의 핵심을 이웃 사랑으로 규정하고, 그 '이웃'이 온 인류를 지칭하는 보편적 개념임을 성경적·신학적으로 밝힌다[Carl F. H. Henry, *Christian Personal Ethics* (Grand Rapids, Michigan: Baker Book House, 1977), pp. 220-230].
22 구약 시대의 불이익 계층에 대한 조치와 관련해서는, 송인규, 『성경은 공동체에 대해 무엇을 말하는가?』(IVP, 1996), pp. 29-31를 참조하라.

되어 있다. 특히 과부에 대한 가르침과 실제 조치는 신약성경 여러 곳에 등장한다(막 12:42-44; 눅 7:13; 행 6:1; 딤전 5:3, 16).

아마도 초대교회가 가장 신경을 많이 쓴 소수자/불이익 계층은 가난한 이들일 것이다.[23] 예루살렘 공동체는 그들 가운데 핍절한 자가 없도록 자발적이고 희생적인 구제 활동을 벌였다(행 2:45; 4:34). 구제는 은사 가운데 하나(롬 12:8)였을 뿐만 아니라 모든 그리스도인의 책임이기도 했다(롬 12:13). 가난한 자를 부끄럽게 하거나(고전 11:22), 차별적으로 대하거나(약 2:2-4), 업신여기는 일(약 2:6)은 경고감이었다. 그러므로 믿음의 실천이나 사랑의 구현을 가난한 형제자매에 대한 도움(약 2:14-16; 요일 3:17-18)과 연관시킨 것은 참으로 지당한 처사다.

이처럼 성경에는 신구약을 통틀어 하나님의 백성이 자기 시대의 소수자/약자/불이익 계층에 대해 나타낸 관심의 표명과 사랑의 실천으로 가득 차 있다. 따라서 오늘날 그 소수자/약자/불이익 계층이 누구이든(독거노인, 외국인 노동자, 여성, 장애인, 동성애자, 무슬림 등) 간에 그리스도인의 공동체는 그들에게 관심과 주목을 기울여야 한다(참조. 마 25:35-40; 눅 10:36-37; 갈 6:10).

지금까지 나는 이 세상 사람들에 대한 성경의 이해를 세 항목으로 표명했다. 그 내용은, "이 세상 사람들은 하나님의 형상을 따라 지음 받은 귀한 존재이고, 우리의 이웃이며, 이들 중 소수자/약자는 우리의 관심과 주목을 받아야 한다"[진리 1]이다. 그러면 '진리 1'은 여성, 동성애자, 이슬람교도에 대한 혐오를 함의하는가? 그 답변은 당연히 '아니오!'다.

---

23 이 이하의 설명은 송인규, 같은 책, p. 55의 내용을 거의 그대로 옮긴 것이다.

진리 2: 세상에 대한 그리스도인의 비전

그리스도인들은 성경이 이 세상 사람들을 어떻게 이해하고 있는지 숙지하는 일부터 시작해야 하지만 그것이 전부는 아니다. 또 한 가지 점검 사항이 필요한데, 이는 우리가 어떤 세상을 꿈꾸고 있느냐 하는 것—사회적 비전(social vision)이라 칭할 것이다—이다. 대부분의 그리스도인들은 세상에 대한 꿈 관련 질문을 받으면 어안이 벙벙해하든지 난색을 표하곤 한다. 그런 사안에 대해 한 번도 진지하게 생각해 본 적이 없어서 당황했기 때문일 수도 있고, 아니면 막연히 속으로만 어림하고 있었기 때문에 명료하게 표현하기 힘들어서 그럴 수도 있다. 그러나 언제까지 묵묵부답으로 일관할 수는 없다. 우리의 사회적 비전과 혐오 관련 반응 사이에는 매우 밀접한 관계가 형성되기 때문이다.

일단 나는 한국의 그리스도인들 사이에 크고 작은 정도로 퍼져 있는 사회적 비전을 세 가지 유형으로 나누어 보았다. 이것은 그리스도인들을 범주화하는 사실적 얼개로 이해할 수도 있고, 아니면 그리스도인들에게 형성되어 있는 세 가지 경향(후자의 경우, 심지어 어느 한 개인에게 이 세 가지 양태가 서로 다른 정도로 혼재한 것을 발견할 수도 있다는 뜻이다)으로 간주될 수도 있다. 그런데 이 세 가지 유형의 사회적 비전—**회피형, 정복형, 상생형**—은 각 비전을 산출하는 세 구성 항목을 가진다. 이 세 항목은 세상에 대한 평가, 사회적 목표, 사명의 내용이다. '세상에 대한 평가'는 이 세상이 어떤 도덕적·실제적 가치를 가졌느냐 하는 것이고, '사회적 목표'는 이 사회의 형편이 궁극적으로 어떻게 되기를 바라느냐 하는 것이며, '사명의 내용'이란 그러한 최종 목표를 위해 현재 해야 할 바가 무엇이냐 하는 것이다. 이제 이 세 가지 유형의 사회적 비전을 각 유형의 구성 항목에 비추어 하나씩 살펴보자.

회피형 사회적 비전

회피 유형의 사회적 비전은 이 세상에서의 삶을 그리 의미심장하게 여기지 않는 데서 연유한다. 이것은 그리스도인 개인의 이분법적 신앙 스타일 때문일 수 있는데, 즉 기독 신앙을 사사로이 경험하는 기복피화(祈福避禍)의 에피소드로 치부하거나 영혼 구원의 문제로 축소시킨 결과라고 할 수 있다. 아니면 세상 회피는 신학적 신념에 근거한 것일 수도 있다. 세대주의자나 경건주의자들 가운데 어떤 이들은 각각 다른 이유로 현 세상의 삶을 기독 신앙으로부터 주변화한다. 세대주의자들은 종말론적 프로그램 때문에 세상에 대한 참여를 무의미하게 여기고,[24] 경건주의자들은 하나님과의 영적 교분 및 신앙 공동체에의 헌신만이 신앙의 전부라고 보아 세상에서의 삶을 하찮게 취급한다.[25]

회피형 비전을 보유한 이들은 이 세상을 매우 부정적으로 평가한다. 이 세상은 마귀에게 속한 것(요일 5:19)으로서 악한 세대로 지칭된다(마 17:17; 막 8:38; 눅 11:29; 갈 1:4). 이 세상의 믿지 않는 이들 역시 사탄과의 연계성 가운데 악한 존재로 묘사된다(요 8:44; 엡 2:1-2). 어차피 이 세상은 점점 악해져서 결국 하나님의 심판을 받아 멸망할 것이므로 그리스도인의 마땅한 관심 대상이 될 수 없다는 것이다.

그러므로 이들에게는 적극적으로 내세울 만한 사회적 목표가 없다. 이들의 신앙 영역이 대체로 자신의 영혼, 사적인 삶, 가족의 안녕에 국한되어 있기 때문이다. 물론 이들 중 일부는 그리스도인 개인이나 신앙 공동체가 생존을 유지하는 최소한의 환경을 염두에 두고 사회적 목표를 운운할지도 모른다. 예를 들어, 우리가 안정적 생활을 하려면 최소한 사회적 안정이 필요하다

---

24 Charles C. Ryrie, *What You Should Know about Social Responsibility* (Chicago: Moody Press, 1982), pp. 111-112.
25 모든 경건주의자들이 다 그렇다는 것은 아니고, 불경건한 형태의 경건주의가 세상 기피적이라는 말이다[Donald E. Bloesch, "Pietism", *Beacon Dictionary of Theology*, ed. Richard S. Taylor (Kansas City, Missouri: Beacon Hill Press of Kansas City, 1983), p. 401].

는 식(참조. 딤전 2:2) 말이다. 그러나 이것은 진정한 본격적 의미에서의 사회적 목표로 인정받기 힘들다.

사회적 목표가 부재하거나 빈약한 것은 현재의 사명 설정에 치명적인 타격을 준다. 자신의 영혼이나 사적인 생활 혹은 가족의 행복에만 착념하는 이들은 세상의 고통·불행·비극을 남의 일로 여기기 일쑤다. 또 혹시 이웃과 세상의 아픔이나 불행에 관심을 표명한다고 해도, 이것은 그리스도인의 의무에 있어 우선순위가 매우 떨어지는[26] (따라서 여력이 되지 않으면 수행하지 않아도 괜찮은) 사안으로 격하되곤 한다.

정복형 사회적 비전

이런 유형의 사회적 비전은 이 세상의 믿지 않는 이들을 정복과 지배의 대상으로 여기는 그리스도인들에게서 발견된다. 그리스도인들은 세상에 있는 동안 끊임없이 싸움에 참여해야 하는데(고후 10:3-4; 엡 6:12; 빌 1:30; 딤후 4:7), 이 싸움의 대상은 사탄과 불신 세상이다. 이 싸움으로 인해 그리스도인들은 때때로 환난을 겪지만 그래도 승리를 기대할 수 있는 것은 이 싸움의 주도자요 승리자가 그리스도이시기 때문이다(요 16:33; 롬 8:37; 계 17:14).

역사적으로 이런 식의 사회적 비전은 십자군 전쟁이나 유럽 국가들의 식민지 확보 경쟁에서 도드라지게 나타났고, 20세기 후반 미국에서는 크리스천 재건주의(Christian Reconstructionism)[27]라는 기치하에 또 다른 모습을 띠고 재흥되기도 했다. 그러나 나는 한국의 보수적 개신교도들에게서도 교묘한 형태

---

26 Charles C. Ryrie, 같은 책, pp. 114-117.
27 사회의 체계와 법제를 구약의 율법 조항에 따라 재건해야 한다고 주창한 미국 복음주의 내 운동으로서 1960-1990년대 사이에 상당한 영향력을 행사했다. 이들은 모두 후천년주의자들로서 세상이 이미 천년왕국 시대에 접어들었다고 보았고, 구약의 율법이 세부 사항에 이르기까지 현 시대에 적용된다고—그래서 이들의 입장을 신율주의(神律主義, theonomy)라고도 한다—주장했다[Rodney R. Clapp, "Reconstructionism, Christian", *Dictionary of Christianity in America*, eds. Daniel G. Reid *et al.* (Downers Grove, Illinois: InterVarsity Press, 1990), p. 977].

의 정복형 비전이 꿈틀거리고 있음을 직감한다. 특히 1970-1980년대 교회의 폭발적인 성장 추세가 각광을 받으며 그리스도인들 사이에는 승리주의적 멘탈리티와 더불어 정복형 사회적 비전이 배태되었다. 그리하여 상당수의 그리스도인이 믿지 않는 한국 사회를 복음으로 정복해야 한다는 암묵적 주장을 아직까지도 당연한 것으로 받아들이고 있는 실정이다.

그러면 정복형 사회적 비전에서는 이 세상을 어떻게 평가하는가? 정복형 비전의 추종자들은 이중적인(ambiguous) 태도를 취한다. 한편으로 비그리스도인과 이 세상은 악한 대상으로 간주된다. 그럼에도 불구하고 다른 한편으로는 이 세상을(특히 그 영광스러운 업적 및 성취와 관련해) 선망과 동경의 눈초리로 바라보기도 한다. 어떤 때는 세상을 접근 부적합의 반신앙적 영역으로 평가절하하는가 하면 다음 순간(아니면 동시에) 세상 권세의 위용과 화려한 실적에 마음이 혹하기도 한다.

이렇게 다소 이율배반적인 심리 상태는 결국 후자에 더 큰 비중을 두는 쪽으로 기울어진다. 따라서 이 비전가들이 설정하는 사회적 목표는 온 세상의 기독교화다. 이것은 이 세상의 믿지 않는 이들에게 복음이 편만하게 전달되는 것을 뜻하기도 하지만, 그것과 동시에(아니면 오히려) 그리스도인들이 사회의 영향력 있는 위치에 포진함으로써 이 세상을 '정복'하고 그 위에 '군림'하는 데 목표를 둔다. 이런 목표는 한국인 그리스도인들의 정복형 비전에 번번이 응축되어 등장한다.

사회적 목표가 정복과 군림이라면 이들이 제시하는 사명의 내용을 추정하기란 크게 어렵지 않다. 이런 사회적 비전가들은 이 세상 사람들과의 쟁투에서 승리를 확약해 주는 것(이것이 곧 세상의 정복에 해당한다)이 있다면, 그 무엇이든 사명의 내용으로 채택한다. 그리하여 그것이 한국 민족의 복음화든 사회적 영향력이 크다고 여겨지는 그리스도인들의 의도적 부각(예를 들어, 장로 대통령의 선출)이든 가리지 않는다. 사명의 내용을 이렇게 규정하면 이 세상의 소수자나 약자에 대한 배려와 관심은 원칙상 들어설 틈이 없다. 또한 기본 인권을 보장하는 문제나 정의로운 사회를 구현하는 것에는 아랑곳조차 하지 않게 된다.

상생형 사회적 비전

나는 지금까지 사회적 비전의 두 가지 유형―회피형 및 정복형―을 소개했다. 전기한 두 유형의 경우 따로 비판적 고찰을 마련하지 않았지만, 이들의 부적합성은 누구나 짐작할 수 있다. 회피형 비전은 세상에의 참여를 고취하고 권면하는 성경의 가르침(마 5:13-16; 빌 2:15; 딛 2:12)에 어긋나고, 정복형 비전은 섬김과 낮아짐을 강조하는 그리스도의 교훈 및 모범(막 10:42-45; 빌 2:5-8)과 정면으로 충돌한다. 그러나 이제 선보일 상생형 비전은 앞의 두 가지와 달리 성경의 가르침과 전적으로 조화를 이룬다.

상생(相生)은 이미 알려져 있다시피 "두 가지 또는 여럿이 서로 공존하면서 살아감을 비유적으로 이르는 말"[28]이다. 그런데 '상생'의 개념이 성립하려면 최소한 세 가지 조건이 충족되어야 한다. **첫째**, 서로 다른 두 대상(개인이든 그룹이든)이 전제된다. 한편만으로는 '상'생을 논할 수 없다. **둘째**, 두 대상 사이에는 (그냥 내버려 두면 해악이 초래될 수도 있는) '불행한' 차이나 간극이 존재한다. 차이나 간극으로 인한 해악의 가능성이 없다면 '상생'에의 시도 또한 마련되지 않았을 것이다. **셋째**, 차이나 간극과 관련해 의도적·적극적 조치가 요구된다. 이런 의도적·적극적 조치를 마다하면 두 대상 사이에 해악이 발생할 가능성이 매우 높아진다.

이제 이 세 가지 조건을 상생형 사회적 비전에 적용해 보자. **첫째**, 상생형 사회적 비전에는 두 대상, 곧 그리스도인과 비그리스도인(혹은 교회와 세상, 아니

---

[28] 고려대학교 민족문화연구원 국어사전편찬실 편, 「고려대 한국어대사전: ㅂ~ㅇ」(고려대학교 민족문화연구원, 2009), p. 3267.

면 강자와 약자, 가진 자와 가지지 못한 자)이 존재한다. **둘째**, 이 두 대상은 하나님과의 관계, 영적 신분, 신앙 공동체 소속 등의 면(아니면 사회적·경제적 조건)에서 서로 차이가 크다. **셋째**, 두 대상이 나타내는 차이나 간극의 문제점을 극복하기 위해 의도적·적극적 조치를 취한다. 이처럼 상생형 사회적 비전은 그리스도인들이 이 세상 사람들과의 차이나 간극에도 불구하고 이들과 더불어 사는 것을 모색한다.

상생형 비전의 주창자들은 이 세상을 긍정적으로 평가한다. 비록 그들 또한 회피형 비전의 주창자처럼 이 세상 사람들과 세상이 악하다는 성경의 가르침을 무시하지는 않지만, 더 큰 비중을 두는 것은 그래도 이 세상 사람들이 그리스도인들과 똑같이 하나님의 형상으로 지음을 받았다는 가르침이다. 그리하여 세상 사람들은 죄된 상태에 있지만 동시에 인간으로서 대우를 받고 긍지를 누릴 만큼 충분한 가치를 지녔다는 것 또한 누누이 강조한다. 이와 연계하여 기독 신앙이 그리스도인의 사적·개인적 영역에만 머물러서는 안 되고 사회 구성원들이 함께 연관된 공적 영역까지 포괄해야 함을 공공 신학(public theology)[29]의 중요성에 호소함으로써 명백히 부각시킨다.

상생형 사회적 비전에서는 모든 인간의 번영(flourishing)을 사회적 목표로 삼는다. 번영을 누려야 할 사람은 그리스도인뿐 아니라 다른 모든 사회 구성

---

[29] '공공 신학'은 공적 영역과 연관된 신학적 추구 작업을 의미한다. 어떤 공공 신학자는 공공 신학의 정체를 드러내는 특징을 다음과 같이 밝힌다.
①공공 신학은 기독교에 우선권을 주기보다 그리스도인의 견지에서 **공적 선(common good)**에 중요하다고 여겨지는 가치들이 무엇인지 증언한다.
③공공 신학은 **공공 정책 및 이슈와 관련된 지식**—이 정책과 이슈 들에 무엇이 걸려 있는지 파악하고, 이 정책과 이슈 들로 하여금 **분석적 평가와 신학적 비평**을 받도록 하는 것—을 확보해야 한다.
④공공 신학은 **성격상 학제 간 연구에 의한 신학 작업**이 요구되고 또 내용과 과정을 아우르는 방법론을 사용한다.
⑤공공 신학은 **희생자(victim)와 잔존자(survivor)의 관점**에, 또 **정의의 회복**에 우선순위를 부여한다. 공공 신학은 성경의 예언자적 궤적으로부터 영감을 얻음으로써 **무력자들 편에 서서 권세자들에게 맞서고** 권세를 향해 진실을 말하고자 힘쓴다.
원래의 글에는 일곱 가지 사항이 기술되어 있지만 현재 적실하다고 생각하는 네 가지 사항[①③④⑤]만 소개했다[John W. de Gruchy, "Public Theology as Christian Witness: Exploring the Genre", *International Journal of Public Theology*, Vol. 1, Issue 1 (2007), pp. 39-40].

원도 포함한다. 번영의 상태를 경험하는 것은 사회의 다수자 및 유력자에게 해당되듯 동시에 소수자와 약자의 몫도 되어야 한다. 번영의 기회와 혜택은 하나의 사회를 결성하는 모든 이(그가 정부 고관이든 타 종교인이든 이주노동자든 벤처 기업인이든)에게 공정하게 베풀어져야 한다.

물론 여기에서 대두되는 질문은 '번영'이 무엇이냐는 것이다. 어떤 이는 '번영'을 아리스토텔레스(Aristotle)의 행복(*eudaimonia*) 개념—인간이 본연의 존재 목적에 맞게 기능하는 것으로서 구체적으로는 덕스런 삶의 영위를 뜻한다—과 연관시키기도 하고,[30] 또 긍정 심리학(positive psychology)의 관점에서 정서적·심리적·사회적 안녕의 총체적 만족 상태로 보는 수도 있으며,[31] 좋은 인생과 연계성을 찾는 식으로도 개진이 가능하다.[32] 그러나 나는 '번영'을 인간이 인간으로서 누려야 할 최소한의 신체적·정서적·사회적 조건들(건강, 자유, 교류 등)로 규정한다. 그렇다면 한 사회의 모든 구성원들은 그들의 직업, 신분, 종교, 성적 지향성, 젠더, 인종과 상관없이 기본 권리를 누릴 수 있도록 (곧 번영을 누리도록) 하는 것이 상생형 비전에서의 사회적 목표라 하겠다.

그러면 상생형 비전의 주창자들은 사명의 내용을 무엇이라고 밝히는가? 무엇보다 가장 먼저 신경을 써야 할 사항은 차이(difference)에 대한 수용 문제다(참조. 롬 14:1-3). 사회생활이나 교류를 통해 우리는 주위 사람들이 나 자신과 다르다는 것을 감지하게 된다. 학벌·취미·고향·직업·나이·성별뿐만 아니라 인종·종교·신념·전통·세계관 등에 있어서도 서로 다양한 차이가 발견

---

[30] Edward W. Younkins, "Aristotle, Human Flourishing, and the Limited State", *Le Québécois Libre*, No. 133 (November 22, 2003), www.quebecoislibre.org/031122-11.htm (2019. 4. 27 접속).

[31] Corey L. M. Keyes, "Toward a Science of Mental Health", in *Oxford Handbook of Positive Psychology*, 2nd ed, eds. Shane J. Lopez & C. R. Snyder (New York: Oxford University Press, 2009), pp. 89-96의 내용으로서, https://en.m.wikipedia.org/wiki/Flourishing (2019. 4. 27. 접속)에 인용되었다.

[32] 볼프는 인간의 번영을 "좋은 인생"에서 찾고, 좋은 인생에는 "잘 이끄는 인생"(life being led well), "잘 풀리는 인생"(life going well), "기분 좋은 인생"(life feeling good)의 세 가지 형식적 요소가 있다고 설명한다[미로슬라브 볼프, 『인간의 번영』, 양혜원 역(IVP, 2017), p. 108].

된다. 차이는 때로 우리를 불편하게 만든다. 그래서 차이를 피하고 외면하거나 차이가 없는 이들끼리 모여 자기들끼리의 아성을 쌓는다. 이것은 상생을 불가능하게 만드는 최대의 걸림돌이다. 따라서 상생형 사회적 비전을 실현하려면 아무리 힘들어도 어떤 식으로든 차이를 이해하고 인정하고 수용해야 한다. 물론 이러한 수용이 자신의 신념이나 가치관의 유보 혹은 철회를 의미하는 것은 아니다. 그러나 자신의 입장을 포기하지 않으면서도 나와 입장이 다른 이를 받아 주고 함께 사는 길은 얼마든 모색이 가능하다.[33]

상생형 비전을 이루기 위해 필요한 또 다른 사명 내용은 섬김의 실천이다. 특히 높은 자가 낮은 자를 섬기는 일(막 10:45; 롬 15:1-2)이 끊임없이 일어나야 한다. 우리가 사는 사회의 구성원들을 보면 삶의 조건이 대체로 양호하고 순조로운 이가 있는가 하면 반대로 삶의 조건이 상당히 열악하고 척박한 이도 있다. 이때 많이 누리는 이가 누리지 못하는 이를 섬기고 도와주기를 마다않을 때, 상생에의 꿈은 한층 더 현실화된다. 물론 이때 많이 누리는 자는 그렇지 못한 이의 고난을 인지하는 가운데[34] 섬김의 노력을 기울여야 한다. 또 돕는 이가 어떤 동기로 섬김에 임하는지 살피는 것도 중요하다.[35]

이처럼 차이의 수용과 섬김의 실천은 상생형 비전을 구현하는 중요한 방편이다.

지금까지 나는 상생형 사회적 비전이 성경의 가르침에 가장 잘 부합함을 밝혔다. 이 비전에 따라 "그리스도인들은 우리 사회의 구성원 사이에 존재하는 차이를 수용하고 서로 섬김을 실천함으로써 모든 사람들의 번영을 꾀해야 한다"[진리 2]라는 주장이 도출된다. 그런데 '진리 2'는 여성 혐오, 동성애 혐

---

33 이와 관련해 Gerald L. Sittser, *Loving Across Our Differences* (Downers Grove, Illinois: InterVarsity Press, 1994)는 여러 방면에서 깊은 통찰력과 실제 적용점을 제시한다.
34 어떤 지도자는 이것이 교회의 봉사사역(*diakonia*)을 좀더 진실하고 의미 있게 만든다고 주장한다[Jaap van Klinkem, *Diakonia: Mutual Helping with Justice and Compassion* (Grand Rapids, Michigan: William B. Eerdmans Publishing Company, 1989), pp. ix-xviii].
35 위의 책, pp. 4-16.

오, 무슬림 혐오를 함의하는가? 답변은 '결단코 아니오!'이다.

진리 3: 혐오와 유관하다고 여겨지는 성경적 조치들

성경의 가르침 가운데에는 혐오와 상당히 가깝게 여겨지는 표현이나 지침이 등장하는데, 이것이 어떤 특정 대상에 대한 혐오를 정당화하는 것이 아닌가 하는 질문을 낳는다. 나는 그런 표현이나 지침으로 지목받는 두 가지 용어/개념—미움, 저주/화—을 분석함으로써 오히려 혐오는 그 어떤 경우에도 정당화될 수 없음을 밝힐 것이다.

미움 관련 가르침

미움은 어떤 대상에 대한 강렬한 반감으로서, 여기에는 사물·행위·사태·인간 등 무엇이든 해당된다. 구약의 내용 가운데 미움의 대상이 '악'과 연관된 경우를 살펴보자. 먼저 하나님은 악한 사태나 현상을 미워하시고(잠 6:16-18; 11:1; 15:8, 9, 26; 20:10, 23), 악한 행위를 미워하시며(신 16:22; 사 61:8; 렘 44:4; 슥 8:17; 말 2:16), 악에 연루된 자들을 미워하신다(잠 6:16 및 19; 16:5; 17:15; 호 9:15; 말 2:16). 또 의인 역시 어떤 악한 사태나 사물을 미워하고(시 26:5; 119:163), 악한 행위를 미워하며(시 101:3; 119:104, 128; 잠 13:5), 악한 이들을 미워한다(시 31:6; 119:113). 하물며 왕이 악을 미워하지 않겠는가(시 45:7; 잠 16:12)?

이상의 내용에 의하면, 미움이란 주로 악/악행(시 97:10; 잠 8:13; 암 5:15)이나 악인/행악자(시 5:5; 11:5)에 대한 것으로 이해할 수 있다. 그런데 악인/행악자 가운데 대표적 인물이 원수—나의 "원수들인 그들[악인들]"(시 27:2)—이므로 악인/행악자에 대한 미움은 상당히 많은 경우 원수를 미워하는 것으로 표출되곤 했다.

이것은 신약 시대로 넘어오며 어떤 변화를 겪는가? 우선 악을 미워하는 것은 그대로 유효하다(롬 12:9). 그런데 악인이나 행악자를 미워하는 것에 대해서는 아무런 언급이 없다. 오히려 행악자의 전형이라고 할 수 있는 '원수'에 대해서는 구약의 에두르는 방식[36]과 달리 명시적으로 '사랑하라'고 권면한다(마 5:44; 눅 6:27, 35). 그렇다면 신약의 가르침은 악은 미워하되 악인은 사랑하라는 것으로 요약될 수 있다.

이 점은 구약학자 게하르트 하젤(Gerhard Franz Hasel, 1935-1994)에 의해서도 다음과 같이 밝혀졌다.

예수께서(또 교회가) 에베소에 있던 니골라당의 행위를 미워하신다는 것(계 2:6)은 **악한 일을 행하는 이들과 그들의 악한 행위** 사이에 구별을 짓는다는 뜻이다. 미움의 대상이 되는 것은 오직 악한 행위뿐이다. 이런 구별 작업을 확장하면 그 결과 **죄는 미워하되 죄인은 사랑하라**는 잘 알려진 관념이 도출된다[강조는 인용자의 것].[37]

이제 이 가르침을 혐오의 현상에 적용해 보자. 나는 이 글의 서두에서 혐오가 "자신이 속한 사회의 소수인 혹은 불이익 계층에 대해 경멸·적의·해악의 태도를 품고서 말·행동·상징물을 통해 그들의 안전·자유·생존 등 기본적인 삶의 조건을 위협하거나 침해하는 일"이라고 규정했다. 그렇다면 '악은 미워하되 악인은 사랑하라'는 성경의 가르침은 혐오—여성, 동성애자, 무슬림에 대한 혐오—를 함의하는가?

우선 '악인을 사랑하라'는 권면은 결코 혐오의 조치와 맞지 않는다고 판정

---

36 어떤 학자는 레위기 19:17-18, 출애굽기 23:4-5 및 신명기 22:4에 기초해 이미 구약성경이 원수 사랑에 대해 언급한다고 주장한다[Gerhard F. Hasel, "Hate, Hatred", *The International Standard Bible Encyclopedia*, Vol. Two: *E-J*, rev. ed., ed. Geoffrey W. Bromiley (Grand Rapids, Michigan: William B. Eerdmans Publishing Company, 1982), p. 631].

37 위의 책, p. 632.

할 수 있다. 그러면 '악을 미워하라'는 어떤가? 먼저 여성 혐오 문제부터 살펴보자. 악을 미워하는 것이 여성 혐오를 함의하려면 '여성'의 본질 가운데 악성이 자리 잡고 있어야 하는데, 과연 그런가? 물론 그렇지 않다. 따라서 악을 미워하는 것과 여성 혐오 사이에는 아무 관계도 없다.

또 악을 미워하는 것이 동성애자의 경우에는 어떤 식으로 연관되는가? 대부분의 복음주의자들은 동성애자로서의 생활 방식을 영위하며 동성애를 실행하는 것이 악을 저지르는 것이라고 말할 것이다. 그러나 동성애를 죄로 간주한다고 해서 그것이 동성애 혐오를 함의하지는 않는다.[38] 예를 들어, 동성애가 죄라고 지적하는 것이 반드시 동성애자의 인격을 경멸하고 기본적인 삶의 조건을 위협하거나 침해해야 한다는 뜻은 아니기 때문이다.

이것은 무슬림 혐오의 경우에도 비슷하다. 역시 대부분의 복음주의자들은 어떤 이가 무슬림으로서의 신앙 체계를 갖고 사는 것이 아직도 죄 가운데 매인 것(참조. 엡 2:1-3)이라고 여길 것이다. 그러나 무슬림이 불신 상태에 있는 것으로 여긴다고 해서 그것이 반드시 무슬림 혐오와 직결되어야 하는 것은 아니다.[39] 왜냐하면 무슬림을 아직 구원받지 못한 이들로 치부한다는 것이 그들에 대한 인격적 모독과 해악, 기본적인 삶의 조건을 위협·침해해도 된다는 뜻은 아니기 때문이다.

이처럼 미움에 관한 성경의 교훈은 결코 혐오를 함의하지 않는다.

저주/화 관련 가르침

여기에는 주로 '저주'가 해당되고 또 이와 비슷한 '화'도 연관된다. 먼저 '저주'에 대해, 그러고 나서 '화'를 다룬다.

---

38 물론 동성애를 죄로 여기지 않는 이들은 더더군다나 동성애 혐오에 가담하지 않을 것이다.
39 역시 볼프처럼 알라와 야훼가 동일한 하나님이라고 여긴다면, 무슬림 혐오는 천부당만부당한 처사가 될 것이다.

저주는 복/축복과 대조되어 나타나는 수가 많은데(창 12:3; 27:12, 29; 민 22:6; 24:9; 신 11:26, 27-28, 29; 27:12-13; 30:1, 19; 수 8:34; 느 13:2; 시 37:22; 62:4; 109:17; 잠 3:33; 27:14; 렘 20:14; 슥 8:13; 롬 12:14), 이는 저주가 복/축복과 상반되는 상태임을 강하게 암시한다. 복이 "하나님께서 보이시는 호의(好意, good will)로서 영적·물질적 은택을 통하여 나타나고 그로 인해 향유하는 행복한 상태"⁴⁰라면, 저주는 이와 정반대로 "하나님께서 영적·물질적 결여 및 핍절 현상을 통하여 보이는 적의(敵意, ill will)로서 그로 말미암아 겪는 고난·수치·상실·불운의 상태"로 묘사할 수 있을 것이다.

구약 시대에는 저주, 곧 하나님의 적의가 보통 자녀의 죽음(신 28:18; 수 6:26), 소유 형편의 악화(신 28:18; 렘 23:10), 민족의 쇠퇴(신 29:20), 영토의 박탈(렘 24:9; 29:18) 등을 통해 나타났다. 그러나 이런 핍절 현상은 저주의 외적 표현에 불과했고, 핵심은 하나님의 적의에 있었다. 신약 시대로 넘어오며 저주의 핵심인 하나님의 적의는 생명 되신 하나님으로부터의 단절(끊어짐)인 것이 밝히 드러났다(마 25:41; 롬 9:3; 참조. 롬 8:35, 39; 갈 5:4). 그런데 예수님은 구속주로서 우리를 위해 대신 저주를 받으셨고(갈 3:13), 대속 사역의 궁극적 완성은 저주가 새 하늘과 새 땅에서 영원히 제거되는 일을 통해 이루어질 것이다(계 22:3).

혐오의 이슈는 신약에 등장하는 저주의 기원(祈願)과 연관된다.

만일 누구든지 주를 사랑하지 아니하면 **저주를 받을지어다!** (고전 16:22)

⁸그러나 우리나 혹은 하늘로부터 온 천사라도 우리가 너희에게 전한 복음 외에 다른 복음을 전하면 **저주를 받을지어다!** ⁹우리가 전에 말하였거니와 내가

---

40 송인규, 『아는 만큼 깊어지는 신앙』(홍성사, 2009), p. 23.

지금 다시 말하노니 만일 누구든지 너희가 받은 것 외에 다른 복음을 전하면 **저주를 받을지어다!** (갈 1:8-9)

상기한 저주의 기원은 복의 기원—"여호와는 네게 복을 주시고 너를 지키시기를 원하며 여호와는 그의 얼굴을 네게 비추사 은혜 베푸시기를 원하며 여호와는 그 얼굴을 네게로 향하여 드사 평강 주시기를 원하노라!"(민 6:24-25) 및 "주 예수 그리스도의 은혜와 하나님의 사랑과 성령의 교통하심이 너희 무리와 함께 있을지어다!"(고후 13:13)—과 정반대의 내용을 담고 있다. 따라서 저주의 기원은 의중에 둔 대상들이 하나님으로부터 단절되기를 바란다는 뜻이다.

바로 이런 소원 행위가 혐오—여성 혐오, 동성애 혐오, 무슬림 혐오—를 함의하느냐 하는 것이 우리의 관심사다. 우선 고린도전서 16:22부터 살펴보자. 결정적인 사안은 이 구절에서 '주를 사랑하지 아니함'이 무슨 뜻이냐는 것이다. 어떤 신약학자는 이 말이 고린도전서 전체를 통해 표명된 바울의 지시나 교훈을 불순종하는 일—십자가의 복음보다 인간의 지혜를 고집하는 것, 근친상간의 상태로 사는 것, 우상의 제사에 참여하는 것 등등—이라고 해석한다.[41] 그런데 이런 불순종은 단순히 인간 지도자인 바울에 대한 것이 아니고 결국에는 주님 자신에 대한 불순종, 곧 주님을 사랑하지 않는 것으로 연결된다는 설명이다. 그러므로 "저주를 받을지어다"도 그저 예전 형식의 일부로 볼 수 없고 그리스도를 배척한—따라서 교회와 (종국적으로) 하늘나라로부터 제외된—사람의 상태를 묘사하는 것이라고 한다.[42]

만일 고린도전서 16:22을 이상의 내용으로 파악한다면, 이 구절은 갈라디

---

41 Gordon D. Fee, *The First Epistle to the Corinthians* (Grand Rapids, Michigan: William B. Eerdmans Publishing Company, 1987), p. 838.
42 위의 책, 각주 30번.

아서 1:8, 9과 별반 다를 것이 없다. 따라서 상기 구절을 종합하면, '만일 누구든지 다른 복음을 전하는 등 주의 명령을 거스른다면, 그는 그리스도로부터 끊어질 것이다'라는 내용을 도출할 수 있다. 그렇다면 이런 '가언적(假言的) 진술'은 혐오-여성 혐오, 동성애 혐오, 무슬림 혐오-를 함의하는가?

이에 대한 답변은 부정적이다. 그 이유는 다음과 같다. **첫째**, 저주가 발화(發話)된 대상과 혐오의 대상은 그 외연이 서로 다르다. 저주에 관한 세 구절은 모두 신앙 공동체의 구성원들을 겨냥한 것이지만, 혐오의 문제는 이 세상 사람들을 염두에 둔 것이다. 따라서 상기 구절들에 의거해 혐오의 사태를 정당화할 수는 없다.

둘째, 혹시 아니 할 말로 이 저주의 대상이 이 세상 사람들-그중에서도 특히 여성, 동성애자, 무슬림-이라고 해도 여전히 혐오의 조치는 정당화되지 않는다. 왜냐하면 저주, 곧 그리스도에게서 끊어지는 것은 영적인 상태를 말하는 것이지 사람들로부터 당하는(혹은 세상 속에서 겪는) 차별과 불이익, 위협적 사태를 의미하지 않기 때문이다. 그러므로 저주의 조치/표현에서 여성 혐오, 동성애 혐오, 무슬림 혐오 등 각종 혐오의 증상을 찾으려는 시도는 매우 빗나간 처사다.

'저주'가 혐오의 사안과 아무 상관이 없는 것이라면, '화'의 경우는 어떤가? '화'(禍)는 "어떤 개인이나 공동체에 닥친(혹은 닥칠) 재난을 원인으로 하는 바 큰 고통의 상태"[43]를 의미한다.

혐오와 화를 연관시키려는 이들은 마태복음의 두 구절(18:7; 26:24)에 주목한다. 한 구절씩 그 연관 관계를 타진해 보자.

---

43 Glenn Wyper and Nola J. Opperwall-Galluch, "Woe", *The International Standard Bible Encyclopedia*, Vol. Four: Q-Z, rev. ed., ed. Geoffrey W. Bromiley (Grand Rapids, Michigan: William B. Eerdmans Publishing Company, 1988), p. 1088.

실족하게 하는 일이 없을 수는 없으나 실족하게 하는 그 사람에게는 **화가 있도다.** (마 18:7)

위 성경구절에서 "실족하게 하는 일"은 "그리스도인들을 강력히 유혹하여 진리와 거룩의 참된 길로부터 벗어나게 만드는 것"⁴⁴을 뜻한다. 그런데 마태복음 18:7은 언뜻 보기와 달리 혐오의 문제와는 아무 상관이 없다. **첫째,** 예수님의 경고는 다른 그리스도인을 시험과 죄에 빠뜨리는 그리스도인에 대한 것이지, 혐오의 경우에 전제되는 것처럼 이 세상 사람들에 대한 것이 아니다. **둘째,** 혹시 실족하게 만드는 주체가 여성, 동성애자, 무슬림이라고 해도(성경 본문은 절대로 그렇게 말하지 않지만 논의의 진행을 위해 그렇다고 가정하자), 혐오가 정당화될 수는 없다. 왜냐하면 앞에서 제시했듯 '화'는 재난 때문에 생기는 고통의 상태이므로 혐오와 같이 인적 주체가 일으키는 불행한 사태가 아니기 때문이다. 이런 이유로 인해 마태복음 18:7의 혐오 관련 이론은 금세 입지를 잃고 만다.

그런데 그다음에 등장하는 구절은 혐오와의 연관성이 더 높을 것 같은 인상을 준다.

인자는 자기에 대하여 기록된 대로 가거니와 인자를 파는 그 사람에게는 **화가 있으리로다.** (마 26:24)

이 구절은 마태복음 18:7처럼 불특정 다수에 대한 것이 아니라 특정 개인인 가룟 유다를 지목한 경고 및 예언의 말씀이다. 그러나 이 구절 역시 혐오의 이슈를 거론하기에는 너무 연관성이 없는 것으로 판정된다. 우선 마태복

---

44 Matthew Poole, *A Commentary on the Holy Bible*, Vol. 3: *Matthew-Revelation* (London: The Banner of Truth Trust, 1963 reprint), p. 84.

음 18:7의 경우와 마찬가지로 '화'는 재난으로 인한 고통을 의미하므로 사람이 일으키는 혐오 사태와는 격이 다르다. 또 가룟 유다는 예수 그리스도를 배신함으로써 화를 초래했지만 여성·동성애자·무슬림의 경우에는 그런 배신행위를 저지르지 않았기 때문에 화를 일으킬 만한 근거가 없다. 그러므로 마태복음 26:24 역시 혐오와 관련이 있다고 주장하기에는 역부족이라 하겠다. 이렇듯 '화' 또한 '저주'와 마찬가지로 혐오의 현상/사태를 정당화할 수 없음이 밝혀졌다.

지금까지 '미움'과 '저주/화'라는 두 용어와 표현이 혐오를 정당화할 수 있는지 살펴보았는데, 그에 대한 판정은 부정적이었다. 그렇다면 이 모든 논변 내용은 "'미움'과 '저주/화' 등의 성경적 조치들은 혐오와 별 상관이 없다"[진리 3]는 주장으로 축약된다. 그리고 '진리 3'은 여성 혐오, 동성애 혐오, 무슬림 혐오를 함의하기는커녕 정면으로 모순을 일으킨다.

결론

나는 이 글에서 우리 보수적 개신교도들(혹은 복음주의자들)이 가진 일종의 신념—기독교 진리가 혐오를 함의한다는 생각—이 오해나 편견에 기반했음을 밝히고자 힘썼다. 여기에서 말하는 '기독교 진리'를 세 방면에서 기술해 보았으나 그 어떤 진리도 혐오를 정당화하지는 못했다. 이제 우리에게는 기독교 **진리가 결코 혐오를 함의하지 않는다는 건전한 확신이 필요하다.** 혐오와 관련한 오해나 편견의 제거는 글의 서두에서 언급한 대로 "들보 뽑는 일"이기도 하다. 일단 들보를 뽑아 낼 수 있게 된 이상 이후로는 각종 티의 제거에 혼신을 기울여야 할 것이다. 이미 우리 사회에 혐오의 현상이 만연한 만큼, 우리가 그리스도인으로서 어떻게 그 폐해와 해악을 줄여 나갈 수 있을지 고민하고 힘써야 한다는 말이다.

참고문헌 및 인용 문헌

1. 단행본

국내서

송인규, 『성경은 공동체에 대해 무엇을 말하는가?』(IVP, 1996).
_____, 『아는 만큼 깊어지는 신앙』(홍성사, 2009).
홍성수, 『말이 칼이 될 때』(어크로스, 2018).

역서

미로슬라브 볼프, 『알라: 기독교와 이슬람의 신은 같은가』, 박지윤 역(IVP, 2016).
_____, 『인간의 번영』, 양혜원 역(IVP, 2017).
제러미 월드론, 『혐오표현, 자유는 어떻게 해악이 되는가?』, 홍성수·이소영 역(도서출판 이후, 2017).

영서

Fee, Gordon D., *The First Epistle to the Corinthians* (Grand Rapids, Michigan: William B. Eerdmans Publishing Company, 1987).

Henry, Carl F. H., *Christian Personal Ethics* (Grand Rapids, Michigan: Baker Book House, 1977).

Miller, William Ian, *The Anatomy of Disgust* (Cambridge, Massachusetts: Harvard University Press, 1997).

Poole, Matthew, *A Commentary on the Holy Bible*, Vol. 3: *Matthew-Revelation* (London: The Banner of Truth Trust, 1963 reprint).

Ryrie, Charles C., *What You Should Know about Social Responsibility* (Chicago: Moody Press, 1982).

Sittser, Gerald L., *Loving Across Our Differences* (Downers Grove, Illinois: InterVarsity Press, 1994).

Sternberg, Robert J. and Karin Sternberg, *The Nature of Hate* (Cambridge: Cambridge University Press, 2008).

Van Klinkem, Japp, *Diaknoia: Mutual Helping with Justice and Compassion* (Grand Rapids, Michigan: William B. Eerdmans Publishing Company, 1989).

2. 단행본 내의 논문/기사

송인규, "여성의 위상: 영미 복음주의 내의 지형도", 송인규 외, 『페미니즘 시대의 그리스도인』 (IVP, 2018), pp. 14-83.

홍성수, "해제", 『혐오표현, 자유는 어떻게 해악이 되는가?』, pp. 288-303.

Keyes, Corey L. M., "Toward a Science of Mental Health", in *Oxford Handbook of Positive Psychology*, 2nd ed., eds. Shane J. Lopez & C. R. Snyder (New York: Oxford University Press, 2009), pp. 89-96, https:// en.m.wikipedia.org/wiki/ Flourishing(2019. 4. 27. 접속).

3. 정기 간행물

De Gruchy, John W., "Public Theology as Christian Witness: Exploring the Genre", *International Journal of Public Theology*, Vol. 1, Issue 1 (2007), pp. 26-41.

Oberdorfer, Bernd, "Human Dignity and 'Image of God'", *Scriptura*, Vol. 104 (2010), pp. 231-239.

Waldron, Jeremy, "The Image of God: Rights, Reason, and Order", *NYU School of Law, Public Law Research Paper*, No. 10-85 (December 2010), pp. 216-235.

Waller, James, "Perpetrators of Genocide: An Explanatory Model of Extraordinary Human Evil", *Journal of Hate Studies*, Vol. 1, No. 1 (2002), pp. 5-22.

Younkins, Edward W., "Aristotle, Human Flourishing, and the Limited State", *Le Québécois Libre*, No. 133 (November 22, 2003), www.quebecois libre. org/031122-11.htm(2019. 4. 27. 접속).

4. 사전

일반 사전

고려대학교 민족문화연구원 국어사전편찬실 편, 『고려대 한국어대사전: ㅂ~ㅇ』(고려대학교 민족문화연구원, 2009).

_____, 『고려대 한국어대사전: ㅈ~ㅎ』(고려대학교 민족문화연구원, 2009).

민중서림 편집국 편, 『에센스한영사전』 제4판(민중서림, 2000).

Brown, Leslie, ed., *The New Shorter Oxford English Dictionary*, Vol. 1: *A-M* (Oxford: Clarendon Press, 1993).

전문 사전

Bloesch, Donald E., "Pietism", *Beacon Dictionary of Theology*, ed. Richard S. Taylor (Kansas City, Missouri: Beacon Hill Press of Kansas City, 1983), pp. 400-402.

Clapp, Rodney R., "Reconstructionism, Christian", *Dictionary of Christianity in America*, eds. Daniel G. Reid *et al* (Downers Grove, Illinois: InterVarsity Press, 1990), pp. 977-978.

Hasel, Gerhard F., "Hate, Hatred", *The International Standard Bible Encyclopedia*, Vol. Two: *E-J*, rev. ed., ed. Geoffrey W. Bromiley (Grand Rapids, Michigan: William B. Eerdmans Publishing Company, 1982), pp. 629-633.

Parkyn, D. L., "Neighbour", *New Dictionary of Christian Ethics & Pastoral Theology*, eds. David J. Atkinson *et al* (Leicester, England: Inter-Varsity Press, 1995), pp. 623-625.

Thomas, Robert L., "Neighbor", *The Zondervan Pictorial Encyclopedia of the Bible*, Vol. 4: *M-P*, ed. Merrill C. Tenney (Grand Rapids, Michigan: Zondervan Publishing House, 1980), pp. 408-409.

Wyper, Glenn and Nola J. Opperwall-Galluch, "Woe", *The International Standard Bible Encyclopedia*, Vol. Four: *Q-Z*, rev. ed., ed. Geoffrey W. Bromiley (Grand Rapids, Michigan: William B. Eerdmans Publishing Company, 1988), p. 1088.

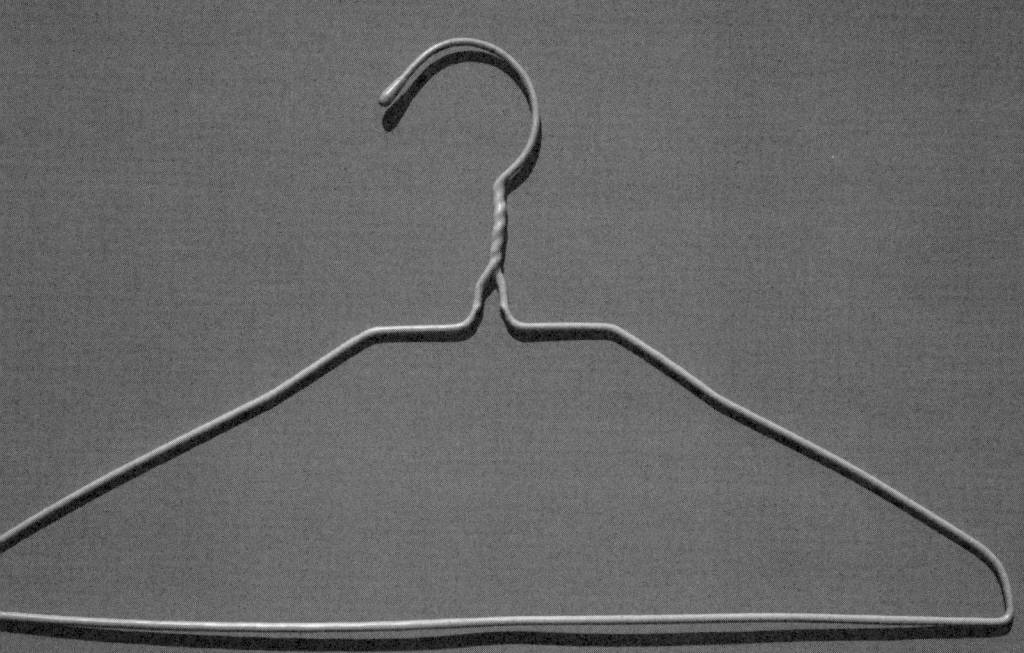

05
한국의 기독교인들이 알아야 할
혐오 표현의 정의, 해악, 대응

이일(공익법센터 어필 상근 변호사, 난민인권네트워크 의장)

들어가며: 한국 교회의 혐오 표현 발화

2018년 중순경 무비자 제도를 통해 제주도로 들어온 500여 예멘 난민들은 한국 사회에 커다란 화두를 안겼다. 대한민국은 1994년 이래 난민제도를 시행해 왔지만 사실 제도의 존재와 사회적 인식은 분리되어 있었다. 이와 같은 인식의 괴리 속 '우리 곁에 이미 살고 있었지만 사회적으로 보이지 않는 사람들'이었던 난민들이 소위 예멘 난민들의 피난을 겪으며 '보이는 사람들'로 강제로 공론화되어 광장에 벌거벗은 채 세워졌다. 그러자 난민에 대한 혐오는 다양한 형태의 혐오 발언(hate speech)으로 공론장에서 표출되었다.

이와 같이 난민에게 표출된 혐오는 사실 난민에게만 국한된 현상이 아니다. 이미 수년 전부터 점증하고 있는 한국의 소수자 혐오 맥락의 연장선상에 있는 최신 판본이었을 뿐이다. 한국 사회에서는 최근 적극적인 분노를 동반한 혐오 표현이 부쩍 가시화되는 추세다. 여성, 장애인, 성소수자와 같은 소수자 집단들을 개인이 아닌 집단으로 규정한다. 이후 위 집단들에 대한 차별을 구조적으로 정당화하는 수준의 혐오 발언은 물론 엄격히 규제되어야 할 수준의 강경한 혐오 발언, 즉 존재를 추방해야 한다는 취지의 증오 선동까지 등장한 상황이다. '군필 남성, 비장애인, 이성애자'로 규정된 정상성의 표지는 그와 같은 표지를 갖지 않는 소수자 집단에 대한 분노의 정서를 동반한 강렬한 공격으로 나타나고 있다.

또한 소위 '미투 운동'으로서의 여성운동, 퀴어 퍼레이드를 비롯한 반차별 운동으로서의 성소수자 운동, 탈시설 및 장애인 이동권을 비롯한 다양한 의제에 관한 장애인 운동과 같이 정당한 운동에 대해서도 오랫동안 침해되었던 권리와 부인된 존재를 회복하는 그 과정이 마치 '정상성 표지를 가진' 자신들이 누려야 할 배분적 정의를 침해하는 것처럼 이해하는 경향도 등장한다. '역차별' 담론, '피해자' 담론이 왜곡된 형태로 생성되고 있다. 이와 같은 혐오 표현은 공동체에서 다양한 주체들이 공존할 수 있는 조건을 파괴하는데, 한국 사회에 실제로 그런 파괴 현상이 나타나고 있다. 그러므로 혐오 발언이 무엇이고 이에 어떻게 대응해야 하는가는 한국 사회 전체가 지금 차분히 숙고해야 할 미룰 수 없는 중요한 과제다.

그런데 한국 사회에 존재하는 한국 교회가 추가로 고려해야 할 지점 중 하나는, 그와 같은 혐오 표현의 선봉에 한국 교회가 앞장 서 있다는 사실이다. 최신 판본인 '무슬림에 대한 혐오 발언' '성소수자들에 대한 혐오 발언'을 종교 표현의 자유로 이해하고, 이와 같은 발언에 대한 정당한 규제를 '종교의 자유에 대한 부당한 제약'으로 받아들여 신앙적 결기로 다시 혐오 발언을 하며 싸운 경우들이 있었다. 결국 혐오 표현의 문제는 한국 사회의 문제이기도 하지만 한국 교회의 문제이며, 한국 교회에 많은 책임이 걸쳐진 문제이기도 하다.

이 글은 이런 맥락 속에서 많은 사람들이 오해하는 두 가지 내용을 간략히 설명할 것이다. '혐오 표현'이란 것이 과연 무엇인지, 실제로 혐오 표현이 왜 문제이고 어떤 해악을 가져오는지에 대해 설명할 것이다. 그리고 '혐오 표현에 대응하는 방법'에 대해 알아 볼 것이다. 무엇이 혐오 표현인지도 모르겠고 도대체 그게 뭐가 문제인지도 잘 모르겠다. 만약 그게 문제라면 한국 사회와 한국 교회는 무얼 어떻게 해야 한단 말인가. 바로 이런 의문을 갖고 있는 그리스도인들에게 시도하는 설명이다.

무엇을 혐오 표현이라고 하는가

혐오 표현을 하는 사람들은 대부분 '나는 혐오하지 않으며, 혐오 발언을 한 적이 없다. 단지 내 생각을 말한 것뿐이다'라고 한다. 의식적·무의식적으로 혐오 표현을 한 경험이 있는 교회의 많은 그리스도인들 역시 '나는 여성도,

성소수자도, 무슬림도 혐오한 적이 없다. 도대체 왜 교회가 말한 것이 혐오 표현이냐'라고 되묻는다. '싫어한다'라는 나의 취향이나 가치관, 판단을 단지 표현하는 것이 혐오 표현인가? 그렇지 않다면, 어디까지가 혐오 표현인가? 혐오 표현은 규제받아야 할 텐데, 모든 혐오 표현은 다 똑같이 규제받아야 할까?

이러한 여러 질문들로 달려가려면 우선 무엇을 혐오 표현이라고 해야 하는지에 대해서부터 생각해 볼 필요가 있다.

혐오 표현 정의

혐오 표현에 대해 전 세계적으로 합의된 완벽한 정의는 아직 없다. 다수의 국제 인권협약[1]이나 이를 정의하려고 시도한 가이드라인들의 정의[2]도 협약이 생성된 맥락에 따라 미묘하게 차이가 있다. 이는 사실 당연한데, 혐오 표현의 정의는 선험적으로 생긴 것이 아니라 실제로 이뤄지고 있는 특정한 차별적 표현들이 문제라는 것을 인식하고 대응해 온 구체적인 과정 속에서 그 정의가 점차 형성되어 왔기 때문이다. 유럽에서는 주로 특정 집단에 대한 제노사이드, 폭력, 적의, 차별적 선동 표현을 규제해 왔으며, 미국에서는 특정 집단에 대한 적의적 표현을 '혐오 표현'으로 지칭하며 발전해 왔다고 한다.[3]

---

1 "시민적 및 정치적 권리에 관한 국제 규약" 제20조 제2항: 차별, 적의 또는 폭력의 선동이 될 민족적·인종적 또는 종교적 증오의 고취는 법률에 의하여 금지된다. "모든 형태의 인종차별 철폐에 관한 국제 협약" 제4조: 인종적 우월성이나 증오, 인종차별에 대한 고무에 근거를 둔 모든 관념의 보급 그리고 피부색 또는 종족의 기원이 상이한 인종 또는 인간의 집단에 대한 폭력 행위나 폭력 행위에 대한 고무를 처벌해야 한다.

2 유럽평의회 각료위원회 1997년 권고 제20호: 인종적 적대감, 제노포비아, 반유대주의, 그리고 편협함에 기반을 둔 적대감을 확산, 선동, 촉진, 정당화하는 표현으로 이때 편협함이란 공격적인 민족주의와 자민족중심주의 그리고 소수자, 이주민, 이주민 출신 사람들에 대한 차별과 적대감으로 표현되는 편협함을 포함한다.
유네스코 매뉴얼: 온라인 혐오 표현에 대항하기—특정한 사회적·인구학적 집단으로 식별되는 대상에 기반을 두고 위해를 가하도록 하는 선동(특히 차별, 적의 또는 폭력)을 옹호하는 표현.
시민단체 아티클 19의 정의: 차별, 적의, 폭력을 선동하는 국가적·인종적·종교적 적대감의 고취.

3 이승현, "혐오 표현에 대한 헌법적 고찰", 연세대학교 박사학위 논문(2016), p. 15.

통상 혐오 표현에는 세 가지 구성 요소가 있다고 논의된다. ① 보호되어야 할 특성: 정체성으로 인해 표적이 되는 특성을 지닌 대상, 즉 사회적 소수자들에 대해, ② 단순한 편견이 아닌 차별에 근거한 불합리한 비난·적의·증오의 감정인 '혐오'(hate)가, ③ 발언, 글, 기타 모든 형태로 외부로 전달되는 '표현'(speech)으로 드러나는 경우를 혐오 표현으로 규정한다. 그리고 이 혐오 표현이 대상에 미치는 해악과 사회에 미치는 해악의 심각성으로 인해 개별 사회가 다양한 수단을 통해 이를 규제하고 금지하는 것이다.[4]

혐오 표현을 정의하기 위한 기준[5]

누구에게	무엇을(내용)	어떻게(방법)
소수자 집단	1) 차별 2) 혐오(조롱 및 증오 등) 3) 선동의 적대적 내용	1) 발언 표현 2) 글 3) 기타 등등

이와 같은 논의에 기초해, 혐오 표현 전반에 대한 뛰어난 입문서 『말이 칼이 될 때』의 저자 홍성수는 혐오 표현을 "소수자에 대한 편견이나 차별을 확산시키거나 조장하는 행위 또는 소수자로서의 속성을 가졌다는 이유로 멸시·모욕·위협하거나 그들에 대한 차별, 적의, 폭력을 선동하는 표현"으로 정의한다. 혐오 표현의 세 가지 구성요소 중 혐오 표현의 대상을 '소수자'로 잡고, 혐오 표현의 양태를 이 '소수자'에 대한 해악으로 연결될 차별적 괴롭힘, 편견 조장, 모욕, 증오 선동으로 구분해 이해하는 것이다.

---

4 그런데 (① 관련)실제로 보호되어야 할 특성을 지닌 대상들, 쉽게 말해 혐오 표현의 대상이 되는 소수자가 어디까지인가, (③ 관련)표현이 구체적인 해악이나 결과를 야기해야 하는지, 표현 자체로 문제가 되는지 여부, 표현의 내용이 어떤 것이어야 하는지 여부에 대해서는 서로 다른 의견들이 존재한다.
5 국가인권위원회, "혐오 표현 실태 조사 및 규제 방안 연구", p. 15에서 인용함.

혐오 표현의 맥락

그렇다면 소수자 집단은 누구를 말하는가? 특정한 정체성으로 인해 차별의 대상이 되는, 전체적인 사회의 권력 관계에서 열위에 있어 차별받게 되는, 개인으로 불리지 않고 편견이 누적된 집단으로 호명되는 집단이다. 물론 전 세계 어디에서나 역사상의 모든 순간에서 소수자였던 소위 'The 소수자' 집단을 말한다는 것은 그리 간단하지 않다. 그러나 우리는 지금 이곳에서 이와 같은 집단을 얼마든 찾을 수 있다. 한국 사회에서 여성, 소수자다. 무슬림, 소수자다. 성소수자, 마찬가지로 소수자다. 외국인노동자와 난민? 소수자다. 이와 같은 소수자 집단으로서의 정체성을 근거로 개인 또는 집단에 대해 적대적인 혐오를 표현하면, 그것이 규제되어야 할 혐오 표현이다.

혐오 표현을 정의하는 것에는 이처럼 소수자 집단이 권력 관계 속에서 처한 취약성, 이로 인해 받게 되는 차별을 진지하게 고려해야 한다는 맥락이 포함되어 있다. 혐오 표현 규제의 정당화 근거는 '소수자 집단'이 역사적·누적적으로 받아 온 현실적인 차별과 피해에서 우선 나온다. 따라서 권력 관계에서 차별을 경험해 보지 않은 사람, 소수자로서의 정체성을 갖지 않은 사람의 경우 이와 같은 혐오 표현을 이해하기 어렵다. 왜냐하면 권력 관계에서 차별을 잠재적으로 '하는' '갑'의 지위에서는 차별을 '당하는' '을'의 고통을 이해하기 어렵기 때문이다. 바꿔 말해 '혐오 표현을 하면 안 된다'는 말은 쉽게 말해 도덕적 관점에서 '취약한 사람에게 잔인한 고통을 주면 안 된다'라는 말과 같다. 그러나 현실에서 이런 말을 하면 '갑'의 지위에 있는 사람의 경우 '진지충' '혐오충' '피씨(PC)충'이라고 쏘아붙이거나 그렇게 예민하게 굴어 일상생활이 가능하겠냐고 조롱을 하기도 한다. 소수자 집단의 차별과 피해의 무게를 별로 무겁지 않게 느꼈을 경우 이런 반응이 나올 수 있다.

한국 교회가 혐오 표현의 발화자 중 하나로 기능했음에도 이를 문제로 잘 인식하지 못했던 이유는 바로 이 지점에 있다. 한국 교회가 혐오 표현의 문제를 심각하게 인식하지 않는 것은 소수자의 차별과 피해에 대해 진지하게 이해해 본 적이 없었다는 것을 뜻한다. '무슬림'들이, '성소수자'들이, '난민'들이 한국 사회에서 받았던 차별과 소수자성이 어떤 것인지 모르는 것이다. 사실 이와 같은 전형적인 한국 사회 내 소수자 집단들이 받는 차별이 어떤 것인지 이해하는 것은 고사하고, '무슬림'이 누구인지, '성소수자'가 누구인지, '난민'이 누구인지조차 잘 알지 못한다. 단언컨대, 모른다. 소수자 집단에 대한 '가짜뉴스'가 과연 어느 공동체에서 가장 집중적으로 생산·유포되는가?

혐오 발언은 이처럼 권력 관계 속에서 나타나기 때문에 '발화자의 무지와 가치관' 외에 '발화자의 권력'에도 주목해야 한다. '갑'은 '을'이 받는 고통을 이해하지 못하고 이해하려 하지 않는다. 한편 '갑'은 말할 수 있는 힘이 있고 제지받지 않는다. 남성들은 한국 사회에서 여성이 받아 온 차별을 잘 이해하지 못하고 이해하려 하지 않는 것을 통해 사회 내에 형성되어 있는 위계 관계에서 암묵적 우위를 누리고 있음에도 여성에 대한 차별적 괴롭힘과 편견 조장, 모욕, 증오 선동과 같은 소위 '여혐'을 거리낌 없이 발화한다. '정상인으로 규범적 지위를 가진 이성애자'의 정체성을 가진 이는 비정상인으로 낙인찍힌 성소수자에 대해, '4대 종교 특히 한국에서 다수인 기독교인'의 정체성을 가진 이는 무슬림에 대해, 한국 땅에서 '선주민으로서 주권자'인 국민의 정체성을 가진 이는 외국인과 난민에 대해 혐오 표현을 거리낌 없이 발화하고, 그럼에도 제지받지 않는다. 특정 공동체 안에서 '누군가에게 권력이 부여되었나'를 알아보는 방법은 '누구에게 말할 권리가 있는가'를 살펴보면 된다. 말을 할 수 있는 사람과 이를 듣지만 말을 할 수 없는 사람. 한국의 교회는 말을 할 수 있고, 많이 하려 하며, 말을 점령하려고 하는 위치에 있다.

따라서 혐오 표현의 문제를 인식하고 공감하려면, 일종의 '소수자 되기'가 필요하다. 자신이 갖고 있는 소수자 집단의 정체성으로 인한 차별과 혐오 표현으로 인한 피해를 기억하고 다른 소수자 집단에게도 마찬가지의 해악이 가해질 수 있음을 공감하려는 노력이 중요하다.

혹 소수자 집단이 되어 본 적이 없는가? 유럽으로 외국 여행을 떠난 당신, 처절하게 작동하고 있는 인종주의의 위계 속 당신은 소수자다. 개인으로 호명되지 않고 '영어와 불어를 구사하지 못하는 아시아인'으로 호명되는 순간 당신은 소수자다. 외국 여행 중인 한국인들에 대해 '인종을 근거로 한 비하와 적개심, 혐오 표현'들에 대한 뉴스에 분개한 경험이 있는가? 부당하다고 생각하는가? 그렇다면 역설적으로 한국 내에서 일어나고 있는 다양한 소수자 집단들에 대한 혐오 표현도 마찬가지로 옳지 않다는 것을 기억해 내야 한다. 바로 당신이 당한 혐오 표현의 피해가, 한국에서 당신이 다른 소수자 집단에게 가하고 있는 피해일 수 있는 것이다. 인간은 다양한 집단적 정체성을 중첩해 가지고 있고, 피해를 받으면서 가해하며, 가해하면서 피해를 받는다.

혐오 표현의 유형화

혐오 표현에도 다양한 유형이 존재한다. 국내에서 가장 논의가 집적된 유형화는 혐오 표현을 '차별적 괴롭힘' '편견 조장' '모욕' '증오 선동'의 네 가지 유형으로 분류하는 것이다.[6] 유형별로 여성, 무슬림, 성소수자, 난민에 대해 생각해 보면 보다 이해하기 쉽다.

첫째, '차별적 괴롭힘'은 차별적 속성을 이유로 소수자(개인 또는 집단)를 평등하게 대우하지 않고 수치심, 모욕감, 두려움 등 정신적 고통을 주는 행위를 뜻한다. 예컨대 직장에서 상사가 소수자인 하급자를, 교사나 교수가 소수자인 학생을 괴롭히는 경우와 같이 구체적 관계 속에서 괴롭히는 것이다. 직장 상사가 직원들을 모아 놓고 '여자는 집에서 애나 봐야지'라고 표현하는 경우, 이 이야기를 들은 여성 직원이 직·간접적 피해를 입음은 물론이고 이후 직

6　국가인권위원회, 같은 글, p. 21; 홍성수, 같은 책, p. 51.

장 내에 유사한 차별이 고착될 수 있다. 교사가 강의 시간에 '무슬림들이 한국에 왜 몰려오는지 모르겠다. 여기는 한국 땅인데'라고 표현한 경우, 수업을 듣는 무슬림 학생의 피해는 말할 것도 없고 다른 학생들도 이와 같은 차별을 고착화하게 된다.

나머지 세 유형은 구체적인 상하 관계에서 발생하지 않는, 보다 일반적인 유형이다.

둘째, '편견 조장'은 사실 적시, 학술 발표, 종교 신념의 표명, 개인 양심의 표출, 정책 제언 등으로 소수자 집단에 대한 편견과 차별의 정당성을 표현하는 것이다. '모욕'이나 '증오 선동'에 비해 비교적 세련된 형태를 취하지만 마찬가지로 차별적 효과를 가져온다. 표현의 자유와의 충돌 측면에서 적극적으로 규제되어야 할 혐오 표현인지 여부가 가장 논쟁적이지만, 소수자 집단에 대한 차별을 고착화시키는 해악 면에서는 동일하다.

셋째, '모욕'은 소수자(개인 또는 집단)에 대한 멸시, 모욕, 위협을 통해 인간의 존엄성을 침해하는 것이다.

넷째, '증오 선동'은 소수자 집단에 대한 차별 조장이나 모욕을 넘어서서 구체적인 행동을 창출하는 것이다. '외노자 강제 추방하자' '잠재적 테러리스트인 난민 추방하자'와 같이 타인에게 소수자 집단에 대한 구체적인 행동을 선동하는 구호는 실제로 약간의 계기만 촉발되면 실제 물리적 충돌과 형사 범죄와 같은 위험이 발생할 수 있다. 그래서 '증오 선동'은 논쟁 없이 가장 시급하게 규제해야 하는 유형이다. 쉽게 이해되지 않으면, 일본의 우익 집단 재특회의 시위에서 실제로 등장하는 구호들 '재일조선인들을 몰아내자' '재일조선인은 강간해도 좋다'와 같은 발언을 듣고 있는 재일조선인들의 두려움을 생각해 보라. 보다 이해가 쉬울 수도 있겠다.

혐오 표현의 유형[7]

유형	내용	예시 사례
차별적 괴롭힘	고용·서비스·교육 영역에서 차별적 속성을 이유로 소수자(개인, 집단)에게 수치심, 모욕감, 두려움 등 정신적 고통을 주는 행위.	(직장이나 학교에서) "우리나라 여자들이 다 취집(결혼해 전업주부가 되는 것)을 해서 국내총생산이 낮다."
편견 조장	편견과 차별을 확산하고 조장하는 행위.	"동성애 퀴어 축제 결사 반대. 인류 생명 질서, 가정, 사람 질서 무너지면 이 사회도 무너진다."
모욕	소수자(개인, 집단)를 멸시·모욕·위협하여 인간 존엄성을 침해하는 표현 행위.	"흑인 두 명이 우리 기숙사에 있는데, 어휴 OO냄새가 아주ㅋㅋㅋㅋㅋㅋ."
증오 선동	소수자 집단에 대한 차별, 적의 또는 폭력을 조장·선동하는 증오 고취 행위.	"착한 한국인 나쁜 한국인 같은 건 없다. 다 죽여 버려!"

세 유형에 대해 조금 더 예를 들어 보자. '무슬림은 잠재적으로 성범죄를 저지를 수 있으므로 조심해야 한다' '무슬림 난민들은 사회의 안전을 위해 격리해서 살도록 해야 한다'라고 하면 '편견 조장'이며, '무슬림 새퀴들 어딜 기어 들어와'라고 하면 모욕이 되고, '무슬림 난민 추방하자'라고 하면 증오 선동이다. '군대 간 아들 동성애자 되어 돌아온다'라고 하면 '편견 조장'이며, '벌레만도 못한 똥꼬충'이라고 하면 '모욕'이고, '게이들을 광장에서 몰아내자'라고 하면 증오 선동이다.

한국 교회는 실제로 혐오 표현에 동참했는가

그러면 한국 교회는 여성, 무슬림, 성소수자, 난민과 같은 한국 사회 내 소수

---

7 홍성수, 같은 책, p. 58에서 인용함.

자 집단에 대해 어떤 유형의 혐오 표현에 동참했는지 생각해 볼 필요가 있다. 특정한 관계에서 '차별적 괴롭힘'에 해당하는 표현을 한 적이 있는가? 첫 번째 유형인 차별적 괴롭힘에 대한 수많은 여성들의 사례는 따로 적시하지 않아도 셀 수 없이 많다. 그렇다면 '무슬림' '성소수자' '난민' 들에 대해 세 번째 유형인 '모욕'이나 네 번째 유형인 '증오 선동'을 한 적이 있는가? 그렇다. 일부 교회는 한국 사회에, 그리고 한국 교회의 다른 그리스도인들에게 행동을 촉구하며 광장에서 무슬림을, 성소수자를, 난민을 한국 땅에서 함께 몰아내자고 외쳐 왔다. 성소수자들은 눈에 보이지 않도록 광장에서 사라지라고, 무슬림과 난민들은 한국 땅에서 추방해야 한다고 외친 적이 있다. 신앙적 결기로 모욕을 주기도 했고 구체적으로 추방을 선동하기도 했다.

한국 교회는 소수자 집단에 대한 편견을 조장한 적이 있는가? 당연히 있다. 사실 한국 교회의 혐오 표현 발화에 있어 가장 위험하고도 섬세한 접근이 바로 '편견 조장'이다. '무슬림들이 들어오면 한국이 무슬림화된다.' '차별금지법 통과되면 가족 질서가 무너진다.' '난민법을 폐지하지 않으면 우리나라 여성은 누가 지킬 것인가.' 이런 구호들은 구체적인 소수자 집단에게 피해를 끼칠 뿐 아니라 편견을 통해 차별을 고착화한다. 한국 교회는 권력적으로 '갑'의 위치에 있는 '이성애자, 한국 국민, 남성의 얼굴'의 정체성을 동일시하고 구체적 사실이 아닌 잘못된 정보에 근거한 편견 또는 소수자 집단에 대한 차별이 정당하다는 신념을 유포하고 생산하기까지 했다. '편견 조장'은 한국 교회가 가장 유의해야 할 혐오 표현 유형이다. 소수자 차별의 근거가 과연 기독교 신학에 내재되어 있는지에 대해서는 논쟁이 있을 수 있으나, 이에 관해 서로 의견이 다르더라도 매우 중요한 인권인 종교 표현의 자유라 할지라도 그것이 한국 교회에게 공론장에서 타인을 차별할 수 있는 독점적 지위를 부여하는 근거가 되진 않는다. 여성은, 무슬림은, 성소수자는, 외국인은, 난민은 '이성애자 한국 국민 남성의 얼굴을 한 주체인 한국 교회'로부터 합리적 이유

없이 차별을 받아야 할 대상이 아니다. 이들 역시 주체와 동일하게 하나님의 형상으로 창조되어 존엄한 대우를 받아야 할 피조물이다. 사실 바로 이 지점 때문에 서로 다양한 종교적 견해를 갖고 있다 하더라도 '혐오 표현이 되는 표현만은 자제하자'라는 형태로 '편견 조장'의 문제를 에둘러 갈 수 없기도 하다. 기독교 신학 자체가 창조에 근거를 두고 있다는 사실, '주변부-마지널리티'(marginality)의 문제에 도전하는 신학이라는 사실, 그리고 '표현되지 않은 편견'은 결국 둑을 넘어 현실적 표현과 행위로 순식간에 전이될 맹아를 품고 있다는 위험성 때문이다. 예를 들어, 세상의 다양한 구조적 악과 죄가 인식되기보다는 세상이 '소돔과 고모라'처럼 읽혀 임박한 위기감을 느끼는가. 설령 그와 같은 신학을 가지고 있다 하더라도 혐오 표현으로 '소돔과 고모라'가 해결되지는 않는다. 오히려 '소돔과 고모라'를 만든다고 이해되는 소수자 집단을 축출하자는 불의한 선동으로 나가게 된다. 실제로 그렇지 않은가? 위와 같은 임박한 위기감은 내심에 '편견'을 머물게 하는 것이 아니라, 공론장에서 '편견을 조장'하고, '모욕'을 유발하며, '증오 선동'으로 나아가게 하는 근거가 된다. 결국 '편견 조장'의 형태로 특정 소수자 집단을 공론장인 세속 사회에서 '달리 대우'해야 하고, '권리를 제한'해야 한다고 한국 교회가 외쳐서는 안 되는 것이다.

한국 교회가 혐오 표현에 동참하지 않으려면 적어도 세 가지 오해에서 벗어나야 한다. 한국 교회는 한국 사회라는 세속 사회의 공론장 안에서 소수자 집단에 대해 차별을 해도 된다는 독점적 지위를 부여받지 않았다는 것. 또 종교적 신념에 근거한 표현이라 하더라도 소수자 집단에게 피해를 끼치는 형태의 표현이라면 종교 행사의 자유로서 보호받을 수 없고, 그것이 정당하다는 것. 그리고 교회의 표현으로 인해 소수자 집단의 차별적 지위가 고착화된다면, '나는 진리를 전하는 것일 뿐 혐오한 것이 아니야'라는 자의식으로 피해 갈 수 없다는 것이다.

한국 교회는 자세히 그리고 깊이 성찰해야 한다. 과연 그와 같은 표현이 기독교가 갖고 있는 진리의 표현인지, 아니면 진리와 무관한 잘못된 정보에 근거한 가치관이 표현된 것에 불과한 것인지 말이다.

혐오 표현은 어떤 해악을 갖는가

혐오 표현이 왜 나쁜가? 과연 누구에게 어떤 피해를 끼치는가?

혐오 표현은 소수자 집단에게 피해를 끼친다. 그리고 우리 모두에게 피해를 끼친다. 왜냐하면 사회의 다양한 구성원이 함께 공존할 수 있는 조건 자체를 파괴하기 때문이다. 혐오 표현이 무엇인지는 물론이고 혐오 표현이 갖는 해악에 대해, 소수자 집단의 고통과 신음에 대해 한국 교회는 오랫동안 숙고하지 못했다.

혐오 표현의 대상자들이 받는 피해

앞에서 언급한 혐오 표현의 네 유형은 모두 그 표적이 된 대상자들에게 구체적인 피해를 끼친다.[8] 차별적 괴롭힘, 편견 조장, 모욕, 증오 선동으로 인해 주로 '심리적 해악, 일이나 학업의 중단, 사회 공론장 참여에 대한 제한, 낙인·편견의 강화, 사회적 배제'가 일어난다는 연구가 있다. 심리적 해악은 단순한 스트레스인가? 그렇지 않다. 두려움, 슬픔, 지속적인 긴장감, 자존감 손상, 소외감, 무력감 등의 심리적 해악은 자살 충동, 우울증, 공황 발작, 외상 후 스트레스 장애 등의 스트레스성 심리 반응을 일으킨다. 그렇다면 이는 내면적이고 심리적인 것에 그치는가, 실제 사회적 영향으로까지 미치는가? 후자다. 일이나 학업을 중단하고, 전학하는 일이 생기고, 사회적 고립으로 인해 완전한

---

8 국가인권위원회의 실태 조사에서는 이를 확인하기 위해 여성 2명, 이주민 3명, 성소수자 6명, 장애인 8명, 남성 이성애자 1명에 대해 대면 심층면접과 초점 집단면접을 병행했다.

단절이 발생한다.[9] 자신이 속한 소수자 집단의 정체성에 대해 부인·적대·증오하는 환경 속에서는 정상적인 사회 구성원으로 설 수 없다. 또한 고립된 개인이 아닌 공동체적 관계 속에서만 유의미하게 존재하게 되는 하나님의 형상으로서의 존엄함을 상실하게 된다. 이는 신학적 피해가 아니라 현실적·실제적 피해로 나타난다.

한국 사회의 공존의 조건의 파괴

혐오 표현은 표적 집단이 된 소수자 집단에게만 해악을 끼치는 것이 아니라 바로 그 사회의 공존의 조건을 파괴한다는 사실이 종종 간과된다. 사회는 다양한 가치관과 정체성을 가진 구성원들이 어울려 살아가는 곳이다.

그런데 혐오 표현은 소수자에 대한 낙인과 편견을 사회 전체로 강화시킨다. 실제로 혐오 표현의 특성은 그 역치가 낮아서 이를 규제하는 사회적 메시지 또는 제도적 장치가 작동하지 않으면 순식간에 사회 전체로 확산되는 특성을 갖는다. 그리고 이를 통해 사실이 아닌 낙인과 편견 자체가 사실인 것처럼 강화되어 종전의 취약했던 지위가 사회 안에서 더욱 고착화된다. 사회의 구성원으로 살아간다는 것은 사회 안에서 목소리를 낼 수 있는 권한이 부여된다는 것이다. 그런데 사회적 낙인과 편견이 소수자 집단에게 강화되면, 그 집단은 목소리를 낼 수 있는 사회적 발언권을 잃는다. 발언권을 잃는다는 것은 소수자 집단이 실제로 존재하지만 규범적으로는 존재하지 않는 존재가 된다는 뜻이다. 그 과정에서는 함께 살아갈 근거로서의 사회가 상실된다.

이 두 가지 혐오 표현의 해악을 구체적으로 상상해 보자.

작년 한 해 동안 한국 사회에서 인식적으로 공존의 경험이 없는 예멘 국적 난민들에 대한 시민들의 '낯섦'으로 인해, 일부 반이민 단체들 혹은 일부

---

9   국가인권위원회, 같은 글, pp. 227-239.

교회들의 집중적인 공격으로, 예멘 난민들은 '전쟁터를 피해 떠나 온 보호가 필요한 난민'이 아닌 '정체를 알 수 없고 언제든 범죄를 저지를 것 같아 안보를 위협할 테러리스트'인 것처럼 사회적으로 낙인이 찍혔다. 이 같은 난민에 대한 집중적인 혐오 표현은 온라인은 물론 오프라인에서도 전국적으로 발생했다. 그다음 어떤 일이 일어났는가? 한국에 있는 극히 적은 수의 예멘 국적 난민들에 더해 약 250만 명에 이르는 국내 체류 외국인들 모두 강력한 혐오 표현의 광풍에 심각한 두려움에 휩싸였다. 두려운 마음에 집 밖으로 외출하는 것이 어려워졌고, 자신들을 쳐다보는 시선을 피하게 되었다. 길을 걷다 욕설을 듣게 되고, 페이스북이나 메신저에서 알지 못한 사람으로부터 욕설과 너희 나라로 돌아가라는 잔인한 협박을 받게 되었다.

혐오 표현의 여파로 사회적 낙인이 강화되자 다양한 후과가 발생했다. 일부 지역에서는 아랍어로 카페에서 이야기하는 사람을 보거나 무슬림 두 명이 마트에 물건을 같이 사러 가는 걸 보고도 경찰서에 신고하는 일이 생겼고, 고속버스 터미널에서 무슬림이 가방을 들고 가는 걸 봤는데 수상해 보인다며 수도방위사령부에 신고해 긴급대응팀이 출동하는 웃지 못할 일도 발생했다. 예컨대 역으로 생각하면 이런 것이다. 한국인에 대한 혐오 표현이 난무하는 가상의 국가를 생각해 보자. '한국인은 성범죄자다.' '한국인은 모두 군대에 다녀온 살인 병기들이다.' '총기가 합법화된 이곳에서 이들은 너무 위험하다.' '한국인들은 정치적으로 극렬하다. 시위할 때 100만 명씩 모이는 사람들인데 우리나라의 통합과 가치를 저해할 수 있다.' 이런 낙인이 찍히자 이런 일들이 발생한다. 한국어로 카페에서 이야기하는 걸 보고, 한국인 두 명이 마트에 나타난 걸 보고, 한국인이 가방을 들고 가는 걸 보고 수상하다고 신고하는 일. 이와 같은 환경에서 한국인들은 과연 어떻게 생존할 수 있을까. 이것이 바로 소수자 집단에 대한 혐오 표현이 일상화된 한국에서 그 대상자들이 경험하고 있는 삶이다.

혐오 표현을 막기 위해 어떤 방법이 필요한가

만약 혐오 표현이 이와 같이 구체적인 피해와 사회적 해악을 양산한다면 우리는 어떻게 해야 할까? 혐오 표현이 금지되거나 제한되어야 한다면, 그것은 어떤 방식으로 설계되어야 할까? 혹 금지나 제한은 또 다른 권리와 충돌하는 것 아닐까?

형벌화의 가능성과 명암

대상 집단과 사회 전체에 가하는 명백한 피해를 고려하면, 혐오 표현은 제한되어야 한다. 가장 강력한 방안은 즉각적으로 떠오를 수 있는 형사처벌이 있다. 하지만 혐오 표현을 형사처벌하는 것은 완벽한 답이 되지 못한다. 두 가지 이유 때문이다.

첫째, 앞에서 간략하게 살펴보았듯 혐오 표현의 내용을 형사처벌 형태로 규율하기에는 혐오 표현의 정의 자체가 불명확하다. 실제로 혐오 표현을 형사처벌의 형태로 규율하는 대부분의 국가들은 위 네 유형 모두에 대해 형사처벌을 규정하지는 않는다. 주로 혐오 표현으로 인한 결과가 직접 나타날 수 있는 '증오 선동'을 규정하거나, 명예훼손 같은 규정을 활용해 '모욕'의 유형 정도까지 형사처벌이 가능하게 한다. '차별적 괴롭힘' 또는 '편견 조장'의 경우 형사처벌의 형태로 규제하는 경우가 거의 없다.

둘째, 혐오 표현의 규제가 만들어 낼 수 있는 인권영역 간 충돌 가능성이다. 차별받지 않을 권리를 잘 보호한다는 것이 표현의 자유를 제약하는 것이 될 수 있기 때문이다. 혐오 표현을 규제하려는 모든 논의에 대해 표현의 자유, 언론의 자유, 종교의 자유의 제약을 가져온다고 거부하는 것은 이런 배경에서 나온다. 국가마다 혐오 표현을 특정 형태의 경우 엄격하게 규제하는 제도를 운용하는 곳과, 규제를 최소화해 더 많은 표현의 자유의 보장을 통해 사회의 공론장에서 혐오 표현의 피해가 축소될 수 있다고 전제하는 곳이 있다.

그러나 평등과 자유는 상호 제약적인 것만이 아니라 상호 보완적 성격이 있다. 차별받지 않을 권리가 보장되어야 소수자 집단 역시 '말할 권리'가 생기고, 그 과정에서 더 많은 토론을 통해 사회에서 혐오 표현의 문제가 자정될 수 있다. 특히 한국 사회는 차별받지 않을 권리에 대한 인식이 거의 존재하지 않고, 사실상 소수자 집단의 경우 '다르니까 차별받는 것이 당연하다'라는 인식이 압도적이어서 무게추에 균형이 없는 상황임을 고려해야 한다. 또한 표현의 자유를 증진한다는 것은 표현의 자유가 우호적으로 실현될 수 있는 환경을 만들어야 한다는 것이지, 침해할 수 있는 권리, 차별할 수 있는 권리, 증오를 선동할 수 있는 권리는 표현의 자유 영역에서 제한 없이 보호받을 수 있는 권리가 아니다. '내가 말하고 싶은 대로 말할 권리'가 '타인에게 범죄가 되는 경우'라면, 범죄를 저지를 자유가 보호되는 것은 아닌 것이다.

유형화에 따른 대응: 다양한 차원의 규제 및 토론

이 같은 문제들을 고려해 혐오 표현을 제약하기 위해 각국에서는 '침해의 정도'와 '양태'에 따라 제도와 규제의 정도와 방법을 다양하게 유지·운용한다. 이와 같은 접근이 한국에서도 타당할 것으로 본다.

'증오 선동'에 관한 경우는 형사적 규제가 필요하다. '모욕'에 해당하는 경우와 '차별적 괴롭힘'의 경우는 소수자 집단에 소속되었다는 정체성으로 인해 차별적 성격을 갖는 형태의 혐오 표현이었다면 형사 규제 또는 손해배상과 같은 민사적 규제가 가능하다. '편견 조장'의 경우 형사적 제약은 신중해야 한다. 자율적 방법을 통해 공론장에서 혐오 표현의 자발적 도태, 교육을 통한 혐오 표현의 자율적 금지 등을 가능하게 할 수 있다.

어떤 다양한 방법이 가능할까? 혐오 발언은 전부 다 처벌받아야 할까? 그렇게 하는 것이 타당한가? 그렇지 않다. 오히려 혐오 표현에 대한 규제나 반차별 운동에 대한 반감의 원인은 혐오 표현 규제 방법의 다양성에 익숙하지 않고 그것을 오해하기 때문이기도 하다. 형사적 규제 외에 혐오 표현을 제약하기 위한 다양한 방법이 존재한다. 우선 혐오 표현을 총괄 규제하기 위한 입법과 국가 정책이 필요하다. 한국의 맥락에서는 혐오 표현의 금지를 위해서도 차별금지법의 입법이 필요하다. 현재 차별금지법이 입법되지 못하고 표류하고 있지만, 사실 차별금지법은 이미 국가인권위원회법과 기타 국내법에 입법화된 '차별'의 정의를 보다 명확히 하고 일반법 형태로 총괄 규정하고 소수자 집단에 대한 차별을 금지하자는 것이다.

그런데 이에 대해 일부 교회와 단체에서 오해를 갖고 있다. 차별금지법으로 소수자 집단에 대한 차별을 금지하면 모든 표현의 자유가 형사처벌로 제약된다는 것이다. 결코 그렇지 않다. 차별금지법은 반차별운동의 맥락에서도 이해될 수 있지만 한편 혐오 표현을 금지하는 맥락에서도 이해될 수 있다. 앞에서 언급한 것처럼 혐오 표현의 양태와 내용에 따라 다양한 규제가 가능하고 실제로 나라마다 다르게 운용되고 있기 때문이다. 더욱이 소수자 집단에 대한 표현도 어떤 맥락에서 나타난 것인지까지 다양하게 살핀다. 예컨대 종교단체가 전파하는 교리의 내용이 혐오 표현의 형태로 등장할 때는 그것이 같은 종교 신자의 예배나 모임에서 이루어진 경우—이것이 과연 바람직한지에 대해 다양한 생각이 존재할 수 있겠으나—종교의 자유 영역에 해당한다고 판단해 직접적 규제가 불가능하다. 그러나 같은 종교인들의 모임이 아닌 공공장소에서, 즉 사회 공론장에서 구체적인 피해자가 존재하는 형태로 '증오 선동'이 등장할 경우에는 그와 같은 보호를 받을 수 없다. 이는 오히려 중세 시대가 아닌 세속적 공론장에서 그 일원으로 등장하는 교회의 위치와, 신앙은 교회 밖 타인에게 전하고 설명되어야 하는 것이지 강제할 것이 아니라는 본질적 성격에 대한 숙고가 필요한 부분이다. 한국 교회는 '차별금지를 금지하라' 혹은 '차별할 자유를 달라' '소수자 집단은 차별받아도 되지만 우리의 종교의 자유는 제한받으면 안 된다' 등의 형태로 공론장에 등장해야 하는 것인가.

정부는 정책적으로 혐오 표현의 양태와 수위에 따라 '혐오 표현은 옳지 않다'는 명확한 메시지를 전달해야 한다. 혐오 표현의 독특한 성격은 바로 확산의 신속성이다. 정치적으로 올바른 메시지보다 특정 소수자 집단을 비하하고 혐오하는 메시지가 그 자체의 자극성으로 인해 훨씬 신속하게 퍼진다. 정책 결정권자의 명확한 메시지는 혐오 표현의 신속한 확산을 방지한다. 제주도 피난 예멘 국적 난민들의 경우를 생각해 보자. 정부가 초반에 국민들이 그 '낯섦'에 어떻게 대응해야 할지 몰라 당황하고 있을 때 '보호 필요성이 명확한 예멘 난민들에 대해 엉뚱한 다른 집단의 경우를 들어 엄정한 난민 심사를 하겠다'라는 목소리가 아니라, '난민들은 보호가 필요한 대상이고, 난민에 대한 근거 없는 혐오는 옳지 않다'라는 메시지를 밝혔다면, 작년과 같은 사회적 혼란은 발생하지 않았을 것이다.

제도권 내 교육과 다양한 차원의 공공교육도 중요하다. 다양성을 존중하는 언론 정책과 관련 가이드라인의 자율적 제정도 필요하다. 특히 온라인의 네트워크를 통한 혐오 표현의 문제가 과거와 다른 형태로 부각하고 있다. 소셜네트워크서비스를 운용하는 다양한 회사들, 예컨대 온라인 매체 속에서 인종, 종교, 성적 지향과 관련된 혐오 표현의 확산 속도는 오프라인과 비교할 수 없이 빨라졌다. 따라서 페이스북이나 유튜브와 같은 회사들은 자율적으로 혐오 표현 규제에 관한 가이드라인과 페이크 뉴스를 걸러 낼 수 있는 시스템을 만들어 혐오 표현의 피해가 확산되지 않도록 노력을 기울이고 있다. 인터넷상에 구축된 공론장에서 이와 같은 혐오 표현의 유통을 방치하는 책임으로부터 자유로울 수 없기 때문이다.

특히 표현의 자유 증진의 관점을 함께 고려할 때, 다양한 사회 구성단위들의 자율적인 노력은 더할 나위 없이 중요하다. 정부의 반차별 정책, 소수자 집단에 대한 혐오 표현은 나쁘다는 선명하고 신속한 입장의 공유를 넘어서는 주도적인 사안별 개입은 사회의 다층성을 고려할 때 바람직하지 않을 뿐 아니라 역효과를 불러일으킬 수 있다. 따라서 학교와 언론 및 다양한 영역에서 '혐오 표현을 어떻게 규제할 것인가'에 대한 더 많은 대화가 필요하다. 이를 통해 혐오 표현의 문제를 스스로 인식하고 자율적 가이드라인을 마련해 나가는 형태가 보다 바람직하다. 한국 교회의 '혐오 표현'에 대한 반응 혹은 '차별금지법'에 대한 더 나은 반응은 교회 내에서 더 많은 대화와 논의 과정을 거치는 것, 그래서 그 과정에서 혐오 표현의 문제와 해악, 관련된 성경적 관점을 인식하고 배워 가는 것, 그로 인해 자발적 가이드라인을 수립해 가는 것이라고 생각한다.

혐오 표현의 정의 및 해악에 관한 논의는 시작되어야 한다

혐오 표현에 대한 논의들이 혹시 불편한가? 한국 사회는 이제 '차별'이 무엇인가를 배워 가기 시작했다. '차별'의 문제를 인식하려면 '다양성'을 인지해야 하는데, 한국 사회는 매우 강력한 '단일성'의 이데올로기가 지배하고 '다른 것은 나쁜 것'으로 이해하는 경우가 많다. 오랫동안 차별당한 사람의 피해와 고통이 목소리로 발현되기 시작해 가는 과정 속에서 반발도 생기고 논쟁도 생긴다. 여성 혐오의 문제에 대해 이야기하자 남성이 차별받아 온 것에 대해서도 알아야 한다는 목소리가 생긴다. 난민 혐오의 문제에 대해 이야기하자 국민이 역차별받는다는 목소리가 생긴다. 사실 동등한 차원에서 역차별을 논의할 수 있는 것은 아니지만, 그러나 논쟁이 시작되는 과정은 의미 있다.

'모두 다 혐오라는 딱지를 과도하게 붙이는 것 아니냐'는 목소리도 있다. 물론 다양한 층위의 부정적 표현에 대해 '혐오'라는 광범위한 용어가 사용될 경우 차별적 언사들의 내용 및 강도에 따른 다양한 논의가 사장될 수 있는

가능성이 없는 것은 아니다. 하지만 한국 사회가 지금 통과하고 있는 시점은 아직 '혐오'라는 단어의 오용을 그와 같이 경계하기 전에, 혐오 표현이 일반적인 생각보다 훨씬 광범위하고 일반적인 생각보다 그 해악이 매우 심각하다는 사실을 먼저 숙고해야 한다. 그럼으로써 혐오 표현을 발화하지 않기 위해 주의를 기울여야 한다. 이와 같은 대화 과정 자체가 혐오 표현 규제를 위한 과정으로만이 아니라 독자적인 가치와 의미가 있는 것이다.

지금 이런 상황에서 한국 교회도 이야기를 시작해야 한다. '들리지 않았던 목소리'에 대해 귀를 기울여 듣고 어떤 문제였는지를 알아야 한다. 차별받아 온 당사자의 목소리를 듣지 않고, 이해해 보려 하지 않고 차별할 자유를 주장할 수는 없다. 강도를 만나 길에 버려진 사람의 이야기를 들어 보지 않고 돕지 않고 책임으로부터 피할 자유를 주장할 수 없다. 오히려 교회가 해야 할 일은 '가해하는 편'이 아니라 '피해를 입은 편'의 목소리를 듣고 이해하는 것이 되어야 한다. 정교한 논의와 고민은 대화를 시작하지 않으면 아예 시작될 수 없다.

'이민자나 난민은 이미 존재하는 사회의 불안을 대리한다'라는 말이 있다. 실제로 '타자' 때문에 그 사회의 문제가 발생한 것은 아닌데, 이미 있었던 사회의 문제들이 타자에게 투영되는 사고 구조가 존재하고, 이에 그 타자를 배척하는 것이 사회문제의 해결책처럼 제시된다는 것이다. 히틀러(Adolf Hitler)의 '강한 독일의 향수'를 추종한 과거 독일 사회에서의 유대인이 그렇고, 일본에서의 재일조선인이 그렇고, 트럼프가 군대를 동원해 막아야 한다는 캐러밴이 그렇고, 유럽의 우파 정치인들에게 있어 난민들이 그러하며, 지금 한국 사회의 난민 역시 그렇다. 여성에게 안전하지 않은 사회는 난민에게서 기인한 것인가, 원래 한국 사회의 문제인가. 복지제도의 미흡과 청년실업율의 증가는 노동시장을 잠식한 난민에게서 기인한 것인가, 아니면 한국 사회의 문제인가.

이 명제는 교회에도 적용된다. 약간 바꾸어 말하면 이렇다. '소수자 집단은 이미 존재하는 한국 교회의 불안을 대리한다.' 과거 예수 그리스도에 대한 올곧은 충성, 성령 충만함과 사회선교의 열정이 없어진 것, 이것은 과연 한국 교회의 문제인가, 아니면 한국 사회를 언제라도 무슬림화할 전사처럼 묘사되는 난민들 때문인가. 또는 존재 자체가 사회 질서를 해칠 것처럼 묘사되는 성소수자 때문인가. 한국 교회에 존재해 온 불안을 죄 없는 타자에게 돌을 던지는 방식으로는 해결할 수는 없다. 게다가 이와 같은 부당한 방법에 주님께서 가장 슬퍼하실 것이라는 사실은 자명하다. 소수자 집단에 대한 혐오 표현은 한국 교회가 택할 교회 갱신의 방법도 아니고, 사회 선교의 방식도 아니다. 단지 가해에 동참하는 것일 뿐이다.

06
우리는 왜 이슬람을 혐오할까

김동문(목사)

© Mahmoud Abu Salama

들어가며

'우리는 왜 이슬람을 혐오할까?' 이 주제를 다루며 여전히 마음이 가볍지 않다. 아니 불편하다. 제주도의 예멘 난민 이슈를 둘러싸고 거침없이 혐오를 표출하던 적지 않은 한국 교회 안팎의 목소리가 아직도 생생하다. 믿음 있다는 이들이, 선교한다는 이들이 모여 다른 누군가를 만나지 말아야 할 이유를 찾느라 열심을 내는 풍경은 아직도 내게 낯설다. 그 다른 누군가가 무슬림인 경우가 많다. 설령 악한 곳, 악한 자일지라도, 그럼에도 불구하고 우리가 어떻게 다가가 이웃으로, 복음의 사람으로 살아갈 것인가를 더 이상 고민하지 않는 것 같다.

오래전부터 '이슬람포비아'(Islamophobia)는 사회적인 이슈다. 자신은 이슬람을 혐오하지 않으며 무슬림을 사랑한다고 말하는 이에게서도 얼마든지 혐오감을 발견할 수 있다. 이슬람포비아는 이슬람에 대한 공포감과 무슬림에 대한 혐오감으로 드러난다. 이슬람이 특정 종교의 특별한 이들에게나 관심을 끌던 시절이 있었다. 그런데 이제는 너나 할 것 없이 이슬람을 말하고, 쫓겨난 한국의 대통령의 입에서조차 이슬람 관련 이야기가 자주 쏟아져 나왔다.

이 글은 한국 교회와 이슬람 선교계를 비롯한 선교계의 모순된 말과 행동의 안팎을 조망한다. 그 이유가 무엇인지, 이슬람에 대한 두려움의 근거는 무엇인지, 이슬람을 둘러싼 주장은 오해나 가짜뉴스가 아닌지, 국내에 들어온 무슬림 노동자와 무슬림 난민 등 무슬림 이주자는 누구인지, 교회와 그리스도인들은 이들을 어떻게 이해해야 하는지에 대해 다룰 것이다.

이 글은 심층적인 조사와 연구, 분석을 담은 글이 아니다. 깊이 있는 성찰이나 통찰이 담기지도 않았다. 그저 무슬림도 복음을 들을 권리가 있음을 믿고 일상을 살아가는 한 기독교인으로서 이슬람과 무슬림에 대한 한국 사회의 혐오 현상을 묵상한 글이다.

이 글을 쓰면서 내가 이전에 펴내거나 발표한 글들의 도움을 받았다. 2017년에 출간한 『우리는 왜 이슬람을 혐오할까?』와 IVF 학사회 소식지 「소리」에 실었던 내용도 재구성했다.

글쓰기는 구설수라는 사실을 자주 느낀다. 아마도 이 글을 읽는 어떤 이들의 반감과 반발, 반대가 있을 것 같다. 그럼에도 이 글을 쓰고 있다. 특정 집단이나 개인에 대해 근거 없고 과장된 생각에 바탕을 둔 배제와 혐오는 잘못된 것이기 때문이다. 그런 발언을 하는 이가 누구이든 그것은 잘못된 것이다.

우리만의 이슬람: 만들어진 이슬람, 허상 속의 무슬림

우리는 이슬람을 두려워하는가? 무슬림을 혐오하는가? 그렇다. 정도의 차이가 있을지는 모르지만, 이슬람과 무슬림이라는 단어 자체에 대해서조차 불쾌감 또는 그 이상의 감정을 드러내는 경우가 많다. 우리가 공유하는 이슬람에 대한 두려움의 근거는 무엇일까? 우리가 말하는 이슬람, 그리고 무슬림은 실체가 있는 것일까? 아니, 이슬람이 분명 존재하고 무슬림이 우리 가까이에 멀리에 이렇게 많이 존재하는데 실체가 있느냐 없느냐를 왜 묻는지 반문할 것이다.

우리가 생각하는 그대로의 이슬람은 실재하는가? 우리가 말하는 무슬림은 근거가 있는가? 나는 이렇게 묻는 것이다. 사실에 근거하지 않은 이슬람과 무슬림을 둘러싼 이야기가 적지 않은 현실이기 때문이다. 무슨 근거로 이같이 단정을 짓는지 아주 기본적인 질문을 제기한다.

이슬람 전문가가 말하는 이슬람?

우리는 이슬람, 무슬림을 알고 있는가? 알고자 하는 마음은 있는 것일까? 혹시 기독교 전문가라는 호칭 또는 수식어를 본 적 있는가? 사용해 본 적 있는가? 아니면 한국 전문가라는 표현은 어떤가? 아니면 아시아 전문가? 유럽 전문가? 미국 전문가? 이런 것들은 우리가 잘 사용하지 않는, 사용할 수도 없는 아주 거대한 표현이다. 그런데 자칭 타칭 이슬람 전문가라는 존재가 있고, 자신을 그렇게 소개하는 이도 적지 않다. 언론에서도 그런 표현을 스스럼없이 사용한다. 이 이상한 표현이 아무렇지 않게 사용되는 현실만큼 이슬람과 무슬림, 이슬람 사회에 대한 우리의 얄팍한 이해를 보여 주는 것은 없을 것 같다.

이슬람 사회는 단순하지 않다. 그야말로 무슬림이 다수인 국가는 물론 무슬림이 존재하는 지역과 국가를 거론하면 전 세계가 여기에 들어간다. 또한 무슬림으로 취급되거나 스스로 무슬림이라 말하는 이들의 인종과 국적, 계층, 계급, 취향, 정치적 입장 등은 중첩되는 부분보다 다른 부분이 훨씬 많다. 게다가 무슬림 인구가 17억 또는 18억이 된다고 말하지 않는가.

그 다양한 이들을 단순하게 규정짓는 것이 가능할까? 전 세계 기독교인들은 이렇다, 한국 기독교인들은 저렇다, 이런 식으로 규정하는 것이 불가능하다면, 무슬림 역시 이러이러하다고 단순하게 단정 지을 수 있는 어떤 근거도 가능성도 없는 것이다. 그런데도 한국 교회에서는 이것이 이슬람이고 무슬림이라고 간단명료하게 규정하는 말과 글, 책을 어렵지 않게 찾아볼 수 있다.

이런 명확함(?)이야말로 한국 교회 안팎의 이슬람, 무슬림, 이슬람 사회를 둘러싼 지식 생태계가 건강하지 않음을 보여 주는 단초가 아닌가 싶다. '한반도에 살던 주민들의 생활은 어땠을까?'라는 질문을 받는다면, 어떻게 반응할까? 언제, 어느 지역, 어떤 도시, 어떤 사람을 기준으로 말해야 하는 것인지를 되물을 것이다. 기독교도에 대해서도 마찬가지다. 질문이 구체적이어야 그나마 바람직한 사실을 담아 낼 수 있다. 그런데 이슬람에 관해서는 이런 질문이 나오지 않는다. 1400년 전 이슬람과 1000년 전 이슬람이 다르다. 같은 시대라고 해도 지역에 따라 계층이나 정치적 입장에 따라 결코 동일하지 않다.

그러므로 '1500년 전 이집트 카이로의 중상류층 무슬림 사회의 서구 기독교 세계를 바라보는 시선은 어떠하였는가?'라고 세부적인 질문이 나와야만 한다. 그런데 우리는 이슬람을 말하며 이런 시대 구분도 공간 확인도 하지 않는다. 이슬람 세계와 그 역사를 바라보는 우리의 안목이 부재하거나 결핍되어 있음을 드러내는 단면이다.

무슬림은 단순하지 않다

무지와 편견, 짧은 안목에 바탕을 둔 이슬람 담론이나 무슬림 평론은 객관성을 갖기 어렵다. 게다가 지금도 많은 이들이 이런 말을 일상적으로 내뱉는다. 예를 들어, '트럼프 행정부의 중동 정책에 대해 이슬람권은 어떻게 반응하는가?' '이슬람 선교에 대한 전망은 어떤가?' '팔레스타인 분쟁이 이슬람 세계에 끼치는 향후 파급 효과를 어떻게 전망하는가?' '이슬람 선교에 미치는 영향은 어떻게 전망하는가?' 같은 질문 말이다. 우리는 더 이상 서구 사회를 종교를 중심으로 바라보지 않는다. '브렉시트가 유럽 사회에 끼칠 파급 효과는 어떠한가?'라는 질문에 대해서도 그 답이 간단명료할 수 없음을 알고 있다.

그러나 이슬람 세계를 바라보는 우리의 시선은 단순하기 그지없다. 다양할 수밖에 없는 무슬림 당사자들의 반응을 한두 문장으로 표현하거나 그렇게 표현할 수 있다고 생각하기 때문이다. 이슬람 세계를 단일한 체제로 바라보는 이 엄청난 시대착오적 확신은 고통스런 현실이다. 인구 17-18억이 된다는 무슬림을 동일체로 생각하는 편견은 그야말로 공상 그 자체다.

'무슬림은 전 세계를 이슬람화하기 위해 세계로 뻗어 나가는 이주 정책을 구사하고 있다'는 식의 어떤 주장을 떠올려 보자. 정말 이슬람 세계는 단일한 지휘 체제 아래 통제되고 있는 것일까? 무슬림은 일사불란하게 움직이는 종교적 존재 그 자체일까? 이슬람 세계에는 로마 가톨릭의 단일 체제 비슷한 것도 없음은 물론 교황 같은 존재도 없다. 이슬람 세계의 모든 것을 총괄하는 정치 조직도 당연히 없다. 이슬람협력기구(OIC, Organization of Islamic Cooperation) 같은 조직을 떠올리지만, 이 또한 이슬람 세계를 이슬람으로 지배하는 체제가 아니다. 수니파 종주국 사우디아라비아가 전 세계 이슬람의 중심일까? 모든 이슬람 국가가 사우디 왕실의 지배를 받고 있을까? 아니다.

수니파 국가로 알려진 국가 간에도 전쟁과 분쟁은 발생한다. 오늘의 우리 편이 내일은 적이 되어 무력 충돌을 일으키는 것이 어제 오늘 일이 아니다. 예멘, 시리아, 리비아, 이라크의 상황을 두고 벌어지는 아랍 이슬람 국가 사이의 세력 다툼도 일상 풍경이다. 카타르를 고립시키는 사우디아라비아와 협력하고 있는 쿠웨이트나 아랍에미레이트 등 주변 국가들의 행동도 걸프 연안 국가의 협력이 말뿐인 것을 보여 준다. 같은 나라, 같은 종파, 같은 정파에도 유형무형의 다툼과 갈등이 존재한다.

그러면 무슬림은 국적·인종·성별·정파·계층·계급을 넘어서서 하나일까? 당연히 아니다. 그 안에도 차별과 배제와 혐오가 엄연히 존재한다. 한국인이 하나가 아니듯, 한국 교회를 한 문장으로 표현할 수 없듯, 무슬림도 한 문장으로 표현할 수 없는 존재라는 당연한 사실을 여전히 설득해야 하는 현실이 답답하기만 하다. 이슬람을 특별한 종교, 무슬림을 특수한 존재로 바라보는 한국 교회 안팎의 두텁고 높기만 한 무지와 편견, 고정관념 때문이다.

이슬람포비아, 조장인가 실체인가

이슬람 사회에도 어두운 면이 있고 악한 일이 벌어진다. 무슬림 가운데도 이상한 놈, 나쁜 놈이 존재한다. 사악한 인간도 있다. 범죄 청정 지역도 물론 아니다. 그런데 그곳에도 우리와 다르지 않은 일상이 이어지고 있다. 그런데 이슬람 관련 담론의 다수가 이슬람에 대한 부정적인 이야기라는 데에 문제의식을 느낀다. 한국을 오가던 외국인 노동자 가운데 IS나 테러조직 지지자와 협력자가 있다는 이야기도 퍼진다. 밀리 미국 대통령의 입에서조차 쏟아져 나오는 무슬림 혐오 발언도 이제는 이상스럽지 않을 정도다. 한국 사회에서도 온라인 공간은 물론 현실 공간에서도 이슬람 이슈가 회자된다. 문제는 이슬람 혐오를 표출하면서 그것이 혐오 발언이라는 것조차 인지하지 못하는 이들이 대다수라는 것이다.

이슬람포비아에 바탕을 두거나 결과적으로 이런 경향을 갖도록 자극하는 이슬람에 얽힌 괴담들은 지속적으로 SNS와 일상 공간에서 만들어지고, 가공되고, 공유되고, 확산되고 있다.

무슬림에 대한 혐오감을 드러내는 집단행동이 한국 교회 안팎에서 빚어지고 있다. 인종주의, 반(反)다문화주의가 번져 간다. 무슬림에 대한 배제와 차별의 목소리가 커지고 있다. 외형적으로는 할랄 식품 단지 반대나 이슬람 테러주의 반대 등을 명분으로 삼기도 한다. 이들 중 다수는 이슬람의 악한 속성을 비판하지만 무슬림은 사랑한다고 억지를 부린다. 무슬림은 잠재적 테러리스트라고 주장하면서 무슬림을 사랑한다고 억지를 부리기도 한다. 이들은 왜 무슬림을 미워하거나 배제하는가? 왜 이슬람을 반대하는가? 그 목소리들은 이렇다.

수년 전 미로슬라브 볼프의 『알라』(Allah, IVP)가 출간되고 또 다른 논쟁이 벌어졌다. 이슬람의 신과 기독교의 신이 같으냐 다르냐는 논쟁은 물론 이상스럽게도 누가 이슬람포비아인가에 대한 번외 논쟁도 치열하게 벌어졌다. 이런 논쟁은 종종 천박한 수준을 드러내기도 한다. 책의 내용이나 저자의 진술과는 별개로 거의 창작 수준의 비평들이 난무하기 때문이다. 특정 단어에 대한 극도의 혐오와 거부감이 자리 잡고 있음을 보여 주는 현상이다.

그 단적인 예를 조금만 살펴보자. 모든 가짜뉴스에 대한 분석을 담는 것은 그야말로 지치는 일이다. 물론 나는 가짜뉴스 분별에 대한 아이디어를 담아 『우리는 왜 이슬람을 혐오할까?』라는 책을 펴내기도 했다.

"무슬림은 잠재적인 테러리스트이기 때문이다. IS의 경우에서 볼 수 있듯이, 무슬림이 코란에 정통하면, 극단주의자가 되고 '알카에다'나 IS가 될 수 있다. 코란은 폭력을 조장하는 책이기 때문이다. 그리고 무슬림이 개인으로는 좋은 사람일지라도 그 수가 많아지면, 폭력적이 될 수밖에 없다. 그것은 역사가 증명하고 있다. 이것은 무슬림의 단계별 이슬람화 전략에도 드러난 사실이기 때문이다. 유럽이 이슬람화된 것이 그 증거이다. 할랄은 이슬람 율법인 샤리아가 들어오는 길이다. 이슬람 샤리아가 들어오면 한국 교회, 한국은 무너진다."

이런 주장을 하는 이들도 많고 이렇게 믿고 있는 이들도 적지 않다. 이런 태도를 가진 기사를 전달하는 기독교 매체와 온라인 블로그나 카페 글, 페이스북 글, 유튜브 영상도 많다. 그런데 이런 주장 가운데 상당수는 그 주장의 근거가 부적절하거나 악의적인 것들이다. 그 배제와 차별, 혐오가 근거가 없거나 허위 사실에 바탕을 둔 것이다. 이슬람과 무슬림에 대해 괴담에 가까운 과장된 주장 또는 허위 사실이 지속적으로 번지고 있다. 이슬람에 얽힌 이야기들 중 최근에 돌았던 몇 가지를 추려 본다.

이마트 노브랜드와 IS 테러 자금설, 익산 할랄 단지 조성설, 인천 검단 스마트시티와 이슬람화 전략설, 이슬람화 8단계 전략설, 용인·연천·송도에 세워진다는 이슬람 대학설, 무슬림 불법 체류자 생활수칙 5계명설, 촛불집회와 이슬람 배후설, 결혼전략설, 무슬림 이민자의 성폭력 근원설, 유럽이 이슬람화하고 있다는 설, 유럽 교회가 이슬람 사원으로 점령되었다는 설 등 주제도 다양하다. 여기에 무슬림 여성 처형 사진 등까지 가미해 다양한 방식으로 이슬람을 혐오하는 주장이 펼쳐진다.

오늘 슬프게도 이 끔찍한 소식을 지금 막 확인했습니다. 당신은 뉴스에서 그것을 뒷받침할 수 있습니다. 무슨 슬픔인가! 내일 오후 아프간 이슬람교도들에 의해 사형을 선고받은 기독교 선교사 229명을 위해 기도해 주십시오. 많은 사람들이 기도할 수 있도록 가능한 한 빨리 이 메시지를 전달해 주십시오. 이 메시지는 아프리카에 있는 치와와 출신의 선교사인 유디스 카모나(Judith Carmona)가 보냈습니다. (카톡 정보 중)

지금도 돌아다니는 이 기도 제목은 가짜다. 2016년 2월에 한국어 버전으로는 처음 돌기 시작한 것으로 보이는데, 이런 일은 실제로 벌어진 적도 없다. 초기 버전에는 처형 위기에 처한 선교사 수가 22명이었는데 이제는 229명으로 언급된 버전이 같이 돌고 있다.

또 '코란에서 가르치는 이슬람의 13교리'라는 내용의 글이 꾸준히 돌고 있다. 정말 코란에 그런 교리가 담겨 있을까? 아니다. 그 주장을 짚어 보자. 이들은 '사춘기도 시작하지 않은 여자 아이를 강간하고 결혼, 그리고 이혼을 해도 된다'며 그 근거 본문으로 코란 65:4를 제시한다. 과연 코란 본문에 이 같은 주장을 입증하는 근거가 담겨 있을까?

생리 기간이 끝나 버린 여성이라도 너희가 의심할 경우는, 그녀들을 위해 정해진 기간은 석 달이며, 생리에 이르지 아니한 여성도 마찬가지라. 또한 임신한 여성의 기간은 출산할 때까지로, 알라를 두려워한 자 알라는 그의 일을 편하게 하여 주시니라. (코란 65:4)

이 코란 본문은 이혼 또는 재결합을 위해 이혼한 여성이 지켜야 하는 유예기간을 언급하고 있을 뿐이다. 다시 말해 여인의 임신 상태를 확인하기 위한 기간을 뜻한다. 그런데 이 본문을 사춘기가 시작되지 않은 여자 아이를 강간하라는 주장의 근거로 삼는 것이다. 언뜻 보아도 코란 본문과 가짜뉴스의 주장은 전혀 연관성이 없다.

할랄 식품 단지를 둘러싼 논쟁으로 인해 정부를 대상으로 다양한 차원의 반대 운동이 펼쳐졌다. 그런데 그 반대하는 명분이 근거가 부족하거나 억측에 바탕을 두었다는 사실이 천박한 한국 교회의 민낯을 보여 주었다. 심지어 그것이 '최순실 국정 농단 사건'에서 차은택 프로젝트로 구상되었던 것으로 드러나기도 했다.

엉뚱한 '할랄' 사업, 차은택 머리에서 나왔다.
박근혜 정부에서는 '할랄' 시장을 겨냥한 사업을 많이 벌였다. 국정 농단의 한 축인 차은택 씨의 아이디어를 실행한 것으로 보이는데 예산 낭비가 많았다. 할랄 인증이 필요 없는 수산물에도 8억 7000만 원을 집행했다. (「시사인」 2017년 1월 20일)

무슬림, 한국 이슬람화를 위한 침투 중?

정말 무슬림은 한국을 이슬람화하기 위해 한국에 침투하고 있는가? 국내에 들어온 외국인 무슬림 노동자, 무슬림 난민 등 무슬림 이주자는 누구인가?

2005년에는 한국인 이슬람 인구가 약 4만 명이 되었을 때, 한국 이슬람 전파 50주년 기념 대회가 있었던 서울의 롯데호텔에서, 2020년까지 대한민국을 이슬람화하겠다고 선언했다. 그후 한국이슬람중앙회(Korea Muslim Federation)가 발행한 "한국 이슬람 50년 자료집"(Da'wah Plans in the Future, 2005년 11월)에 보면, 이슬람이 한국을 이슬람화하기 위한 6가지 전략이 실려 있다. (「기독신문」 2017년 8월 1일)

그러나 상대적으로 무슬림이 많은 나라들인 이른바 이슬람협력기구(OIC)

출신 외국인은 국내 거주 전체 외국인 증가 추이보다 더 낮은 증가 추이를 보인다. 이른바 무슬림이 많은 나라 출신 이주자의 증가세는 전체 외국인 증가 추이의 2/3 수준이다. 2020년까지 한국을 이슬람화하려는 전략이 있다고 주장해 온 이들에게 내년 2020년은 어떤 의미로 다가올까? 그들은 아직까지도 2020년까지 한국을 이슬람화하고자 애쓰는 단체, 기구, 조직, 본부가 누구인지 어디에 있는지 밝히지 못하고 있다. 없었던 것일까? 너무 은밀해서 정체를 파악할 수 없는 것일까?

제주 예멘 난민 이슈가 떠올랐을 때도 이들이 한국을 이슬람화하기 위해 전략적으로 한국에 침투했다는 주장이 번졌다. 비밀스런 어떤 이슬람화 조직이 예멘 사람들을 난민으로 위장시켜 제주도로 침투시키고, 난민 지위를 갖게 해 한국에 정착하여 결혼, 이주, 노동자 신분 위장 등 다양한 방법으로 한국을 이슬람화하도록 지령을 내렸다고 생각한 것일까?

난민은 난민일 뿐이다. 결혼 이주 여성이나 외국인 노동자로 입국한 이슬람 국가 출신 노동자들 절대 다수는 돈을 벌기 위해, 가족의 더 나은 삶을 위해 한국 땅을 밟았다. 물론 종교적 열망을 갖고 한국에 들어온 이들도 있을 것이다. 그러나 그들 절대 다수가 종교적 목적을 품었다고 규정짓는 것은 사실 왜곡일 뿐이다.

온라인 커뮤니티뿐만 아니라 청와대 청원 게시판에도 "난민이 집단 성폭행을 모의했다"거나 "이슬람에선 여자아이를 강간해도 된다" 등의 괴담이 퍼지고 있다. 이 같은 가짜뉴스는 온라인 기사에 달린 댓글에서도 볼 수 있다. (「시사저널」 2018년 7월 5일)

이슬람은 테러의 종교이다. 무슬림은 여성 성폭행을 하는 자들이다. 이슬람이 들어오면 우리나라도 유럽처럼 이슬람화 된다. 여성이 성노예가 된다.

이슬람법이 한국을 지배한다. 이런 식의 주장이 꼬리를 물기도 했다.

중동에서 오랫동안 사역했다는 한 개신교 선교사는 7월 9일 기고를 통해 "이슬람은 공존의 종교가 아니며 지배와 통제의 종교이며 배타적 종교이고 집단적 게토를 만드는 종교"라고 강하게 비판했다. 이어 "무슬림이 들어오면 이슬람이 들어오는 것은 분명한 사실"이라며 "이슬람은 절대로 자신의 것을 포기하지 않고 개혁과 변화를 추구하지도 않는다. 무슬림의 대부분인 온건주의 무슬림도 이슬람을 실천하면 할수록 본질적 속성을 쫓아가게 돼 있으므로 이슬람의 한국 진출은 막아야 한다"고 강조했다. (「시사저널」 2018년 7월 13일)

그러나 이 같은 주장 또한 앞서 짧게 살펴본 것처럼 일반화의 오류를 저지른 억측이거나 근거 없는 조작된 주장이다. 이보다 더 주의해야 할 부분은 수치를 부풀리거나 그 해석을 뒤트는 방식으로 이슬람에 대한 거부감을 자극하는 것이다.

이어 유 선교사는 "2018년 통계청이 발표한 합법적인 무슬림 인구 약 18만 7453명, 한국인 무슬림 약 7만 1000명, 코슬림 4000명을 합하면 약 26만 2453명의 무슬림이 국내에 거주한다"며 "여기에 불법 체류자 무슬림을 합산하면 한국 무슬림은 약 30만 명으로 추산한다"고 밝혔다. 그는 "이렇듯 다문화 사회로 변모하는 한국에서 이슬람 인구는 계속 증가할 것"이라며 "한국 교회 선교와 이슬람 선교에 대한 구체적인 대안을 세워야 한다"고 강조했다. (「크리스천투데이」 2019년 5월 24일)

그러나 이 주장에 담겨 있는 26만 2453명이라는 수치는 왜곡되었다. 위 기사 속 발언자는 2018년 통계청 자료를 언급하는데, 통계청은 종교 인구의 통계를 내지 않는다. 또한 이 글에 나오는 무슬림 인구 추정치는 조정현 박사(성공회대학교 이슬람문화연구소)가 그의 박사 논문 "한국 개신교 선교단체의 이슬람관 연구"에서 직접 추산한 수치로, 불법 체류자(미등록 외국인) 등을 모두 반영한 수치이다. 이런 식으로 정보 출처와 그 내용이 제대로 활용되지 않는 경우가 많다.

우리는 왜 이슬람을 혐오할까

이처럼 이슬람에 대한 두려움을 자극하고 무슬림에 대한 혐오를 조장하는 목소리에는 근거가 없거나 과장 또는 조작되었다고 판단되는 것이 많다. 어떤 주장에 대해 제대로 된 평가나 판단 없이 마구 퍼 나르면서 혐오가 뭔지 모르면서 혐오를 내뿜고 있는 것은 아닐까?

그냥 싫은 것 아닐까

2년 전 겨울 이 단락의 제목과 동일한 책을 펴냈다. 그런데 책의 내용과 관련 없이 '우리는 왜 이슬람을 혐오할까?'라는 제목은 이슬람을 혐오하지 말라는 메시지를 담고 있는 것 아니냐며, 이슬람은 악한 종교인데 이슬람을 비판하기는커녕 옹호하는 듯한 인상을 안겨 주는 책 제목을 수용할 수 없다던 한 이슬람권 사역자의 떨리던 입술을 떠올린다. '우리는 왜 무슬림을 혐오할까?'라고 했다면 그것은 받아들일 수 있었다고 일갈하던 그 사역자의 눈빛을 떠올린다.

이슬람은 혐오할 만하고, 무슬림은 악하지만 그리스도의 사랑으로 사랑해야 한다는 논리를 확신하는 이들이 뜻밖에 많다. 이슬람은 혐오해야만 하는 종교이고, 무슬림이 코란을 제대로 배우면 이슬람 극단주의에 빠져 테러리즘에 물들게 된다거나 극단주의에 빠지지 않은 무슬림은 이슬람을 제대로 배우지 못한, 코란을 제대로 알지 못하는 가짜 무슬림이라는 주장을 하던 이가 떠오른다. 그런 이가 이슬람 초보 선교사가 아니라 나름 중량감 있는 선교사라는 것은 비밀도 아니다.

최근 한국 교회의 가장 큰 두려움과 혐오의 대상은 이슬람과 동성애인 것 같다. 아니, 한국 사회 전반에 반이슬람 정서, 반난민 정서, 반외국인 정서, 반이주자 정서가 깊게 자리 잡고 있는 듯하다. 그런데 이런 인종 혐오에 해당하는 거부감의 뿌리와 힘이 교회를 중심으로 번져 간다는 것, 그리고 선교한다는 이들을 통해 증폭된다는 것이 특이하기만 하다.

게다가 이슬람에 대해서는 그냥 이유 없이 싫은 단순히 인종 편견이나 혐오만 있는 것이 아니다. 성경적·신학적 이유를 내세우며 반대한다. 그들을 혐오하는 것이 신앙인의 자세이고 삶의 결단인 양 몰아간다. 이것이 당혹스런 지점이다. 정말 이슬람을 혐오하고 무슬림을 배제하는 것이 성경에 바탕을 둔 것일까? 이런 주장을 하는 이들은 성경을 제대로 읽고 확신하는 것일까? 아니면 누군가 주입해 준 것을 맹목적으로 믿고 반응하는 것 아닐까? 몇 년 전 모 선교단체에 소속된 것으로 추정되는 중국인 사역자가 이슬람권에서 목숨을 잃은 사건이 벌어졌다. 때 아니게 다시 그 사건의 배후에 공격적 선교 등으로 주목받는 한 단체의 이름이 등장했다.

「인민일보」는 이번 보도에서 중국인 리신헝 등 13명이 2016년 10월 H국 기독교 단체 인터콥에서 파키스탄으로 파견되어 카라치·퀘타 등에서 불법적인 선교를 벌이다가 종교적 충돌로 이어졌다고 했다. 이 사건에 대해서는 "InterCP가 국내 교인을 현혹해 파키스탄으로 보냈다가, 이들이 극단주의 무장 괴한에게 납치 살해된 것"이라고 썼다. (「뉴스앤조이」 2019년 4월 23일)

지금도 이슬람 지역 곳곳에서 다소 공격적이고 무례한 행동이 선교의 이름으로 펼쳐지고 있다. 이슬람 세계의 악한 영을 결박하고 그리스도의 날을 앞당기겠다는 투지도 여전하다. 이슬람의 견고한 진지를 깨뜨리고 무슬림의 영혼에 그리스도의 복음을 심겠다고 한다. 다른 한편에서는 한국에 무슬림이 들어오는 것을 최선을 다해 신앙적 결단으로 막아야 한다고 목소리를 높인다. 그런데 그런 목소리를 내는 이들이 이슬람권 선교사로 알려졌거나 그런 정체성을 내세우는 이들과 단체라는 점은 역설적이다.

이슬람 국가로 알려진 한 나라의 장기 선교사는 자기 교단 선교부의 후임 선교사에게 현지 무슬림 이웃을 집에 초대하지 말라고 조언했다. 무슬림을 집에 초대하면 위험해질 수 있다는 것이 그 이유였다. 전 국민의 90퍼센트가 넘는 수가 무슬림인 나라에서, 그것도 무슬림에게 복음을 전하겠다면서 그렇게 말하고 행동하는 것이다.

이런 태도와 반응을 보며 드는 생각이 있다. 이런 말과 행동은 두려움과 혐오 중 어느 것에 해당하는 것일까? 무슬림을 두려워하는 것일까, 혐오하는 것일까? 이슬람을 두려워하는 것일까, 혐오하는 것일까? 같은 듯 다른 느낌의 두 단어인 두려움과 혐오. 그러면서도 복음과 하나님 나라, 사랑, 포용을 외친다. 어느 목소리와 태도가 더 진짜 마음이 담긴 것일까? 무슬림도 복음을 들어야 한다는 것일까? 무슬림은 복음을 들으면 안 되는 존재라는 것일까? 이슬람권에서는 한국 기독교인의 선교 활동이 보장되어야 하고, 국내에는 무슬림이 들어와서는 안 된다거나 무슬림은 접촉하면 안 되는 배제의 대상이라는 이 잣대는 무엇에 근거한 것일까? 모순이다.

배제와 혐오, '복붙' 습관을 통해 번져 간다

얼마 전 한 선교지의 선교사 모임에서 이슬람을 둘러싼 주제로 이틀간 세미나를 진행한 적이 있다. 그 선교사 모임에서는 이미 이른바 이슬람권 사역자라는 선교사가 이틀간 세미나를 진행한 적이 있었다. 이슬람 종교는 악한 종교이고, 무슬림은 전 세계 이슬람화를 추구하는 존재로 규정짓는 수많은 내용이 그 강의에 담겨 있었다. 그 강의를 들은 이들은 아마도 강사로 온 이슬람권 선교사의 말에 공개적으로 이견을 제시하지는 않은 것 같다. 아마도 선교사가 전한 목소리가 한국 교회의 이미 주류가 된 목소리였기 때문일 것이다.

어떤 주장에 대해 질문하지 않는 것은 그 주장을 그대로 믿거나, 반박할 정보나 이해를 갖고 있지 않거나, 반박해도 별 의미가 없을 것이라 생각하고 포기한 것이거나 여러 사연이 깔려 있을 것이다. 그런데 아마도 선교사의 그 주장에 동조하기에 반문하지 않은 것으로 나는 생각한다. 그것은 이틀간의 세미나를 마치고 번외 프로그램으로 그 집회 장소에서 멀지 않은 곳에 자리한 이슬람 사원을 방문하면서 알 수 있었다. 40-60대의 나이에 이르도록 한 번도 무슬림을 직접 대면한 적 없는 선교사들, 이슬람 사원을 방문해 본 적이 한 번도 없었던 이들이 세미나 참석자였기 때문이다.

'왜 이슬람 사원을 방문해야 하는가? 마음이 힘들다'라는 말도 나왔다. 무슬림과 말도 섞어 본 적이 없고 무슬림의 중요한 활동 공간인 이슬람 사원을 방문하지도 않은 채 무슬림과 이슬람에 대한 혐오와 배제를 하나의 신념으로 갖고 있었다.

수년 전 한 나라에서 무슬림을 대상으로 선교하는 이들과 사흘간에 걸쳐 포럼을 가진 적이 있다. 그런데 그 포럼에 참석한 이들 가운데에도 이슬람 사원을 한 번도 방문한 적 없는 이들이 적지 않았다. 물론 이슬람 사원을 방문한 적이 없어도 무슬림을 대상으로 사역을 할 수는 있다. 그러나 이슬람 사원에 대한 기본적인 이해도 없는 이가 알고 있는 이슬람과 무슬림이 현실에 기반을 둔 것이라고 말하기는 쉽지 않을 것이다.

이 대목에서 이슬람권에서 사역하는 선교사라고 해도 그가 말하고 전달하는 정보가 검토된 것인지, 아니면 다른 누군가로부터 교육받았거나 온라인에서 퍼 온 것인지 질문을 시작해야 한다. 이슬람과 무슬림을 향한 배제와 혐오 가득한 주장은 선교지에서 선교사의 기도 편지를 통해, 긴급 기도 제목을 통해, 기도 게시판을 통해 폭넓고 신속하게 확산되곤 한다. 이슬람권 선교 현장에서 전해진 기도 편지에 가짜뉴스나 왜곡된 정보가 담기는 것은 온라인 검색을 통해 쉽게 얻은 정보를 사실 확인 없이 복사해서 붙이기 때문이다. 무늬만 현지에서 전해진 정보일 뿐 기도 편지 등에 담긴 내용은 국산인 것이다.

선교사나 목회자가 정보를 전달할 때 정보의 출처를 밝히는 훈련이 필요하다. 그래야만 그 정보를 접하는 후원자 또는 독자가 스스로 그 정보를 둘러싼 사실 확인에 다가설 수 있기 때문이다.

배제와 혐오, 이슬람 선교를 둘러싼 패배감 때문?

이슬람 혐오와 선교사의 패배감은 비례한다고 볼 수 있을까? 이슬람권 한국 선교사의 패배감과 이슬람포비아가 연관성을 갖고 있는 것은 아닐까? 이런 의구심이 든다. 적잖은 이슬람권에서 무슬림 선교를 한다는 이들 가운데 무슬림 이웃과 열린 마음으로 복음을 나눠 본 경험이 얼마나 있을까? 의외로 많지 않은 것 같다. 하나님께서 복음 전도의 문을 여시면 복음을 전하겠노라는 각오와 결단에 비해 실제로 그런 기회를 누리는 경우는 많지 않은 것 같다.

아무리 선교지 경험 연수가 많아져도 선교지의 열매를 기대하는 후원 교회나 후원자의 눈길에서 자유롭기는 힘들다. 이들 가운데 자신은 최선을 다했는데 이슬람 선교가 어려운 선교이고, 악한 영과 미혹의 영이 지배하는 이슬람 세계의 무슬림 영혼이 목이 곧은 백성인지라 복음이 잘 전해지지 않는다는 논리를 내세울 수 있다. 자신의 약함을 감추는 도구로 이슬람 선교의 어려움과 무슬림의 강퍅함을 강조하는 것이다. 결국 이슬람에 대한 공포감과 무슬림에 대한 혐오를 조장하게 된다.

이런 이들은 자주 이슬람권 선교를 잘못하면 잡혀 가거나 추방당하거나 안전에 위협을 받을 수 있다는 오래된 보안 수칙을 읊조리곤 한다. 이런 정도의 이야기는 이제 이슬람권에서 선교하거나 그런 선교사를 파송 또는 후원하는 이들은 물론 선교에 조금이라도 관심 있는 이들에게는 당연한 진실이 되었다.

교회 역사가이자 선교사인 데이비드 게리슨은 최근 「프리미어 크리스채너티」 6월호에 "그리스도께 돌아오는 무슬림은 전 세계적 현상"이란 글을 기고하고 "수많은 무슬림들이 그리스도를 믿고 있으며 지난 25년 동안 집중적으로 발생하고 있다"고 밝혔다. 또 "이는 기도 응답의 결과로 볼 수 있다"며 "2000년 이후 800만 명의 무슬림들이 기독교를 받아들인 것으로 추정한다"고 말했다.
(「국민일보」 2016년 6월 8일)

그러나 여러 측면에서 알려지고 있는 것처럼 무슬림 가운데 일어나는 대규모 회심의 이야기는 이슬람 선교에 대한 이런 굳건한 고정관념을 다시 생각하도록 자극한다. 그러나 상이한 두 정보 사이에서 충돌을 느끼는 후원자는 그리 많지 않은 것 같다. 이슬람 혐오를 강조하는 선교사의 입에서도 무슬림의 집단 회심 이야기가 아무렇지 않게 흘러나오고 있기 때문이다. 일종의 인지 부조화 현실인 듯하다.

교회와 기독교인은 무슬림을 어떻게 이해해야 할까

근거가 없거나 부족한 배제와 혐오 행위는 피해야 한다. 무슬림도 다른 비기독교인과 다르지 않은 존재로 받아들여야 한다. 그리고 이미 우리의 이웃이므로, 그 이웃과 함께 살아가야 한다. 여기에는 당위성이나 선교 전략을 앞세울 것이 아니다. 어떻게 이웃으로 삼아야 할지, 어떻게 포용할 수 있는지 등의 표현은 다소 거북하다. 그것은 이미 이웃으로 존재하는 현실을 우리가 임의로 부정하거나 거부할 수 없다는 사실과 그리고 포용을 말하는 순간, 우리 자신에 대한 우월감과 상대방에 대한 은근하거나 노골적인 무시 혹은 낮게 바라봄 등의 태도가 노출될 수 있기 때문이다.

이슬람포비아는 기독교인 관점에서는 물론 사회적으로도 지탄받아야 할 범죄다. 사람을 귀하게 창조하신 하나님의 창조질서를 파괴하는 행위이기 때문이다. 네 이웃에 대하여 거짓증거를 하지 말라는 말씀에 대한 불순종이기 때문이다. 특정 인종이나 종교인, 종교 그룹에 대해, 근거가 있다고 해도 그 그룹 전체를 매도하거나 일반화해 잠재적인 범죄인 취급하는 것은 범죄행위다.

그러면 우리는 어떻게 살 것인가? 어떻게 무슬림에 대한 혐오를 넘어 함께 살아갈 이웃으로 그들을 맞이할 것인가? 이를 위해 우리가 지불해야 할 값이 있다. 먼저 부정적 고정관념과 혐오에 맞서는 합리적 의심을 갖는 것이다. 의심을 제기하는 것이다. 질문하는 것이다. 이것은 용기다. 그리고 혐오의 정당성에 구체적으로 문제를 제기해야 한다. 누군가는 혐오의 대상에 대해 공정한 목소리를 내는 것만으로도 혐오의 대상으로 취급한다. 이것은 우리가 겪을 또 다른 위기다.

신앙은 질문하는 과정이다. 그러나 우리에게 익숙한 교회의 모습은 제자훈련을 주입식, 암기식, 지식과 정보를 전달하고 전달 받는 식으로 하는 경우가 많았다. 그러다 보니 스스로 자료를 마주해 평가하고 판단하고 질문하고 의미를 찾아 가는 학습에 서툰 경우가 많다. 또한 이미 다수가 당연한 것으로 받아들이는 것에 대해 의문을 제기하면 신앙 없는 사람, 경건하지 않은 자, 공동체를 무너뜨리는 위험한 인물로 취급받을 가능성이 컸다.

머리를 비워 두고 간, 쓸개 다 떼놓고 따라가야만 하는 집단으로서의 교회의 모습을 비판하는 목소리도 존재한다. 우리 사회는 지금 절대적인 명제로 받아들였던 사안에 대해서조차 질문하는 시대를 맞이했다. '팩트 체크'라는 용어는 이미 관용어가 되었다. 그럼에도 불구하고 한국 교회에 질문하는 신앙, 팩트 체크의 필요성을 절감하며 진실을 알고자 하는 열망이나 수고가 더 커지고 있는 상황은 아닌 것 같다. 오히려 질문을 막고 통제하는 목소리 또는 스스로 마음의 평안을 위해 질문 던지는 자와 거리를 두고 질문하지 않기로 결심하는 이들이 늘어 가는 것 같다. 아니면 교회 조직을 벗어나 다양한 정체성을 가진 이른바 '가나안 성도'로 자리 잡기도 한다. 교회 공간 안팎에서 대세를 거스르면서까지 분투하는 삶의 버거움 대신 쾌적함을 추구하는 반지성화의 경향이 강화되는 느낌이다. 그래서 섬세하게 질문이 제기되지도 않고 질문하는 문화가 번지지도 않는 것 같다.

　이 포용의 길에서 우리는 '배제'를 겪을 수 있을 것이다. 아니 배제와 혐오의 대상이 될 것이다. 그럼에도 불구하고 포용하자는 말을 포용하지 못하는 배제의 시대를 사는 것은 고통이다. 이 어려운 과정을 겪으며 우리는 혐오의 종교성에 직면하게 될 것이다. 이른바 단체 카톡방이나 대화방에서 가짜뉴스에 대해 질문을 던지거나 문제제기를 할 때 겪는 집단 따돌림이나 혐오의 목소리를 견디기란 쉽지 않다. 그래서 침묵을 강요당한다. 생존을 위해, 생계를 위해 스스로 침묵 또는 동조를 선택하기도 한다. 자칫 잘못하면 신앙이 없는 존재, 불순한 존재, 비기독교인, 무슬림, 친이슬람주의자 등 색깔론의 표적이 될 수 있기 때문이다.

　그러나 이보다 더 큰 난관이 여전히 남아 있다. 혐오를 내려놓고 포용하자는 목소리를 내는 것이다. 상식과 사실보다 자신의 신념이나 선입견을 숭배하는 일종의 근거 없는 자기 확신이라는 종교를 마주할 것이다. 무엇보다 교단에서, 노회에서, 선교사와 목회자가, 기독교 매체가 전방위로 무슬림을 향한 무차별적 혐오를 조장하고 자극하는 일관성 있는 목소리를 내고 있기에 이런 당연한 사실(?)에 대해 의심하는 것 자체가 불가능할지도 모른다. 이런 토양이 가짜뉴스, 그리고 오해와 편견에 바탕을 둔 배제와 혐오의 목소리가 여전히 교회를 지배하는 근거가 되는 듯하다. 무엇보다 어떤 정보에 대해 질문하지도 않고 그것을 신앙 행위로 받아들이는 행태는 대화의 여지를 차단한 모양새다. 어떤 점에서는 자신의 편견을 바꾼다는 것이 마치 타 종교인이 기독교로 개종을 하는 정도의 쉽지 않은 사건으로 보일 지경이다.

그럼에도 불구하고 우리는 배제가 아닌 포용의 길, 혐오가 아닌 사랑의 길을 가야 한다. 다름, 닮음, 틀림은 찾으면 찾을수록 더 많이 발견할 수 있다. 그럼에도 불구하고 모든 인격체는 소중한 존재임을 생각해야 한다. 상대의 약함이나 다름을 인정하지는 못해도 배려하고 존중하는 문화는 소중한 가치다. 그것이 무슬림을 향해 무한 발산하는 배제와 혐오를 넘어 다시 누려야 할 우리의 소중한 가치다.

닫는 말

이 글을 쓰면서 어느 곳에서 테러 사건이 발생할 때면 테러 가담자의 종교적 정체성에 민감하던 한 무슬림 이웃을 떠올렸다. '무슬림 테러리스트' '테러 종교 이슬람'에 대한 목소리가 높아지고, 불특정 무슬림을 향한 혐오를 정당화하는 분위기로 위축되곤 하던 이들이다. 이른바 무슬림과의 수많은 만남이 떠오른다. 그 가운데는 고통스럽고 힘들었던 불쾌감과 기억을 안겨 준 이들과의 만남도 있었다. 그들은 악한 자, 사악한 자, 추악한 자이기도 했다. 그러나 대부분의 무슬림 이웃은 그냥 이웃일 뿐이었다.

뜻하지 않은 자리에서 만난, 환대가 몸에 밴 이웃도 있었다. 일부 악한 자들로 인해 전체 무슬림을 악하다고 규정짓고 싶지 않다. 마치 기독교인(이라 말하는 이들) 가운데에도 별의 별 사람이 다 있는 것처럼, 무슬림(이라 말하는 이들)도 크게 다르지 않기 때문이다. 사람은 다 똑같고 사람 사는 곳도 별반 다르지 않음을 알기 때문이다.

  예수님의 하나님 나라 복음은 다른 종교에 대한 두려움이나 비기독교인에 대한 혐오가 아니다. 또한 우리가 할 수 있는 기도는 실재하는 두려움도 직면하게 하거나 물리치는 능력이다. 기도할수록 특정 대상에 대한 두려움과 혐오가 커지고 번져 가는 것은 이상하다. 그것이 성령의 역사이고 기도의 응답일 수 있을까?

  복음으로 새로워져야 한다. 무엇보다 다메섹 도상의 사울, 그리고 가이사랴의 고넬료와 그 식솔, 멀리 앗수르 제국의 수도 니느웨 백성의 하나님이기도 했던 그 하나님의 시선을 알았으면 좋겠다. 복음과 하나님의 마음으로 이슬람 세계와 무슬림을 마주하는 능력을 맛볼 수 있기를 바란다. 진리를 전함에 있어 가짜뉴스나 조작된 정보가 아니라 오직 이웃을 존중하는 행함과 진실함, 진리로 할 수 있으면 좋겠다.

07
동성애, 혐오를 넘어 편에 서기
한국 교회 동성애 혐오의 현실과 과제

송진순(이화여자대학교 강사, NCCK 신학위원)

- 이 글은 "2018 주요 사회 현안에 대한 개신교인 인식 조사"(한국기독교사회문제연구원 주최)에서 발표한 "한국 개신교의 동성애에 대한 인식과 현황"을 수정·확장했습니다.

새롭고 익숙한 혐오, 동성애

"내 한 목숨 죽어서 동성애 사이트가 유해 매체에서 삭제되고 소돔과 고모라 운운하는 가식적인 기독교인들에게 무언가 깨달음을 준다면 난 그것으로도 나 죽은 게 아깝지 않아요. 죽은 뒤엔 거리낌 없이 당당하게 말할 수 있겠죠. 'OOO은 동성애자다'라고요.…내가 믿는 하나님은 나를 받아 줄 것입니다."
(육우당의 유서 중)

2003년 4월 25일, 열아홉 살의 청소년 성소수자 활동가가 세상을 등졌다. 그의 옆에는 동성애를 배척하는 기독교와 동성애자를 차별하는 사회에 절망하며 쓴 여섯 장의 유서와 '동성애자인권연대'(현 행동하는성소수자인권연대) 앞으로 남긴 34만 원, 그리고 묵주가 놓여 있었다. 육우당(六友堂). '술, 담배, 수면제, 파운데이션, 녹차, 묵주'를 벗 삼아 시 쓰기를 좋아한 독실한 가톨릭 신자였던 그는 게이라는 이유로 학교에서 따돌림을 당하고, 아들의 성 정체성을 받아들이지 못한 아버지에 의해 고등학교를 자퇴해야 했다. 유일하게 자신을 받아 준 곳이자 안식처였던 '동성애자인권연대'에서 반전 평화운동과 동성애 차별조항 개정운동을 벌였다. 그가 죽기 얼마 전, 국가인원위원회가 청소년보호법에 있는 동성애자 차별 조항을 삭제할 것을 권고하자 한국기독교총연합회는 이를 반대하며 동성애 혐오를 조장하는 성명서를 발표했다.

동성애로 성 문화가 타락했던 소돔과 고모라가 하나님의 진노로 유황불 심판으로 망했다. 성경은 동성애를 엄격하게 금하고 있다(레 18:22; 20:13, 롬 1:27). 동성애가 사회적 지탄 대상이 된 것도, 에이즈가 동성애자들에 의해서 많이 전염되었기 때문이라는 사실도 주목할 필요가 있다.

한국에서 성소수자 인권운동은 1990년대부터 시작되었다. 2000년대에 유명 연예인들이 방송에서 커밍아웃하면서 세간에 충격을 주었으나 그들은 지금도 활발하게 연예 활동을 이어 가고 있다. 우리는 온·오프라인 매체를 통해 동성애자들의 사랑과 삶을 담은 드라마나 영화를 접하는 일이 자연스럽다. 대학 캠퍼스에서는 성소수자들의 커밍아웃이 이어지고, 성소수자들의 모임은 대학 공식 동아리로 인정받아 활동하고 있다. '대학청년성소수자모임연대'에 따르면, 2019년 3월을 기준으로 66개 대학에서 74개의 성소수자 단체가 활동하고 있으며 단체별 평균 소속 인원은 30-40명이라고 한다.

최근 들어 성소수자 인권 운동이 다양한 방식으로 진행 중에 있다. 성소수자에 대한 정보와 인식 개선을 위한 연구 모임인 '한국성소수자인권연구회'와 청소년 성소수자들의 자살 방지 및 질병 관리와 상담을 위한 '띵동, 청소년 성소수자위기지원센터', 그리고 '성소수자부모모임'이 대표적이다. 이들은 세미나와 캠페인과 같은 오프라인 운동은 물론 언론 매체, SNS, 유튜브 채널 등의 온라인 활동을 통해 한편으로는 성소수자들을 인정하고 지지하고 연대하면서, 다른 한편으로는 대중을 상대로 성소수자에 대한 인식 개선과 공론의 장을 형성하는 데 기여하고 있다.

성소수자에 대한 인식 변화와 운동들은 세계적 이슈로 부상하고 있다. 2018년 미국 중간선거에서는 LGBT(Lesbian Gay Bisexual Transgender)들이 유력 주자로 대거 출마해 당선되었고, 흑인 레즈비언이 최초로 시카고 시장에 당선되면서 정치권에서 성소수자들의 약진이 이어지고 있다. 호주에서는 동성 결혼이 국민투표를 통해 적극적 지지로 합법화되었고, 수많은 나라에서 성소수자들이 모델, 방송, 영화 예술 등 각 분야에서 활동하고 있다. 우리나라에서도 동성애 담론과 활동은 '일견' 시대적 요청으로서 개방적인 사회 현상이자 하나의 문화 트렌드로 자리매김하는 것처럼 보인다. 또한 성소수자들은 지적이고 세련된 이 시대의 친구이자 사회의 일원으로 수용되는 것처럼 간주된다.

그러나 한국 교회의 동성애에 대한 인식과 태도는 16년 전 육우당이 세상에 절망하고 떠나야 했던 때와 비교해 얼마나 달라졌을까? 이전과 다르게 성소수자들의 자발적이고 주체적인 활동이 가시화되었다고 해도 이들에 대한 사회와 대중의 인식은 크게 달라지지 않은 듯하다. 불행하게도 유교적 가부장제와 오랜 군사 독재 정권의 권위 구조가 뿌리 깊이 박혀 있는 한국 사회에서 급속한 성장을 달성한 한국 교회는 동성애에 대한 인식과 태도에 있어 한 치의 변화도 없이 제자리에 머물러 있다. 아니 오히려 근본주의 성향의 보수 기독교는 동성애 차별과 혐오를 강화해 나갔고, 전략적으로 보수 정치권과 보수 시민단체들과 결합하며 동성애에 대한 공포와 배제의 논리를 공고히 하고 있다.

이 점에서 오늘의 한국 교회는 어느 때보다 뜨겁다. 말씀에 기초한 믿음, 선교에 대한 열정, 공동체의 일치와 나눔, 죄인에 대한 돌봄, 세상에 대한 사랑이 왜곡된 방식으로 집중되어 있다. 그 뜨거운 관심의 한가운데 동성애가 있다. 물론 기독교 역사에서 동성애 혐오는 결코 새로운 일이 아니다. 그러나 최근 각 교단에서부터 교회와 신학교, 기독교 자치 단체에 이르기까지 한국 기독교는 뜨거운 열정으로 무장해 동성애와의 거룩한 전쟁을 치르는 중이다. 이 과정에서 상당수의 동성애자들은 교회에서 침묵하거나 쫓겨나갔고, 이제 교회에 등을 돌린 채 그들만의 하나님을 찾아 가고 있는 중이다.

그렇다면 구체적으로 한국 교회는 동성애와 어떻게 마주하고 있는가? 이 글에서는 교회와 교계에서 일어나고 있는 동성애 혐오 사건들을 제시하고, 이와 관련해 각 교단별 동성애에 대한 정치적 입장과 목회적 대응 방안을 살펴본다. 나아가 개신교인들을 대상으로 실시한 동성애에 대한 인식조사 결과를 통해 기독교의 동성애 혐오의 현실을 짚어 본다. 그리고 혐오의 맞은편에서 혐오와 마주하고 있는 성소수자들의 삶을 통해 혐오가 가져온 삶의 이면과 차별당하는 이들과 함께하는 사람들의 이야기를 들어 본다. 마지막으로 한국 교회의 동성애 혐오 원인에 대한 다양한 의견들을 수렴하고, 동성애 혐오를 넘어 온전한 포용과 공존을 위한 인식과 태도를 예수님의 삶을 통해 생각해 보고자 한다.

한국 기독교의 동성애 혐오의 현실

동성애 조장의 산실 학생인권조례안

2018년 경남도 교육청은 경남학생인권조례안을 도의회에 제출했다. 2009년부터 세 번째로 제출된 본 조례안에 대해 경남기독교총연합회와 경남성시화운동본부는 대규모 집회를 개최하고 경남학생인권조례 폐지를 강력하게 요구했다. 집회에는 2500여 개의 교회와 2만 명의 도민이 참여했다. 집회를 주최한 부산 호산나교회 최홍준 목사는 "경남학생인권조례가 보호하려는 동성 간 성행위는 하나님이 몹시 싫어하시고 불쾌하게 여기시는 죄악으로 창조 섭리와 교회를 무너뜨리는 위험 행위"라고 설교했다. 집회에서 발표된 성명서에는 경남학생인권조례 제정 반대 사유를 다음과 같이 밝혔다.

> 남자와 여자가 정상적이고 합법적인 혼인을 통해 가정을 이루고 아이를 낳는 것을 지극히 당연하고 보호받아야 할 일임에도 불구하고 비성경적·비이성적·비교육적 방법으로 이를 부정하고 국가적·사회적으로 대혼란과 재앙을 초래할 수 있는 경남학생인권조례를 제정하려는 시도를 규탄한다.

주최 측은 이 행사를 계기로 경남학생인권조례뿐만 아니라 서울, 광주, 경기도, 전북에서 통과된 조례도 폐지할 것을 주장했다. 이와 함께 박종훈 경남도 교육감이 다니는 교회는 그의 교인 등록을 취소했고, 집회 이후에도 경남 지역 각 교회는 설교에서 "학생인권조례가 성 문란과 동성애를 조장하고 이를 전교조가 부추긴다"라는 발언을 통해 조례안 제정 반대 의사를 확고히 하고 있다.

그러나 이와 다른 의견도 제시되었다. 창원 작은교회연대모임, 원불교평화행동, 불곡사 등 종교 단체는 경남학생인권조례 제정을 촉구하는 기자회견을 가졌다. 그들은 "성경에는 노예제도의 정당성을 인정하지만, 인권에 대한 의식이 넓어진 이 시대에 노예제도를 인정하는 사람은 없다. 마찬가지로 성적 지향에 대한 그리스도의 입장이 불변이라고 자신할 수 없을 것이다. 종교계에서 동성애를 장려하는 것은 당연히 불가하지만, 성소수자라는 이유로 부당한 차별이나 박해를 하는 것은 분명히 사라져야 한다. 그들도 하느님의 자녀이기 때문이다"라고 밝히며 조례안 제정의 근거를 제시했다.

학생인권조례안에 대한 찬반의 목소리는 계속되고 있다. 일부 기독교계는 이미 시행되고 있는 학생인권조례 반대 및 폐지의 목소리를 냈다. 서울디지텍고등학교의 곽일천 교장과 교사들은 서울시가 재개정한 학생인권조례 무효화 청구소송을 제기했다. 2017년 9월 신설된 학생인권조례 제5조(차별받지 않을 권리) 3항이 "학교의 자율권을 침해한다"는 이유로 소장을 낸 것이다. 이들은 해당 조례가 표면적으로는 학생의 인권을 보호한다고 하지만 그 이면에는 동성애를 비판할 권리를 막는 것이 미션 스쿨에서 동성애가 잘못이라고 교육하는 것이 불가능해졌다고 주장했다.

그러나 재판부는 해당 조례는 "전체적으로 헌법과 법률의 테두리 안에서 이미 인정되는 학생의 권리를 열거하고 교육 과정에서 인권 보호가 실현되도록 내용을 구체화하는 데 불과할 뿐"이라며 "법에서 인정되지 않던 새로운 권리를 학생에게 부여하거나 학교 운영자·교직원에게 새로운 의무를 부여하는 것이 아니다"라고 밝히며 1심과 2심에서 각하 판결을 내렸다.

미션 스쿨의 행보, 기독교 정신과 가치의 실현

2019년 5월, 국가인권위원회는 숭실대학교와 한동대학교에 성소수자 인권 침해와 차별에 관해 시정할 것을 권고했다. 2015년 숭실대 총여학생회는 행사에서 성소수자 커플의 결혼식 과정을 담은 다큐멘터리 영화 〈마이 페어 웨딩〉의 상영을 위해 학교에 대관 신청을 했다. 그러나 학교는 "학교 설립 이념인 기독교 정신과 부합하지 않는다"는 이유로 대관 허가를 취소했다.

또한 2017년 한동대에서는 한 동아리가 주최한 "흡혈 사회에서 환대로, 성노동과 페미니즘 그리고 환대"의 강연회를 거부한 데 이어 이를 진행한 주최자와 관련 학생들을 징계했다. 학교는 "학내에서 동성애, 성매매 등에 관한 강연회를 여는 것은 건학 이념에 반하고, 대학에 부여된 종교의 자유, 학문의 자유, 대학의 자율성을 이유로 개최를 불허했다"고 주장했다.

두 사안에 대해 인권위는 숭실대에게는 "성적 지향을 이유로 하는 합리적인 이유 없는 차별 행위"라며 "앞으로 시설 대관을 허용할 것"을 권고했고, 한동대에게는 "과잉 금지의 원칙을 위배한 것"으로서 "학생에 대한 무기정학과 특별지도 처분을 취소하고, 재발방지 대책을 시행할 것을 총장에게 권고했다"고 밝혔다. 그러나 대학들은 인권위의 권고를 거부했다.

신학교에서도 비슷한 사건이 있었다. 2018년 장로회신학교 학생들은 국제 성소수자 혐오 반대의 날을 맞아 무지개 퍼포먼스(채플이 끝나고 무지개 색 옷을 입은 학생들이 사진을 찍어 SNS에 올린 행위)를 진행했다. 학교는 동성애를 옹호하고 조장하며, 학교의 명예를 훼손했다는 사유로 학생들에게 징계조치를 내렸다. 그러나 민변 소수자인권위원회는 "학생들은 신앙과 양심에 따라 차별 없는 사회를 원하는 자신들의 신념을 표현한 것"이라며 학교에 징계무효소송을 제기한 상황이다.

서울퀴어퍼레이드, 자리를 사수하라

2019년 6월 1일, 올해로 스무 번째를 맞는 서울퀴어퍼레이드는 행사 시작 한 달 전부터 치열한 자리 쟁탈전을 벌였다. 서울광장을 집회 장소로 선점하기 위해서 서울지방경찰청, 남대문경찰서, 종로경찰서에 신고를 해야 하기 때문이다. 퀴어 축제 조직위원회와 동성애에 반대하는 종교 단체들, 그리고 태극기 집회 관련 단체들이 신청 시작 날인 4월 25일부터 남대문경찰서 로비의 오른쪽 의자를 차지하기 위한 릴레이 자리 차지 해프닝과 몸싸움이 벌어졌다. 다행히 경찰의 중재와 단체들 간 의견 조정으로 각 단체가 순조롭게 자리를 차지하는 데 성공했다.

그럼에도 불구하고 축제가 축제로 향유될 수는 없는 듯하다. 해마다 퀴어 축제 기간에는 기독교가 주최하는 퀴어반대집회가 열렸다. 이번에도 동성애 퀴어축제반대국민대회는 기자회견을 통해 "퀴어문화축제는 동성애자의 인권 보호와 평등이라는 슬로건을 갖고 있지만, 실상은…동성애 차별금지법을 제정하는 것에 있다. 이것이 제정되면, 양심·건강·보건·교육·사상·학문·종교 등의 이유로 동성애를 비판하거나 반대하는 것이 혐오와 차별이 되기 때문에 금지된다.…국민들에게 동성애의 실상과 폐해를 정확히 알리고 동성애 차별금지법이 가진 동성애 독재 법리의 부당성을 알리기 위해 퀴어문화축제를 단호히 반대하는 국민대회를 개최하고자 한다"라고 밝혔다.

덧붙여 국민대회 대회장은 "만약 동성애 차별금지법이 시행되면 남자와 여자로 이뤄진 건강한 가정은 파괴될 것이며 음란과 잘못된 성문화가 성 평등과 인권이라는 가면을 쓰고 우리 사회를 유린하게 될 것이기에…한국 교회가 막지 못한다면 그 모든 책임은 목회자들에게 돌아갈 것"이라고 말하면서 5월을 '한국 교회 특별기도 기간'으로 선포하고 한국 교회의 동참을 호소했다.

최근 발생한 몇몇 동성애 혐오 사례만 보더라도 한국 사회 내 동성애 반대와 혐오의 주류 세력이 기독교라는 점을 부인할 수는 없다. 2000년대 이후 교회는 국가인권위원회의 차별금지조항 삭제에 반대하면서 각 지방자치단체와 교육청의 학생인권조례 제정이나 젠더 교육 강화 방침을 강력하게 비판해 왔다. 또한 해마다 열리는 퀴어축제에서 반대 집회를 펼치고, 여성가족부처의 성 평등 정책에 반기를 들며 교회 내 동성애 혐오 캠페인과 의식 교육을 강화했다. 개교회의 강단에서는 동성애의 위험성을 설교하고, 교인들을 대상으로 동성애 반대 서명운동을 벌이는 일이 비일비재하다. 이처럼 한국 교회가 다른 어떤 문제보다 동성애 문제를 적극적으로 주도할 수 있는 이론적 배경은 다음과 같다.

동성애는 하나님의 창조 질서에 대한 도전이며 성서에 위배되는 비기독교적인 행위이다. 하나님으로부터 이탈한 인간을 자연적이라고 이해하는 것은 하나님을 인정하지 않는 행위이다.

동성애는 청소년의 성적 타락과 방종을 부추기고 소아성애자를 양산하고 변태 행위를 일삼기 때문에 에이즈의 원인이 된다. 동성애는 육체적이고 정신적 차원에서 개인과 가정을 파괴시키고 나아가 사회와 공동체에 심각한 위해를 가하는 반인륜적이고 부도덕한 행위이다. 따라서 동성애자들의 행위는 성서적·윤리적·사회적 차원에서 철저하게 금지되어야 한다.

현재 일부 기독교와 사회에서 인권 존중이나 하나님의 사랑이라는 명목으로 동성애를 인정하고 지지하는 것은 성서적으로 올바른 일이 아니며, 건강한 가족 질서와 공동체 윤리를 파괴하는 것이다. 그러나 교회는 육체적·영적인 죄인이자 병자인 동성애자를 치유하고 회복함으로써 그들이 정상적인 삶을 살도록 도와야 한다.

위의 내용은 한국 교회가 반동성애 운동을 전개하고 성명서를 발표할 때마다 거론되는 주요 논점들이다. 교회의 동성애 혐오의 기저에는 남성과 여성이라는 성별 고정관념과 정상 가족에 대한 전형적인 가부장제의 질서가 놓여 있다. 그들에게 있어서 동성애자는 생물학적이고 사회적으로 같은 성을 가진 사람과 성적 관계를 맺는 악하고 문란한 존재로서 AIDS와 같은 병의 원인이자 가정과 교회 그리고 사회를 파괴하는 범법자일 뿐이다. 선악의 이분법적 구도 안에서 교회가 선택할 수 있는 유일하고도 최선의 방식은 종교적·사회적 악인 동성애를 제거하고 하나님의 편인 자신들의 선을 쟁취하여 승리하는 것이다.

이런 관점에서는 동성애자들, 정확하게는 성소수자들의 인권과 존엄에 대한 배려는 있을 수 없다. 성소수자의 성 정체성과 성적 지향성은 제거되고 치유되어 전환해야 하는 것이다. 교회는 성경의 의거해 동성애자들을 죄인으로 정죄하고 적대하며 타자화함으로써 동성애 혐오를 정당화한다. 만약 동성애자들에게 일말의 호의를 베푼다면, 교회는 탈동성애를 선언하고 전향한 이들을 품어 주는 대가로 그들을 거룩한 성전의 전리품으로 전시한다. 그럼으로써 동성애에 대한 그들의 주장이 옳은 것임을 증명한다. 이것은 일부 보도에서 동성애에서 벗어나 교회에 편입한 이들의 고백이 심심치 않게 다루어지는 이유이다. 이 외에 교회가 동성애에 관한 한 물러섬과 타협은 있을 수 없다.

공식적으로 1974년 미국정신의학회(American Psychiatric Association)는 동성애를 정신질환 목록에서 제외했고, 1990년 세계보건기구(WHO)에서는 국제 질병분류체계(ICD)에서 동성애를 삭제하며 성적 지향과 정신 장애가 무관하다고 결론지었다. 한국 질병관리본부에서는 에이즈의 원인인 HIV의 감염 경로를 성관계, 수혈이나 혈액 제제를 통한 전파, 모자간 수직 감염 등 다양한 경로가 있음을 명시하고 있다.

그럼에도 불구하고 보수 기독교계는 보수 정치권과 유관 시민단체와의 연대 포럼과 집회를 통해 동성애는 치유 가능한 질병이며 에이즈 감염의 주 원인이라고 주장하면서 질병관리본부 홈페이지에 이를 명시해야 한다고 압력을 넣고 있다. 또한 대표 기독교 언론 매체들은 남성 동성애자의 성행위가 에이즈 감염의 주요 경로라고 연일 보도하면서 기독교인을 대상으로 특히 남성 동성애 혐오를 조장하고 있다. 근본주의 성향의 교회들은 시민단체와 함께 동성애대책위원회를 신설하고 반동성애 운동을 조직적이고 체계적인 범사회적 운동으로 확대시키고 있다. 그들은 성소수자에 대한 정확한 이해 없이 성경을 문자주의적으로 해석하고 동성애자를 에이즈 확산의 주범이자 성적으로 문란하고 타락한 죄인으로 낙인찍음으로서 종교적·사회적으로 이중의 폭력을 가하고 있다. 그들이 주장하는 하나님의 창조 질서와 성경에 입각한 성소수자에 대한 인식과 태도는 약자와 함께 삶을 나누고 다양성과 포용성의 가치를 삶에서 구현해 냈던 예수님의 기본 정신을 저버리는 가장 비기독교적인 태도를 보여 주고 있다.

동성애에 대한 교단별 입장

한국 교회는 2000년대 국가인권위의 차별금지법조항 삭제를 시작으로 동성애 문제에 관심을 가졌다. 그러나 이때까지만 해도 반동성애 운동이나 동성애 혐오로 전개되지는 않았다. 그러다 2007년 사학법 개정과 차별금지법에 대한 입법이 예고된 이후 반동성애 운동이 재점화되었다. 구체적으로 차별금지법에 포함된 성적 지향에 대한 조항을 종교적 위협으로 간주한 기독교계는 필사적으로 법 제정을 막아 내고 법안 발의 자체를 무산시켰다. 이후 본격적으로 반동성애 운동이 전개된 것은 2010년이었다. 이즈음 2013년 WCC(World Council of Churches, 한국교회협의회) 총회 개최지가 한국의 부산으로 확정되자 한기총(한국기독교총연합회)은 WCC문제대책위원회를 결성하고 반대 운동에 나섰다. 사회적으로는 동성애를 그린 드라마 〈인생은 아름다워〉가 대중의 관심을 받으며 동성애에 대한 인식을 전환하는 계기를 마련했다. 결정적으로 국가인권위원회가 군형법 제92조에 대한 위헌 개정 권고안을 헌법재판소에 제출하면서 보수 교회와 교계는 동성애 반대 운동에 적극 나서게 되었다.

이에 2013년 3월 13일 교회를 중심으로 한 범종교계와 시민단체들, 한국교회언론회 등 28개 단체로 구성된 동성애문제대책위원회가 출범했다. 이들은 동성애와 동성혼의 입법을 저지하고 동성애 반대 운동을 추진하면서 교단별 동성애대책위원회를 신설했다. 2015년 12월 31일 한기총은 성명을 통해 "동성애에 빠진 소수자들도 차별 없이 사랑하지만 동성애는 죄이며 창조의 질서에 어긋나는 행위"라며 "인권이라는 미명 아래 동성애를 옹호하는 일련의 행위를 거부한다"고 밝히고, 주요 계획으로 '동성애합법화반대'를 내세웠다. 이에 발맞춰 각 교단은 2017년 정기총회를 기점으로 정치적이고 목회적 차원에서 반동성애적 입장을 확고히 하고 동성애 대책 법안을 제·개정하였다.

각 교단별 동성애 대책 법안들

2017년 교회 각 교단별 정기총회에서는 그동안의 반동성애 운동의 현황을 파악하고, 반동성애를 결의하며 새로운 정책들을 신설했다. 이런 총회의 결정 과정이 대부분 이견 없이 만장일치로 이루어졌다는 것이 주목할 만하다.

특별히 한국 교회의 대표 교단인 양대 장로교단은 헌법 개정을 통해 동성애 관련 강경책을 내놓았다. **대한예수교장로회 합동 총회**는 헌법 "제4장 제3조 목사의 직무" 항에 "동성애자와 본 교단의 교리에 위배되는 이단에 속한 자가 요청하는 집례를 거부하고 교회에서 추방할 수 있다"고 삽입했다. 또한 동성애자와 동성애 동조·옹호자들은 교단 산하 신학교 입학이 전면 금지된다. 동성애 신학을 지지하거나 가르치는 교직원의 임용도 마찬가지다. 이에 따라 동성애자가 교단 산하 7개 신학교에 입학하거나 동성애 신학 지지자가 임용된 사실이 적발될 경우, 학교 상벌위원회와 총회에서 징계토록 했다.

한국에서는 다양한 스펙트럼을 인정하는 중도 성향의 **대한예수교장로회 통합 총회** 역시 동성애자와 동성애를 옹호하고 지지하는 자는 교단 산하 신학교와 교회에 들어오지 못하도록 금지했다. 통합 총회는 헌법 개정을 통해 "제26조 [직원 선택] 12항"에서 동성애자 및 동성애 지지, 옹호자는 성경의 가르침에 위배되며, 그들은 교회의 항존직(장로·권사·집사)과 임시직, 유급 종사자가 될 수 없도록 했다. 또한 향후 100만 인 서명운동 등을 전개하며 반동성애 운동에 적극 참여할 것을 명시했다.

대한예수교장로회 합신 총회는 교단 산하 목사와 장로가 동성애를 지지하거나 옹호할 경우 면직, 출교하도록 했다. 동성애 지지·옹호의 세부 사례로는 '동성애자에게 회개 없는 세례를 집례하는 경우' '동성 결혼 주례를 집례하는 경우' '동성애 행위를 하는 경우' '동성애 옹호 발언이나 설교 강연 등을 하는 경우' 등이다. 예장 합신은 또 산하 교회에 매주 '동성애 바로 알기' 정보를 제공하며 노회 및 지교회에 동성애 강의 및 홍보자료를 배포키로 했다.

대한예수교장로회 고신은 산하 신학교인 고신대 신대원 교수들이 동성애 관련 신학 가이드라인을 제공하기 위해 1년간 연구하며 이번 총회에서 동성애·동성혼에 반대한다는 입장을 분명히 밝혔다. **대한예수교장로회 백석 총회**는 동성애 반대 관련 성명서를 채택하고 개정 헌법에 "'성 평등' 조항 신설을 반대하며 그동안 동성애를 옹호·조장한 국가인권위원회를 헌법기관화하는 것에 반대한다"고 강조했다.

기독교한국침례회는 '동성혼 합법화 반대 결의'를 통과시키고 '동성혼 합법화와 군형법 92조 6항 폐지'에 반대하는 100만 인 서명운동에 동참하기로 했다. 반면 동성애에 비교적 관대한 입장을 견지하고 있는 **한국기독교장로회**에서는 "성소수자 교인 목회를 위한 연구위원회 구성과 활동" 헌의안이 기각됐다. 개교회 목회자들과 성도들이 동성애 문제에 대해 혼란스러워질 수 있다는 우려에서다.

2017년 총회에 앞서 **기독교대한감리회**는 2016년 국내 개신교계에서는 처음으로 동성애와 관련한 징계 조항을 신설했다. 목회자가 동성애를 찬성·동조했을 경우 정직 면직은 물론 출교(교적 삭제, 교회 출석 금지)까지 내릴 수 있도록 명시했다.

물론 교계 일부에서는 교회 내 동성애자나 동성애 지지자들에 대한 돌봄과 동성애자들에 대한 회심 등의 대책 마련이 미흡하다는 지적도 있었다. 그러나 이런 의견들은 헌법 개정에는 영향을 미치지 못했다. 각 교단의 총회 결정 사항들은 현재 범교계 차원에서 시행 중인 '동성애·동성혼 개헌 반대 국민연합'(동반연) 활동에 박차를 가하고, 한국 교회의 동성애 혐오를 강화시키고 있다. 또한 교단의 정치적 입장에 발맞춰 각 교회와 소속 신학자들은 동성애가 야기할 좌파 공산주의 사상과 성 문란과 성도착증 그리고 정신적·육체적 질병을 주장하며 동성애에 대한 왜곡된 인식을 전개하고 있다.

이처럼 교회가 동성애 혐오에 적극 가세해 열을 올리는 이유는 교회 내 다양한 소리를 제거하고 기존 질서를 확립하면서 공동체를 유지하기 위한 방편이다. 주류 교회 지도자들은 동성애를 싸워야 할 대상으로, 그리고 이에 대응하는 교회의 행위를 영적 전쟁으로 간주한다. 따라서 동성애를 인정하거나 지지하는 자는 공동체의 질서를 파괴하고 기독교인임을 포기하는 것을 의미한다. 반면 동성애에 대항하는 것은 하나님의 이름으로 수행해야 하는 거룩한 사명이자 목숨 걸고 지켜 내야 하는 임무인 것이다. 교회를 향한 사회적 비난이 거셀수록 성스러운 일을 수행하는 교회의 결의는 더욱 공고해지는 것이다. 결과적으로 동성애에 대한 교회 대내외적 대립과 분열은 심화되고 교회가 사회적으로 고립·게토화되는 것은 명약관화하다.

동성애에 대한 기독교인의 인식과 태도

동성애는 우리 시대의 뜨거운 감자가 되어 버렸고, 동성애 혐오의 주도 세력이 기독교라는 것은 분명하다. 그런데 한 가지 더 짚고 넘어가야 할 문제는 교회 내에서 동성애 혐오를 이끌어 가는 이들이 누구인가 하는 점이다. 동성애 혐오를 주도하고 반동성애 운동을 추동하는 이들은 대부분 보수적 성향의 남성 목회자와 전문가 집단이다. 동성애에 대한 인식과 반동성애 운동은 교회와 교계 지도층에 의해 하향식의 방식으로 전개되고 있다. 다시 말해 교회의 권력적 위계질서가 동성애 인식과 태도에도 그대로 적용되는 것이다. 설령 기독교계가 일반 대중들, 특히 정치적 보수 성향의 시민들 및 청소년 자녀를 둔 학부모들과의 연대를 통해 사회적 접점을 넓힌다고 해도, 기독교 지배 엘리트층의 주도라는 운동 양상이 달라지는 것은 아니다. 그렇다면 개교회에 소속된 기독교인들도 동성애에 대해 교회와 같은 입장을 취하고 있는지, 이것은 비기독교인들과 어떻게 다른지 하는 점을 확인할 필요가 있다.

이를 위해 먼저 한국 사회 전반의 동성애 포용성과 인식 정도를 파악할 필요가 있다. 2019년 3월 27일 OECD가 회원국들의 사회적 안정성과 통합성을 연구한 보고서 "한눈에 보는 사회 2019"에 따르면, 2001-2014년 사이 한국의 동성애 수용도는 10점 만점에 2.8점으로 OECD 회원국 36개국 중 네 번째로 낮은 수준을 기록했다. 이는 평균 수치인 5.1점보다 2.3점이 낮은 수치로, 이슬람 국가인 터키와 발트 3국들과 비슷한 수준이다.

물론 다른 나라와 비교해 동성애 포용성 정도는 현저히 낮지만, 국내에서 성소수자를 포용하는 경향은 확대되는 추세라고 할 수 있다. 2018년 9월, 한국행정연구원이 시행한 "2018 사회통합실태조사"에 따르면(만 20세 이상 성인 8,000명 대상), 동성애자를 '받아들일 수 없다'는 응답은 49.0퍼센트를 기록했다. 동성애 반대론은 2013년 62.1퍼센트, 2014년 56.9퍼센트, 2015년 57.7퍼센트, 2016년 55.8퍼센트, 2017년 57.2퍼센트 등으로 점차 하락세를 보이다가 2018년 조사에서 처음으로 절반 이하로 떨어졌다. 한국 사회 전반에서 소수자에 대한 포용성의 정도가 확대되는 것은 고무적인 일이라 할 것이다. 그렇다면 동성애에 대한 인식이 조금씩 변화하고 있는 와중에 기독교인들은 동성애를 어떻게 인식하고 있는가? 이들은 주류 기독교의 극단적 혐오 방식을 공유하고 있는지 혹은 비기독교인들과 비슷하거나 전혀 다른 방식으로 생각하고 있는지 살펴볼 필요가 있다.

이는 같은 해 '한국기독교사회문제연구원'에서 실시한 "개신교인의 인식 조사 결과"를 참고할 수 있다[2018. 2. 26-3.7, 만 20세 이상의 성인 1,000명(개신교인 800명, 비개신교인 200명)]. 설문 조사에는 한국 사회에서 첨예한 갈등과 혐오를 조장하고 있는 근본주의적 신앙관과 동성애에 대한 인식과 관련된 여러 항목이 포함되었으나 본 사안과 관련한 몇 가지 결과만 짚어 보면 다음과 같다.

먼저 "동성애는 죄인가"라는 질문에 개신교인 28퍼센트가 '매우 그렇다',

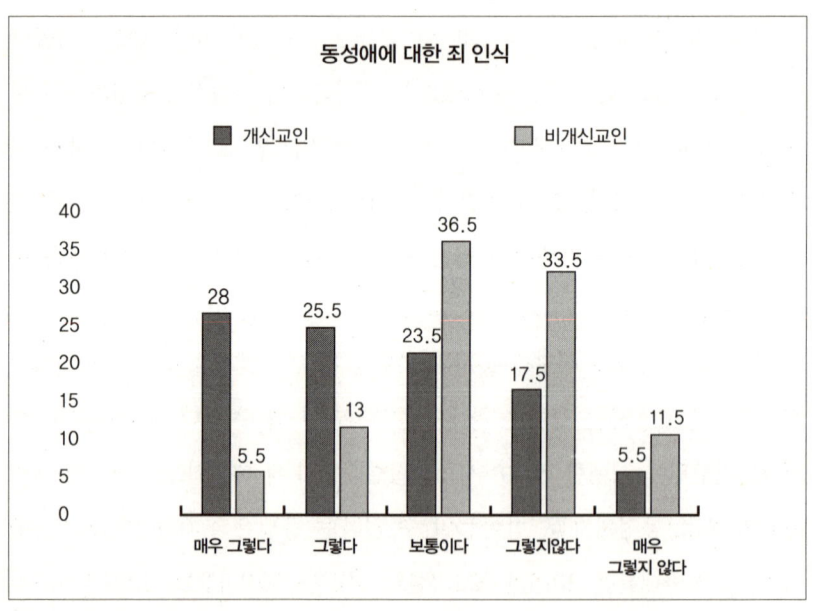

25.5퍼센트가 '그렇다'의 비율로 답했으나, 비개신교인 5.5퍼센트가 '매우 그렇다', 13퍼센트가 '그렇다'의 비율로 답했다. 즉 '동성애의 죄 인식' 문제에 있어서 개신교인(53.5퍼센트)은 비개신교인(18.5퍼센트)에 비해 35퍼센트포인트 이상의 높은 수치를 나타냈다. 반면 개신교인 23퍼센트, 비개신교인 45퍼센트가 동성애는 죄가 아니라고 응답함으로써 개신교인과 비개신교인은 동성애 인식에 대해 현저하게 다른 견해 차이를 보여 주었다.

이런 인식은 개신교인 내에서도 연령대에 따라 차이가 있었다. 연령대가 높을수록 동성애를 죄로 인식하는 경향이 증가했다(20대 40.1퍼센트, 30대 51.9퍼센트, 40대 51.1퍼센트, 50대 57.7퍼센트, 60대 69.1퍼센트). 또한 30대에서는 개신교인 51.9퍼센트, 비개신교인 10.3퍼센트가 동성애를 죄로 인식함으로써 개신교인과 비개신교인의 인식 차이가 무려 41.6퍼센트포인트의 차이를 보였다. 이것은 노년의 비개신교인에 비해서도 젊은 개신교인이 더 왜곡된 방식으로 동성애를 인식한다는 점을 보여 준다.

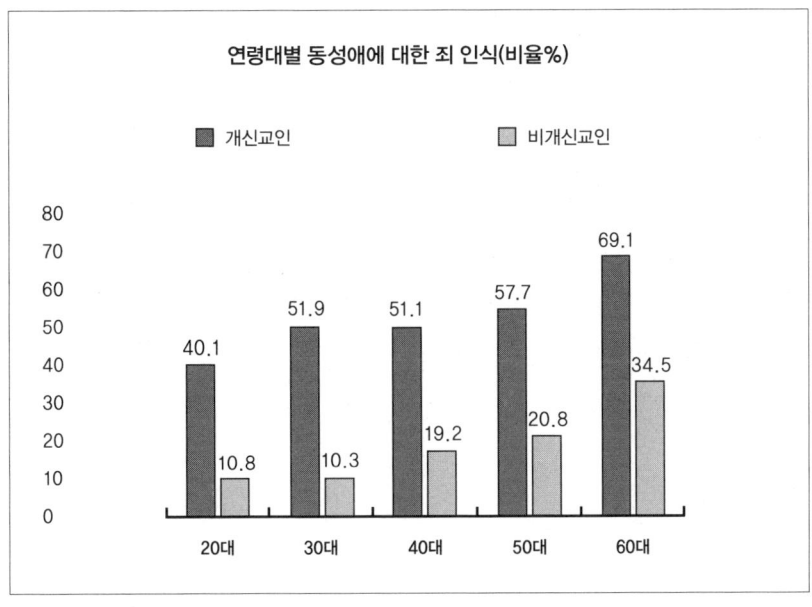

그렇다면 동성애에 대한 인식만이 아니라 동성애자에 대한 태도에 있어 개신교인들은 어떤 입장을 취하고 있는가? 이에 대해 "가까운 지인이 커밍아웃하면 기존의 관계를 유지하겠는가"라는 질문에 개신교인 32.7퍼센트, 비개신교인 38.5퍼센트가 '그렇다'고 응답했다. 동성애자에 대한 태도에 대해서는 동성애에 대한 인식만큼 현저한 차이를 보이지는 않았으나, 개신교인들이 비개신교인보다 덜 포용적인 경향을 보였다.

설문 결과에 따르면 기독교인들은 비기독교인들과 다르게 동성애를 죄로 인식하며 동성애 수용성도 낮은 것으로 나타났다. 이것은 그동안 기독교가 보여 준 동성애 혐오를 설명해 주는 결과이기도 하다. 그러나 개신교인 내의 설문 결과를 살펴볼 때, 주류 기독교가 동성애를 배척하고 적대시하는 것과 전혀 다른 방식으로 생각하는 이들이 상당수 존재한다는 것은 주목할 만한 결과다. 다시 말해 동성애 혐오가 전체 기독교의 목소리인 양 생각되지만 실제로 각 기독교인들은 동성애에 대한 죄 인식에 있어 '유보적'이거나(23.5퍼센트) '죄가 아니다'라고(23퍼센트) 생각하는 사람들이 다수 존재한다는 것이다. 또한 동성애 포용성 정도에 있어서도 적대와 배타의 방식이 아니라 동성애를 인정하고 받아들이겠다는 의견이 다수 차지했다(개신교인 32.7퍼센트, 그중 남성 27.6퍼센트. 여성 38퍼센트). 이것은 주류 기독교가 강압적 방식으로 동성애 혐오를 주도했지만 교회 내에는 획일화된 목소리가 아닌 다양한 소리가 공존한다는 것을 의미한다. 그러나 총회 결정 과정에서 살펴본 것처럼 실질적인 차원에서 교회 내 동성애를 인정하고 성소수자를 포용하는 데까지 그 영향력을 행사하기에는 어렵다는 것을 의미하기도 한다.

혐오의 대상이 된다는 것

"부모가 나를 창피해한다. 내가 죽기를 바란다"라고 페이스북에 글을 올리고 목숨을 끊은 열다섯 살의 트렌스젠더. "저들에게 아무 짓도 안 했는데 알지도 못하는 사람들이 왜 나를 미워하는지 모르겠어요"라고 눈물 흘리는 레즈비언. "그러고도 부모냐? 네 자식이 에이즈 걸려도 계속 지지할 거냐?" 하는 말을 들어야 하는 퀴어 축제에 참가한 성소수자 엄마들.

누군가 혐오의 대상이 되어 혐오와 마주해야 한다는 것은 어떤 의미인가? 혐오를 당한 이들은 한결같이 자신을 혐오하는 세상에 절망하며 자신의 존재 자체를 부정한다. 자신을 둘러싼 세계와 고립되어 홀로 그 모든 것들과 대항하는 존재가 된다. '동성애는 죄인이야. OO성교, 수간이나 하고…에이즈의 원인이 게이들이야. 너희는 소아성애자, 성도착자들이잖아. 문란하고 더러워. 정신질환자들. 똥꼬충들', 이런 혐오의 말에서 '동성애는 중독성이 강하다. 하나님에게 돌아와 회개하고 변화되어야 한다. 치료될 수 있다' 등의 존재를 부정하는 말에 이르기까지, 성소수자들은 자신을 적대하는 눈빛과 무시하는 행동들 속에서 소외감과 무기력을 체화하며 살아간다.

사회 전반에 걸친 차별과 혐오는 성소수자들의 비인간화와 자기혐오를 강화하고 그들을 벼랑으로 내몬다. 이렇듯 삶의 끝에 선 성소수자들의 자살률은 심각한 상황이다. 실제 청소년 성소수자의 77.4퍼센트가 자살을 생각했고, 그중 47.4퍼센트가 자살을 시도한 경험이 있다고 고백했다. 그럼에도 불구하고 그들은 혐오스럽고 무가치한 존재로 간주되기 때문에 성소수자에 대한 비난과 부당한 대우는 쉽게 정당화되고 심지어 죽음조차 은폐되거나 조롱당한다.

혐오는 혐오 대상이 되는 누군가의 존재를 지우고 정체성을 파괴하는 폭력이다. 더욱이 혐오가 소수자나 약자를 향할 때 그 파괴력은 더욱 극대화된다. 따라서 교회에서 성소수자를 죄인으로 정죄하고 그들의 성 정체성을 부정하며 회개와 변화를 강요하는 것은 한 존재를 비하하고 부인하며 삶을 파괴하는 행위다. 강단에서 목회자가 성소수자를 혐오하는 발언을 하거나 교회 공동체가 반동성애적으로 행동할 때, 이것은 단순히 말이나 행동으로 끝나는 것이 아니다. 누군가를 헤아릴 수 없는 수치와 자기혐오로 빠뜨리고 세상으로부터 격리시키는 것이다. 결국 그들은 교회에서 자신의 정체성을 숨긴 채 소리 없는, 존재 아닌 자들로 살아가거나 자신의 존재를 인정하기 위해 교회 밖으로 나와야 한다.

교회가 동성애자나 이를 지지하고 옹호하는 이들에 대해 관용 없는 정죄와 처벌을 시행하고 세례권조차 박탈하는 상황에서 동성애자들을 향한 사랑과 돌봄은 허울 좋은 수사일 뿐이다. 혐오로 인해 존재가 침해되고 삶이 파괴된 이들은 좀처럼 회복되기 어렵다. 교회의 동성애 혐오는 거스를 수 없는 하나의 신념으로 선포되고 혐오의 양상은 고착되기 때문이다. 또한 하나님의 이름, 성경, 목회자의 권위에 의해 거부당한 경험은 그들에게 회복하기 힘든 신앙의 트라우마를 형성하고, 교회와 공동체에 대한 불신과 불안을 야기하기 때문이다. 따라서 성소수자에 대한 무지와 편견 그리고 왜곡된 인식이 낳은 차별과 배척은 성소수자들만이 아니라 그들의 가족과 지지자들까지도 적대하고 소외시킨다. 혐오는 태생적으로 타인을 대상화하고 배제하면서 지배와 피지배의 권력 관계를 형성할 뿐이다.

그러나 혐오의 대상이 된다는 것이 상처 받고 절망하며 삶을 등지는 것만을 의미하는가? 힘든 과정이긴 하지만 혐오로 인한 상처와 두려움 그리고 불안을 안고 살면서도 자신을 인정하고 자신과 같은 사람들과 연대하며 세상과 교회로부터의 고립을 극복하는 성소수자들과 그들을 격려하고 지지하는 기독교인들도 있다. 그중 혐오의 맨 앞에서 성소수자들의 가장 든든한 버팀목이 되는 이들이 바로 성소수자 부모들이다.

고등학교 때 커밍아웃을 하는 아이에게 "아직 성인도 아닌데 어떻게 알아?" 아이가 착하니까 내가 이야기하면 바꿀 거야…그저 선택이라고 생각을 한 거죠. 제가 무지했어요.…아이는 행복하고 싶어서, 자기 자신을 찾고 싶어서 얘기를 한 건데 아이를 불행하게 만드는 건 부모였어요. 저도 그랬어요. "네가 성인이 되도 동성애자라고 한다면 엄마가 인정해 줄게." 내가 좋은 엄마인 줄 알았는데 전혀 그렇지 않았어요. 오히려 아이가 저를 성장시켜 준 거예요.…"다른 거지 잘못된 게 절대 아니다. 당당하게 살았으면 좋겠어요."("우리 애가 성소수자인 게 어때서?", 게이 아들을 둔 엄마 인터뷰 중)

어느 날, 서울의 어느 경찰서로부터 연락이 왔다. 우리 애가 강물에 뛰어들려는 걸 행인이 만류해 경찰에서 아이를 보호 중이라고. '그럴 리가 없어…아닐 거야'라고 중얼거리며 아이를 찾아갔을 때 옆에서 아이를 꼭 안아 주고 있는 남자애가 있었다. 우리 애가 처음 사랑한 남자아이, 그 친구를 보고 아이가 남자를 좋아한다는 걸 알게 됐다.

그후 거의 1년 동안 우리는 그 문제에 대해 이야기하지 않았다. 그 사실은 너무나 큰 충격으로 다가와 처음에는 하나님을 원망하기도 했다. 하지만 모든 것에 기뻐하고 감사하라고 하신 말씀을 의지했다. 그 당시 교회에서 행한 '감사일기 쓰기'와 '100감사 운동' 등의 활동이 실제로 도움이 된 건지, 나는 우리 아이를 있는 모습 그대로 인정하고 받아들이기로 마음먹었다.…"세상이 뒤집어져도 엄마는 네 편이다."("나는 성수소자의 엄마입니다", 「기독교사상」 2016년 8월호)

교회의 혐오 앞에서 성소수자뿐만 아니라 그들의 부모와 가족도 당사자 못지않게 두려움과 공포 속에서 자기부인과 혐오를 경험한다. 특히 자녀가 커밍아웃했을 때 대부분의 부모들은 심장이나 시간이 멈춘 것 같은 충격을 받았다고 고백한다. 그들은 하나님을 원망하거나 자신에게 무슨 잘못이 있는가 자책하면서 현실을 부인하기도 한다. 성소수자에 대한 무지와 막연한 공포로 인해 아이와 말하기를 멀리하고, 심지어 아이를 미워하고 더 이상 평범한 삶을 살 수 없다는 생각에 불안해하고 좌절하기도 한다. 누구에게 말하지도 못하고 아이에게 닥칠 불행과 사회적 차별로 인해 걱정과 염려로 힘들어한다. 이런 진통을 거치면서 자발적으로 '성소수자부모모임'을 찾아온 부모들은 결국 아이를 있는 그대로 받아들이고 서로가 경험한 상처를 보듬고 치유하게 된다. 그들은 세상이 거부하는 내 자식을 끝까지 지키고 사랑하고 지지해야겠다고 결심하게 되었다고 말한다.

그런데 일부 부모들은 자신을 변화시킨 것은 오히려 혐오가 난무한 퀴어축제였다고 말한다. "한번 가 보세요" "이놈의 세상 확 뒤집어져라. 내 자식이 자기들에게 뭘 잘못했다고!" 세상이 거부하고 교회가 신의 권위로 저버린 자식을 받아들이고, 사랑해 줘야 한다고 말하는 부모들.

성소수자들도 누군가에게는 사랑받는 자녀이고 소중한 가족이다. 그들 역시 하나님의 자녀라는 사실을 잊어서는 안 된다. 사실 어느 부모도 자기 자식이 다양한 성적 지향성과 정체성을 가질 수 있다는 점을 인지해야 한다.

혐오와 마주한다는 것은 타인과 자기 자신에 의해 비존재가 되고, 자신의 무기력함과 무가치함을 경험하며 세상과 단절하는 것이다. 그러나 비존재가 다시 존재로 거듭나고 자신의 정체성을 인정하는 과정은 이전과는 다른 방식으로 이루어져야 한다. 이를 위해 혐오 당사자 개인의 노력과 그 이상으로 교회 공동체의 인식과 제도 변화가 수반되어야 한다.

한국 교회의 동성애 혐오의 원인

그렇다면 한국 교회가 이토록 동성애를 혐오하는 원인은 무엇일까? 이에 대해 한국 사회의 정치적 상황에서 교회 안팎의 분열과 위기 상황에 대한 분석까지 다양한 의견이 제시되어 왔다. 먼저 종교철학자 김나미 교수는 한국의 보수 기독교를 '개신교 우파'로 명명하고, 이들의 조직적인 동성애 반대 운동이 기존의 헤게모니적 남성성을 강화하는 방식으로 전개되고 있다고 지적한다. 그것은 군사화와 산업화의 상황에서 구축된 젠더적 위계질서가 여성에 대한 지배를 정당화하고 군대 문화를 기반으로 한 남성 권위의 위계질서를 재구성하는 방식이라는 설명이다.

'비온뒤무지개재단'의 한채윤 상임이사는 이와는 다른 관점에서, 한국 교회는 동성애에 대한 공포와 혐오를 조장해 내부 단결과 세력 확장을 이루는 데 목적이 있다고 말한다. 다시 말해 반동성애 운동이 교회 세습과 담임목사의 전횡과 횡령, 금권선거 등 비민주적 조직 체계, 여성 목사 안수 불허 등 교회 내 성차별과 성직자들의 성폭력 문제를 무마시키고 보수 기독교계의 내부 갈등을 해결하는 전략적 방편으로 이용되었다는 것이다. 실제로 기독교의 다양한 교단과 단체들(한기총과 한교연) 그리고 심지어 타 종교와의 관계에서도 동성애는 '공동의 증오' 대상으로 기능한다. 따라서 반동성애 운동은 갈등과 분열의 위기에 있는 교회를 결집하고 교회의 결점을 은폐해 사회적 지배력과 정치적 영향력을 높일 수 있는 효과적 도구가 된다고 설명한다.

다음으로 한국 사회의 이념 논쟁과 관련해 이전에 한국 사회의 주적인 공산주의와 주체사상, 즉 '종북 빨갱이'에 대한 혐오가 동성애 혐오로 전이된 것이라고 보는 의견이 있다. 보수 기독교는 반동성애 운동을 중심으로 한국 사회의 보수적 가치를 옹호하는 독보적인 극우 세력으로서의 자기 정체성을 확고히하는 또 다른 전기를 마련했다는 것이다. 이에 '제3시대연구소' 김진호 실장은 한국 교회는 마초적이고 권위주의적 체제의 옹호자로서 이질적인 것을 배제하고 배타주의를 강화해 왔다고 비판한다. 대표적으로 기독교 내 종북 담론은 이제 타 종교나 성소수자에 대한 이단 시비와 적대적 공격으로 가속화되고 있다고 지적한다.

같은 맥락에서 미국과 캐나다의 성심수녀회 수녀이자 신학자 조민아는 한국 기독교가 성소수자를 타자화하고 그들을 배척하는 방식으로 보수 정치 세력과 결합하면서 우리 사회의 전체주의적 성격과 폭력성을 강화하고 있다고 주장한다. 실제로 정치적 우파와 한기총을 비롯한 극우 성향의 교회들은 동성애, 난민법, 종교세 등을 골자로 삼아 '좌파 독재'를 막아 내는 데 중지를 모았다.

그러나 반동성애에 대한 한국 교회의 사회 정치적 현상 분석과는 별개로 교회에서 신앙 생활하는 기독교인들의 동성애에 대한 인식은 철저히 교회 정치와 정책 아래 구성된다. 신자유주의 승자독식의 경쟁 사회에서 비정규직으로 하락하고 경제적으로 도태된 이들의 분노가 사회적·종교적·정치적 약자에게 혐오의 형태로 나타나고 있는 것이다. 여기에 덧붙여 동성애와 관련해 목회자들의 강경한 발언과 행동은 기독교인들에게 동성애에 대한 부정적 인식을 가중시킨 주요한 원인으로 지적될 수 있을 것이다.

그러나 앞서 혐오와 마주한 이들의 이야기에서 주목할 점은 혐오를 추동하는 사람들과 혐오의 대상이 되는 사람들 사이의 차이다. 혐오 주동자들은 성소수자와의 친밀한 경험이 거의 없다. 그들은 성경과 목회자의 권위에 근거해 반동성애를 하나님의 섭리이자 거역할 수 없는 율법으로 간주하고 선전한다. 그들에게 성소수자는 회개와 교화의 대상이거나 거부와 적대의 대상일 뿐이다. 그들의 인식 속에 성소수자는 비성경적·비윤리적·비사회적이며 무가치하고 무익한 존재이기 때문이다. 누군가와의 살아 숨 쉬는 구체적인 경험이 누락된 결과 그들은 구호와 선전만 난무한 반동성애 활동을 거룩한 영적 전쟁으로 치환시킨다. 한국 교회는 하나님조차 자신의 의견을 관철시키는 도구로 삼고 있다.

반면 성소수자들의 이야기, 그들을 지지하고 연대하는 부모와 기독교인들의 이야기에는 선전이나 관념이 아니라 구체적인 경험과 삶의 이야기가 스며 있다. 혐오에 마주한 고통스러운 순간, 교회를 나와야 했던 절망스러운 순간, 내 자식이 세상으로부터 거부당하는 참담한 모습, 그리고 이를 넘어 고통을 나누고 교감하는 순간들. 성소수자도 누군가의 자식이고 형제이고 자매이며 친구다. 그들은 다른 사람과 다른 성적 지향을 가졌다는 이유로 차별이나 혐오, 배제의 대상이 되지 않는다. 성 정체성을 넘어 함께 웃고 울고 공감하는 사람인 것이다. 이 점에서 한국 교회의 동성애 혐오는 성소수자에 대한 무지만큼이나 성소수자들에 대한 구체적 경험의 부재가 주원인이라 하겠다. 경험의 부재에서 오는 무지와 미지의 대상에 대한 두려움은 하나님-교회-목회자로 이어지는 권위 구조와 공동체의 질서를 파괴할 수 있는 가능성에 대한 불안과 두려움으로 확대되어 결국 동성애 혐오로 이어지는 것이다.

예수, 혐오를 넘어 편에 서기

전능하신 하나님이 아니라 십자가 위에 오르셨던 나약하고 무기력했던 예수님. 그분이 혐오의 현장에 오신다면 어느 편에 서실까? 이천 년 전 흙먼지 날리는 척박한 갈릴리. 로마제국의 위용이 지중해 전역에 선포되고, 빵과 서커스로 우매한 이들의 환심을 사며 폭력과 학정으로 얼룩진 로마의 정치 질서를 그들은 팍스 로마나(Pax Romana), 즉 '로마의 평화'라 불렀다. 식민 지배라는 정치·사회적 불안과 위기 가운데 유대 제사장과 귀족들은 유대 민중의 편이 아니라 로마제국의 편에 서서 같은 민족을 억압하고 수탈했다. 이에 예수님 시대의 유대인들은 로마제국-가신왕-유대 귀족층으로 이어지는 삼중의 지배 구조 아래에서 막중한 세금과 부역을 감당하며 피폐한 삶을 살아야 했다. 식민 지배와 약탈의 역사 속에서도 야훼 하나님이 종살이하고 억압받는 이 민족을 선택하셨다는 자긍심으로 유대인들은 자신의 정체성을 형성해 왔다. 하나님 앞에 선 보잘것없는 민족이 거룩함의 가치와 정결례를 통해 은총과 구원의 역사를 몸소 실현하고자 했던 것이다. 따라서 약자에 대한 보호와 돌봄 그리고 불의에 대한 준엄한 심판을 외쳤던 예언자들은 세상의 권력이 아닌 하나님의 주권과 다스리심을 꿈꾸며 새 이스라엘에 대한 희망을 놓지 않았다.

로마제국의 강압적 지배로 유대인들의 자치적인 공동체 삶이 파괴된 가운데 가난하고 불안한 이들이 있는 낮은 곳에 함께하신 이가 바로 예수님이었다. 예수님은 '먹보요, 술꾼이요, 세리와 죄인의 친구'(눅7:34)라는 조롱을 받으면서도 사회적으로 낙오되고 종교적으로 죄인 된 이들, 즉 세리·창녀·죄인·병자 들과 함께 울고 웃으며 같은 자리에서 밥 먹고 하나님 나라 이야기를 전했다. 바리새인들과의 논쟁에서 "하나님 나라는 너희 안에 있느니라"(눅17:21)라는 선포는 유대 지배 귀족들이나 제사장들이 아닌 지금 당장 먹고 살 것 없는 적빈자들, 힘없고 약한 자들, 즉 사회 밑바닥에서 구원을 바라는 자들 가운데 하나님 나라가 임하신다는 말씀이었다. 사회에서 인간으로서 살아갈 수 없는 자들, 예수님은 바로 이들이 하나님의 자녀이자 하나님 나라의 구성원이라는 선포를 통해 그들을 존엄한 존재로 부르시고 하나님 앞에 주체적 인간으로 세우신 것이다.

혐오가 난무하는 이 현장에 예수님이 오신다면 과연 어느 편에 서실까? 어느 곳에 하나님의 나라는 임한다고 말씀하실까? 하나님의 이름과 성경의 권위로 동성애를 정죄하고 거룩한 영적 전쟁을 감행하는 이들일까? 아니면 자신의 존재를 부정당하고 교회에서 침묵을 강요당하다 밖으로 내몰린 자들일까? 우리는 성소수자들에 대한 차별과 혐오를 넘어 포용과 공존으로 나아가기 위해 기꺼이 그들의 편에 서야 한다. 그것은 예수님이 가장 낮고 약한 이들에게 자신을 내어주고 그들을 들어 살리셨기 때문이다. 온전한 포용과 공존을 위해서는 약자와 소수자들에 대한 우선적 선택을 통해 먼저 그들 편에 서야 할 것이다. 세상이 거부하고 교회가 내몬 성소수자들의 편에 서서

"즐거워하는 자들과 함께 즐거워하고 우는 자들과 함께" 우는(롬 12:15) 경험들이 계속되어야 할 것이다.

지금의 한국 교회는 사회와 소통하지 못하고 자기모순과 분열을 극복하지 못한 채 사회적 구원과 책임은커녕 개인 구원에 대한 관심조차 잃어가고 있다. 그럼에도 불구하고 각 교단은 총회 성명서와 입장문 말미에 늘 다음과 같은 문구로 결론을 맺는다. "동성애자들을 혐오와 배척의 대상이 아닌 하나님의 형상으로 창조된 존재임을 인정하면서 그들을 사랑의 대상으로 받아들이고 변화시켜 나갈 것이다." 그러나 보수 교단들의 폭력적이고 권위적인 의사결정 방식과 다양성과 포용성을 잃어버린 획일화되고 전체주의적인 행동 방식, 그리고 동성애를 비롯한 소수자 및 약자에 대한 혐오와 배제는 그리스도가 전하는 복음의 진리와 너무나 멀리 떨어져 있다. 보수 교회가 주장하는 동성애 혐오와 반동성애 운동은 성경에 근거한 것도 아니고 경건한 신앙심이나 건강한 공동체 확립을 위한 것도 아니다. 그것은 자기 분열과 모순 그리고 사회적 괴리를 봉합하려는 미봉책에 불과한 정치적 수사에 불과하다.

동성애 혐오에 맞서 성소수자들의 편에 선 신학자와 목회자들 그리고 신학생들과 성공회 및 소수자 모임을 비롯한 각 단체들이 따로 또 같이 연대하며 활동하고 있다. 성소수자들 역시 하나님의 피조물이자 예수님의 친구이고 교회의 동반자다. 우리 모두는 하나님 앞에서 한 형제요 자매로서 세상의 차별과 혐오에 저항하며, 하나님의 생명 창조 역사의 파트너로 초대받았다.

보수 기독교의 폭력적이고 조직적인 물량 공세와 저지 운동에 굴하지 않고 성소수자들을 위한 목회자들과 교회의 연대 활동은 끊임없이 전개될 것이다. 한국 교회가 복음의 메시지를 회복하고, 이 사회와 소통하며 사회적 책임을 감당하기 위해서는 그래서 진정한 하나님 나라를 실현하기 위해서는 누구의 편에 서야 하는지 다시 생각해야 할 것이다. 온전한 포용과 공존이 이루어질 때, 그때 우리는 누구의 편에 서는 것이 아니라 함께 서게 될 것이다. 성소수자의 편에 서서 무지개 목회를 지향하는 향린 공동체가 들었던 포스터 문구는 거룩한 공교회로서 예언자적 소리를 잃어버린 한국 교회의 모습을 뼈아프게 반성하게 한다. "차별은 하느님의 언어가 아닙니다. 혐오로 담합하는 교회는 교회가 아닙니다."

08
혐오 표현에 대한 개신교인의 인식

정재영(실천신학대학원대학교 종교사회학 교수)

1. 들어가는 말

우리 사회에 혐오 표현이 난무하고 있다. 2010년 이후 '일베' 등 일부 인터넷 사이트에서 촉발된 혐오 논란이 최근 들어 다양한 매체를 통해 급속하게 번져 사회 문제가 되고 있다. 2016년 강남역 여성 살해 사건 이후 여성 혐오가 크게 이슈가 되었고, 이에 반발한 여성들은 남성 혐오 표현들을 양산해 냈다. 혐오 표현은 양성 문제뿐 아니라 성소수자에 대해서도 매우 노골적이고 인격 모독적인 표현까지 서슴지 않고 사용되고 있다. 또 장애인과 국내 거주 외국인 등 사회적 소수자뿐 아니라 자신의 정치 신념이나 사회 이념과 맞지 않는 사람들에게까지 사회의 거의 모든 부류 사람들에게 번져서 사용될 정도로 혐오 표현은 우리 사회의 큰 문제가 되었다.

이것은 개신교계도 마찬가지다. 동성애자와 같은 성소수자에 대해 성경의 가르침에 기대어 혐오 표현을 하는가 하면 기독교와 다른 종교들, 최근에는 특히 이슬람교에 대해 반성경적이라고 비난하며 혐오 표현을 하기도 한다. 뿐만 아니라 사회에서와 마찬가지로 자신과 다른 정치 신념이나 사회 이념을 가진 사람에게 성경 말씀을 아전인수 격으로 해석하며 반성경적이라는 덫을 씌우기도 한다. 신앙은 어떤 상황에서도 타협할 수 없는 굳건한 신념의 바탕이 되기 때문에 교계에서 사용되는 혐오 표현은 자신의 신념에 대한 정당화 기제로 작동하며, 이것이 잘못된 것이라는 인식조차 약해서 더욱 문제가 된다.

이런 혐오 표현은 '영혼의 살인'이라고 불릴 정도로 정신적으로 큰 피해를 주는 일임에 틀림없지만, 이것을 법으로 규제할 것이냐에 대해서는 찬반양론이 갈린다. 자칫 표현의 자유라고 하는 시민사회의 주요 가치를 훼손할 수 있기 때문이다. 그러나 난무하는 혐오 표현을 방치하면 사회 갈등을 더욱 부추기게 되고 그 피해자도 걷잡을 수 없이 불어날 것이므로 법으로는 처벌할 수 없다고 하더라도 시민의식을 높임으로써 혐오 표현을 줄여야 한다는 입장이 있다. 이런 상황에서 '한국교회탐구센터'에서는 우리 사회에서 혐오 표현의 사용 실태를 알아 보고 개신교인과 비개신교인의 의식 차이를 비교함으로써 혐오 표현에 대한 문제의식을 높이기 위한 목적으로 혐오 표현에 대한 개신교인의 인식 조사를 실시했다. 또한 교계에서의 혐오 표현 사용 실태도 조사하였다. 이를 통해 혐오 표현으로 인한 사회적 갈등을 극복하고 나아가 우리 사회가 자신과 다른 처지에 있는 사람들을 보다 깊이 이해하고 배려하는 환경을 만드는 데 도움이 될 것이라 기대한다.

여기서 혐오 표현은 "어떤 개인·집단에 대하여 그들이 사회적 소수자로서의 속성을 가졌다는 이유로 그들을 차별·혐오하거나 차별·적의·폭력을 선동하는 표현"이라고 정의한다는 점에 유의할 필요가 있다.[1] 다시 말하면 혐오 표현은 사회적 소수자에게 해당된다는 것이 중요하다. 따라서 엄밀히 말해, 여성 혐오 표현은 존재하지만 남성 혐오 표현은 존재하지 않는다. 남성은 사회적 소수자가 아니기 때문이다. 이런 논리에 따르면 '개독교'는 혐오 표현이라고 볼 수 없다. 우리 사회에서 개신교는 소수 종교가 아니기 때문이다.

이번 조사에서도 이러한 정의에 따라 설문조사를 실시하였으나 정치적 반대자나 특정 지역 주민에 대한 혐오 표현은 시기에 따라 지배적 위치에 있는 사람들이 달라지기 때문에 '혐오 표현'의 성립 가능성이 모호할 수 있다는 점을 참고하기 바란다. 이제 조사 결과를 자세히 살펴보도록 하겠다.

2. 자료의 성격

이 조사는 교계에서 혐오 표현 실태를 분석하기 위해 실시되었는데, 설문조사는 여론조사 전문기관인 '지앤컴리서치'에 의뢰하여 진행되었다. 2019년 3월

---

1 국가인권위원회, "혐오 표현 실태 조사 및 규제 방안 연구"(2016년 12월), p. 21.

27일-4월 7일까지 12일에 걸쳐 패널을 활용한 온라인 조사로 진행되었다. 개신교인과 비개신교인의 인식 차이를 파악하기 위해 만 15-69세 국민을 대상으로 1,000명을 무작위 추출해 조사하였으며, 개신교인을 보다 깊이 분석하기 위해 200명을 추가 표집했다. 표본은 만 15-69세 전체 "2015 인구센서스"에 근거한 지역, 성, 연령으로 인구 비례 할당하여 무작위 추출했다. 혐오 표현은 청소년들 사이에서도 많이 하기 때문에 이번 조사에서는 고등학생도 표본에 포함했다.

설문 문항은 크게 여섯 부분으로 구성되었는데, 최근 1년간 혐오 표현 접촉 실태, 주요 대상자에 대한 혐오 표현에 대한 인식, 타인에 대한 혐오 표현 경험, 대상자별 혐오 표현의 근거 존재 여부, 혐오 표현에 대한 반응, 교회 및 교계에서의 혐오 표현이다. 자세한 내용은 부록에 첨부한 설문지(257쪽 이하)를 참고하기 바란다.

〈표 1〉 설문지 구성

구분	조사 항목
최근 1년간 혐오 표현 접촉 실태	접촉 경험률, 접촉 경로, 혐오 표현 대상자
주요 대상자에 대한 혐오 표현에 대한 인식	'여성, 동성애자, 장애인, 외국인 노동자, 이슬람교인'에 대한 주요 혐오 표현 접촉 경험과 혐오 표현으로 인식하는지 여부
타인에 대한 혐오 표현 경험	타인에 대한 혐오 표현 경험률, 종류, 이유
대상자별 혐오 표현의 근거 존재 여부	주요 대상자별로 혐오 표현을 받을 만한 근거가 있다고 생각하는지 여부 및 그 근거의 내용
혐오 표현에 대한 반응	혐오 표현을 들었을 때 개인적 감정 및 행동 혐오 표현에 대한 사회적 대응에 대한 의견
교회 및 교계에서의 혐오 표현	교회 및 교계에서 혐오 표현 접촉 경험 및 경로 교회에서 혐오 표현의 증감 현황 혐오 표현에 대한 개신교인으로서의 입장

3. 조사 결과

1) 응답자 특성

먼저 이번 조사의 응답자 특성을 살펴보면, 남성이 50.9퍼센트, 여성이 49.1퍼센트였고, 연령대는 15-19세 7.2퍼센트, 20대 16.8퍼센트, 30대 18.2퍼센트, 40대 21.3퍼센트, 50대 21.3퍼센트, 60대가 15.2퍼센트였다. 지역은 서울이 19.3퍼센트, 인천/경기 31.2퍼센트, 대전/충청 10.6퍼센트, 대구/경북 9.7퍼센트, 부산/울산/경남 15.3퍼센트, 호남 9.5퍼센트, 강원/제주 4.3퍼센트였다. 종교는 개신교 19.2퍼센트, 천주교 8.0퍼센트, 불교 16.0퍼센트, 기타 0.7퍼센트, 무종교 56.1퍼센트로 비개신교가 80.8퍼센트였다. 학력은 고졸 이하가 26.6퍼센트, 대졸 이상이 73.4퍼센트였다. 직업은 자영업 14.0퍼센트, 화이트칼라 27.1퍼센트, 블루칼라 17.8퍼센트, 주부 16.8퍼센트, 학생 13.0퍼센트, 무직/기타 11.3퍼센트였다. 월 소득은 300만 원 미만이 32.3퍼센트, 300-600만 원 미만이 45.5퍼센트, 600만 원 이상이 22.3퍼센트였다.

다음으로 개신교인 표본을 살펴보면, 전체 표본 1,000명 중 157명이 개신교인이었는데 여기에 200명을 추가 표집해 개신교인 전체 표본은 357명이 된다. 그런데 "2015년 인구센서스"에서 개신교 인구가 19.7퍼센트였기 때문에 이 비율에 따라 전체 1,200 명 중 19.7퍼센트인 230명으로 맞추었다. 개신교 표본의 응답자 특성은 남성 43.4퍼센트, 여성 56.7퍼센트였다. 나이는 15-19세가 7.9퍼센트, 20대 14.3퍼센트, 30대 15.6퍼센트, 40대 24.0퍼센트, 50대 24.1퍼센트, 60대 14.1퍼센트였다. 지역은 서울 23.4퍼센트, 인천/경기 36.5퍼센트, 대전/충청 9.3퍼센트, 영남 15.5퍼센트, 호남/강원/제주가 15.4퍼센트였다. 학력은 고졸 이하 30.7퍼센트, 대졸 이상이 69.3퍼센트였다. 직업은 자영업 10.3퍼센트, 화이트칼라 30.6퍼센트, 블루칼라 20.0퍼센트, 주부 15.7퍼센트, 학생 10.9퍼센트, 무직/기타 12.5퍼센트였다. 월 소득은 300만 원 미만이

⟨표 2⟩ 응답자 특성 (전체)

		사례수	%
전체		(1200)	100.0
성별	남성	(611)	50.9
	여성	(589)	49.1
연령	만 15-19세	(86)	7.2
	만 20-29세	(202)	16.8
	만 30-39세	(218)	18.2
	만 40-49세	(255)	21.3
	만 50-59세	(256)	21.3
	만 60-69세	(183)	15.2
지역	서울	(232)	19.3
	인천/경기	(374)	31.2
	대전/충청	(127)	10.6
	대구/경북	(117)	9.7
	부/울/경	(184)	15.3
	호남	(114)	9.5
	강원/제주	(52)	4.3
종교 1	개신교	(230)	19.2
	천주교	(96)	8.0
	불교	(192)	16.0
	기타	(8)	.7
	무종교	(673)	56.1
종교 2	개신교	(230)	19.2
	비개신교	(970)	80.8
학력	고졸 이하	(319)	26.6
	대졸 이상	(881)	73.4
직업	자영업	(168)	14.0
	화이트칼라	(325)	27.1
	블루칼라	(214)	17.8
	가정주부	(202)	16.8
	학생	(156)	13.0
	무직/기타	(136)	11.3
월 소득	299만 원 이하	(387)	32.3
	300-599만 원	(545)	45.5
	600만 원 이상	(267)	22.3
정치 사회적 이념	보수	(286)	23.9
	중도	(550)	45.9
	진보	(363)	30.3

⟨표 3⟩ 응답자 특성 (개신교인)

		사례수	%
전체		(230)	100.0
성별	남성	(100)	43.3
	여성	(131)	56.7
연령	만 15-19세	(18)	7.9
	만 20-29세	(33)	14.3
	만 30-39세	(36)	15.6
	만 40-49세	(55)	24.0
	만 50-59세	(55)	24.1
	만 60-69세	(32)	14.1
지역	서울	(54)	23.4
	인천/경기	(84)	36.5
	대전/충청	(21)	9.3
	영남	(36)	15.5
	호남/강원/제주	(35)	15.4
학력	고졸 이하	(71)	30.7
	대졸 이상	(160)	69.3
직업	자영업	(24)	10.3
	화이트칼라	(71)	30.6
	블루칼라	(46)	20.0
	가정주부	(36)	15.7
	학생	(25)	10.9
	무직/기타	(29)	12.5
월 소득	299만 원 이하	(63)	27.3
	300-599만 원	(99)	43.0
	600만 원 이상	(68)	29.7
정치 사회적 이념	보수	(66)	28.7
	중도	(101)	44.0
	진보	(63)	27.3
교회 출석 기간	9년 이하	(38)	16.6
	10-19년	(47)	20.5
	20-29년	(50)	21.7
	30년 이상	(95)	41.2
교회 출석 여부	출석	(163)	70.7
	비출석	(68)	29.3
직분	중직자	(29)	12.4
	서리집사	(61)	26.6
	일반 성도	(141)	61.0
신앙 단계	기독교 입문층	(78)	33.8
	그리스도 인지층	(63)	27.4
	그리스도 친밀층	(55)	23.9
	그리스도 중심층	(35)	15.0

27.3퍼센트, 300-600만 원 미만이 43.0퍼센트, 600만 원 이상이 29.7퍼센트였다. 교회 출석 기간은 10년 미만이 16.6퍼센트, 10-20년 미만이 20.5퍼센트, 20-30년 미만이 21.7퍼센트, 30년 이상이 41.2퍼센트였다. 이중 교회에 출석하지 않는 이른바 '가나안 성도'가 29.3퍼센트였다. 직분은 중직자 12.4퍼센트, 서리집사 26.6퍼센트, 직분 없는 성도가 61.0퍼센트였다.

그리고 이번 조사에서는 본인의 신앙 단계를 물어 보았다. "1단계 기독교 입문층: 나는 하나님을 믿지만, 그리스도에 대해서는 잘 모르겠다. 내 종교는 아직까지 삶에서 큰 비중을 차지하지 않는다." "2단계 그리스도 인지층: 나는 예수님을 믿으며, 그분을 알기 위해 여러 가지 일을 하고 있다." "3단계 그리스도 친밀층: 나는 그리스도와 가까이 있으며, 매일 그분의 인도하심에 의지한다." "4단계 그리스도 중심층: 하나님은 내 삶의 전부이며, 나는 그분으로 충분하다. 나의 모든 일은 그리스도를 드러낸다." 이 4단계를 제시하고 응답하게 하였다.[2] 이것은 신앙 단계와 혐오 표현 의식 간의 관계를 살펴보기 위함이다. 그 결과 1단계 33.8퍼센트, 2단계 27.4퍼센트, 3단계 23.9퍼센트, 4단계 15.0퍼센트로 나왔다.

2) 최근 1년간 혐오 표현 접촉 실태

먼저 최근 1년간 혐오 표현을 보거나 들은 적이 있는지에 대해 물어 보았는데, 질문 전에 혐오 표현에 대해 다음과 같이 설명했다. "혐오 표현이란 어떤 개인이나 집단에 대하여, 그들이 사회적 소수자라는 이유로 비난하거나, 멸시하거나(깔보거나) 위협하는 표현, 그들에 대한 차별이나 폭력이 당연하다고 느껴지는 표현, 그들을 차별하자고 하거나 그들에게 폭력을 사용하고자 하는

---

[2] 이 문항은 미국 윌로크릭 교회에서 교회 진단을 위해 사용한 문항을 차용한 것이다. 이에 대해서는 에릭 안슨 외, 『윌로크릭의 발견』(국제제자훈련원, 2008)을 보라.

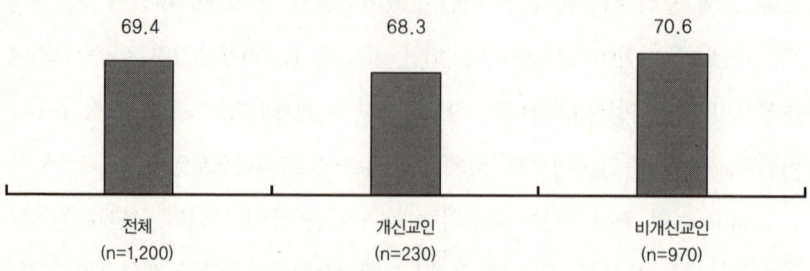

〈그림 1〉 최근 1년간 혐오 표현 접촉 경험 (전체)

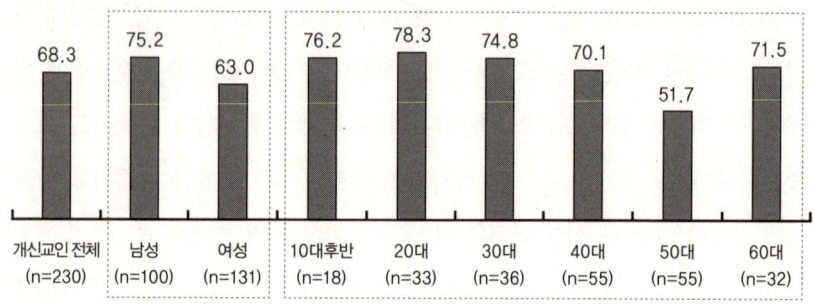

〈그림 2〉 최근 1년간 혐오 표현 접촉 경험 (개신교인)

표현 등을 말합니다." 이에 대해 69.4퍼센트가 접촉 경험이 있다고 응답했고 30.6퍼센트는 접촉 경험이 없다고 응답했다. 남성이 74.1퍼센트로 여성 64.5퍼센트보다 많았고, 10대와 20대에서 더 많아서 젊은 층에서 혐오 표현이 많이 사용되는 것으로 보인다. 개신교인은 68.3퍼센트가, 비개신교인은 70.6퍼센트가 접촉 경험이 있다고 응답하여 개신교인과 비개신교인 간에 차이가 없었다. 이에 대하여 개신교인 가운데 남성(75.2퍼센트)과 연령이 낮을수록 혐오 표현 접촉 경험이 높게 나타났다.

다음으로, 최근 1년간 혐오 표현을 보거나 들은 적 있다고 응답한 사람들에게 접촉 경로를 물어 보았다. 주로 '온라인/모바일 뉴스와 댓글'(87.9퍼센트)과 '대중매체(신문/방송/영화)'(80.6퍼센트)에서 혐오 표현을 경험했고, 최근에 부쩍 사용자가 늘어난 유튜브가 3위를 차지했다. 여성들이 남성들보다 거의 모든 접촉 경로에 대한 응답률이 높았다. 10대와 20대는 온라인, 유튜브, SNS에서의 접촉 경험이 많았는데 60대는 다른 온라인 매체와 달리 유튜브에서의 접촉 경험이 40-50대보다 높아서 최근 노년층에서 유튜브를 많이 이용한다는 사실이 이번 조사에서도 확인되었다. 또한 60대는 종교기관/모임에서의 접촉 경험이 모든 연령대 중 가장 높게 나와서 노년층의 종교 모임에서 혐오 표현이 상대적으로 많이 사용되고 있는 것으로 보인다.

개신교인은 비개신교인보다 '온라인/모바일 뉴스와 댓글'(93.8퍼센트)을 비롯한 다양한 매체에서 혐오 표현을 접촉한 경험이 더 많았으며, '종교기관/모임'에서 혐오 표현을 접촉한 경험도 23.2퍼센트로 나타났다. 개신교인 남성은 '학교/직장'(57.8퍼센트), '온라인/모바일 게임'(41.1퍼센트)과 같은 집단에서 접촉한 경험이 많은 반면, 여성은 '대중매체'(80.3퍼센트) 등 문화적 경험에서 접촉한 경험이 많았다.

다음으로, 최근 1년간 보거나 들은 혐오 표현의 대상자는 '정치적 반대자'(61.9퍼센트), '여성'(59.8퍼센트), '성소수자'(51.3퍼센트) 순으로 나타났고, 장애인, 저소득층, 특정 지역 주민, 이슬람교인은 대체로 응답률이 낮았다. 여성들은 남성들에 비해 모든 대상자에 대해 혐오 표현 접촉 경험이 많았고, 대구/경북 지역에서는 '자신이 속하지 않은 특정 지역 주민'이라는 응답이 상대적으로 많았다. 전체적으로 보면, 여성들은 남성들에 비해 혐오 표현 접촉 경험은 적지만 혐오 표현 접촉 경험이 있는 여성들은 남성들보다 더 여러 경로에서 더 많은 대상자들에 대해 접촉 경험이 있는 것으로 나타나 혐오 표현 접촉 경험이 있는 여성들과 그렇지 않은 여성들이 뚜렷하게 구별되는 경향이 있다. 반면에 남성들은 혐오 표현에 대한 경험은 많지만 경로나 대상자 면에서 정도가 약하게 나왔다. 대체로 남성들이 여성들에 비해 혐오 표현에 대한 감수성이 부족한 것으로 해석된다.

<그림 3> 최근 1년간 혐오 표현 접촉 경험 (전체)   (Base=혐오 표현 접촉자, %)

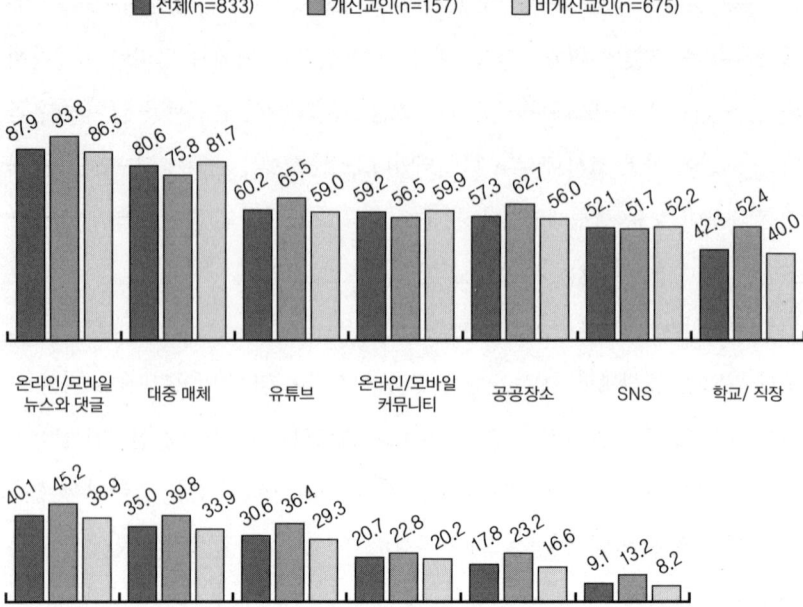

<표 4> 최근 1년간 혐오 표현 접촉 경로 (개신교인)   (Base=혐오 표현 접촉 개신교인, %)

		사례수	온라인/모바일 뉴스/댓글	대중 매체	유튜브	공공장소	온라인/모바일 커뮤니티	학교/직장	SNS	메신저(카톡)	사회적 모임	온라인/모바일 게임	종교기관/모임
전체		(157)	93.8	75.8	65.5	62.7	56.5	52.4	51.7	45.2	39.8	36.4	23.2
성별	남성	(75)	94.7	70.8	65.4	61.2	52.7	57.8	52.6	49.0	37.5	41.1	21.5
	여성	(82)	93.9	80.3	65.7	64.0	59.9	47.5	50.8	41.7	41.8	32.0	24.7
연령	10대 후반	(14)	95.5	58.4	77.1	77.3	60.3	91.8	71.4	64.5	42.0	50.7	31.7
	20대	(26)	97.8	78.1	78.0	70.6	58.9	49.7	60.4	41.2	39.7	48.3	12.5
	30대	(27)	93.8	91.1	60.2	68.1	70.8	74.6	60.7	41.7	52.2	46.3	44.2
	40대	(39)	97.7	66.0	65.8	56.6	54.1	41.8	50.0	42.1	34.3	32.3	17.5
	50대	(29)	92.7	86.2	57.2	54.5	47.1	33.5	43.1	43.7	33.8	26.8	20.2
	60대	(23)	83.0	69.1	60.9	59.1	50.4	47.4	33.0	49.2	40.8	21.7	18.9

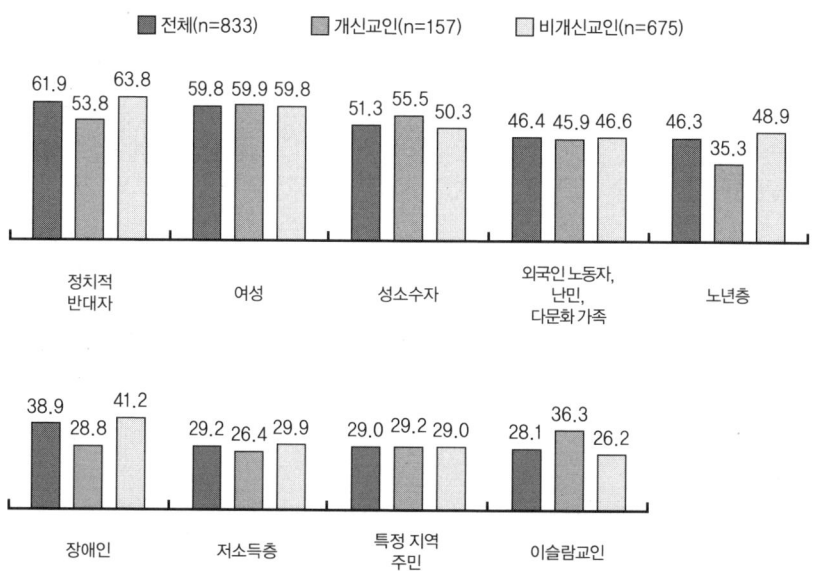

〈그림 4〉 최근 1년간 혐오 표현 접촉 경험 (전체)   (Base=혐오 표현 접촉자, %)

개신교인이 가장 많이 접한 혐오 표현 대상자는 '여성'(59.9퍼센트)과 '성소수자'(55.5퍼센트)였으며, 비개신교인은 '정치적 반대자'(63.8퍼센트)와 '여성'(59.8퍼센트)으로 차이가 있었다. 교회에서는 정치 이야기를 하는 것이 금기시되는

〈표 5〉 최근 1년간 혐오 표현 접촉 경로 (개신교인)   (Base=개신교인 혐오 표현 접촉자, %)

		사례수	여성	성소수자	장애인	저소득층	노년층	외국인 노동자, 난민, 다문화 가족	특정 지역 주민	정치적 반대자	이슬람 교인
	전체	(157)	59.9	55.5	28.8	26.4	35.3	45.9	29.2	53.8	36.3
직분	중직자	(19)	51.3	49.9	23.7	20.4	22.3	27.1	26.7	59.8	53.7
	서리집사	(40)	60.8	58.8	27.7	25.3	33.1	44.1	26.2	54.4	34.4
	일반 성도	(98)	61.2	55.3	30.3	28.1	38.8	50.3	30.8	52.3	33.7
신앙 단계	기독교 입문층	(53)	57.0	49.5	32.9	31.0	40.5	42.9	28.0	53.7	30.0
	그리스도 인지층	(45)	57.1	57.0	18.6	20.6	26.2	50.0	28.5	58.2	35.4
	그리스도 친밀층	(36)	62.0	53.1	32.5	20.9	46.3	48.1	27.7	52.4	41.1
	그리스도 중심층	(24)	68.2	69.7	33.3	35.3	24.5	41.5	35.2	47.6	45.0

분위기의 영향이 있는 것으로 해석된다. 그리고 개신교인의 '이슬람교인'에 대한 혐오 표현 접촉은 36.3퍼센트로 비개신교인(26.2퍼센트)과 뚜렷한 차이를 보여 신앙 요인이 크게 작용함을 알 수 있다. 그리고 〈표 5〉에서와 같이, 개신교인 가운데 신앙 단계가 '그리스도 중심층'으로 갈수록 여성, 성소수자, 이슬람교인에 대한 혐오 표현 접촉 경험이 많은 것으로 나타났다.

3) 주요 대상에 대한 혐오 표현에 대한 인식

여성

여성에 대한 주요 혐오 표현인 '김치녀, 맘충, 여자치고 잘하는데, 군대도 안 가면서 특혜만 요구한다'를 제시하고 이런 표현을 들어 본 적이 있는지 물었는데, 82.0퍼센트가 경험이 있다고 응답했다. 20대에서는 93.7퍼센트로 접촉 경험이 가장 많았다. 앞에서 지난 1년간 혐오 표현을 경험했는지 질문했을 때 69.4퍼센트 나온 것보다 10퍼센트포인트 이상 높은 수치다. 막연하게 '혐오 표현'이라고 물었을 때보다 구체적인 표현을 제시했을 때 실제로 들어 본 적이 있다는 응답이 많이 나온 것이다.

개신교인은 79.0퍼센트, 비개신교인은 82.7퍼센트로 별 차이가 없었다. 개신교인 가운데서는 남성(85.3퍼센트)과 연령이 낮을수록 여성 혐오 표현 접촉 경험이 높게 나타났고, 교회 비출석자(88.4퍼센트)와 서리집사(76.3퍼센트)와 일반 성도(82.3)의 접촉 경험이 상대적으로 높게 나타났다.

위의 혐오 표현 중에서 "군대도 안 가면서 특혜만 요구한다"는 여성 혐오 표현에 대해 어떻게 생각하는지 물었는데, 이것이 혐오 표현이라고 생각하는 비율은 38.9퍼센트, 혐오 표현이 아니라고 생각하는 비율은 42.2퍼센트로 거의 비슷하게 나타났다. 그런데 여성은 과반수인 52.5퍼센트가 혐오 표현이라고 생각했으나 남성은 과반수인 57.8퍼센트가 혐오 표현이 아니라고 응답해 인식 차이가 컸다. 연령별로는 30대 이하에서 혐오 표현이라는 응답이 많았

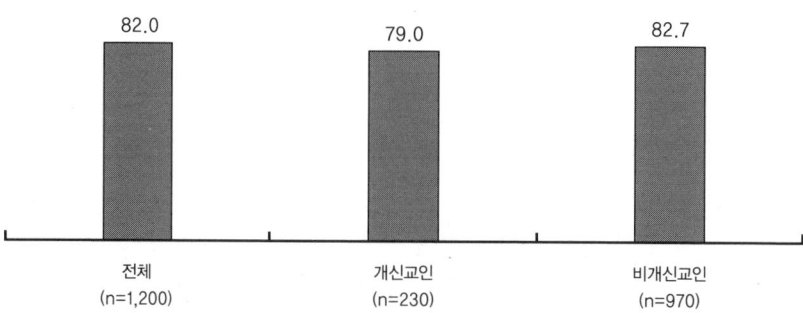

〈그림 5〉 주요 대상-여성-에 대한 혐오 표현에 대한 접촉 경험 (전체) (Base=전체, %)

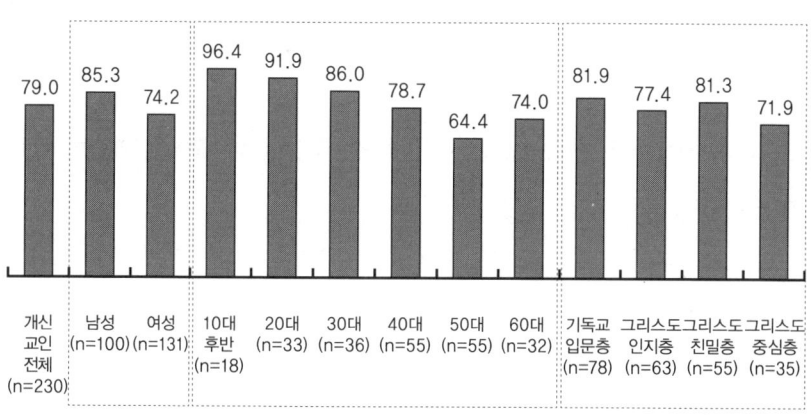

〈그림 6〉 주요 대상-여성-에 대한 혐오 표현에 대한 접촉 경험 (개신교인) (Base=개신교인 전체, %)

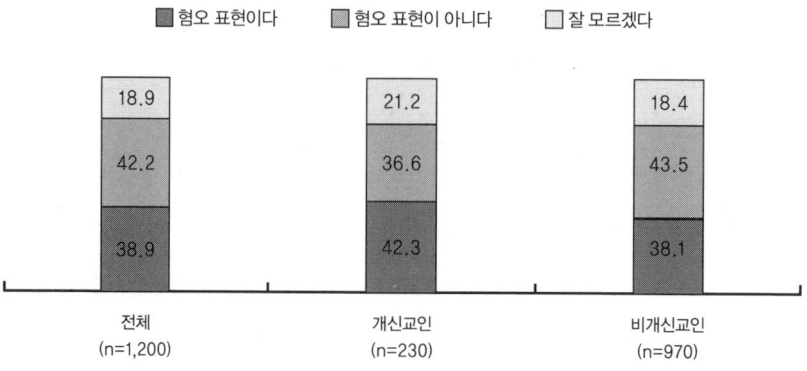

〈그림 7〉 주요 대상-여성-에 대한 혐오 표현 여부에 대한 판단 (전체) (Base=전체, %)

08 혐오 표현에 대한 개신교인의 인식

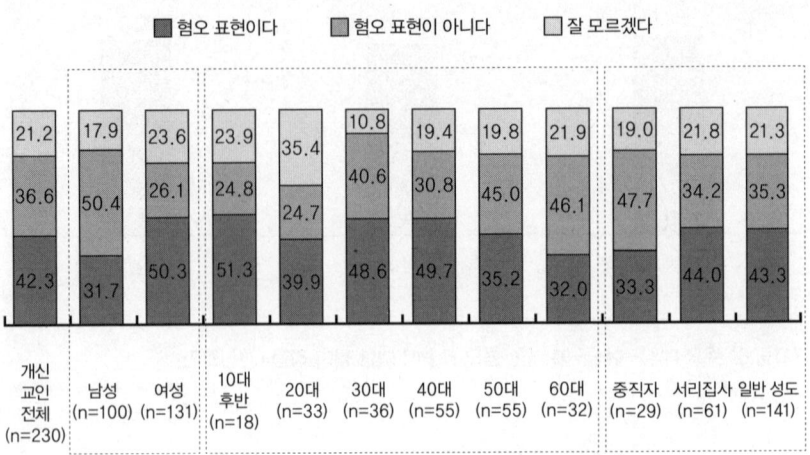

<그림 8> 주요 대상-여성-에 대한 혐오 표현 여부에 대한 판단 (개신교인)

고, 40대 이상에서는 혐오 표현이 아니라는 응답이 더 많아서 연령별 의식 차이도 컸다.

개신교인 가운데 42.3퍼센트, 비개신교 가운데 38.1퍼센트가 혐오 표현이라고 응답해 차이가 별로 없었다. 개신교인 가운데 여성(50.3퍼센트)과 20대를 제외한 40대 이하에서 여성 혐오 표현이라고 응답한 비율이 상대적으로 높게 나왔다. 특이하게 20대에서 여성 혐오 표현이 아니라는 응답이 많이 나온 것은 20대 남성 중 여성 혐오 표현이 아니라고 생각하는 사람들이 많기 때문으로 보인다. 전체 응답자 중 20대는 혐오 표현이 아니라는 응답이 39.6퍼센트로 높은 편이었는데, 개신교인 20대는 혐오 표현이 아니라는 응답은 24.7퍼센트로 높지 않은 데 반해 잘 모르겠다는 응답이 35.4퍼센트로 가장 높게 나와서 유보적 입장을 보였다. 또 서리집사(44.0퍼센트)와 일반 성도(43.3퍼센트)가 여성 혐오 표현이라고 응답한 비율이 더 높게 나오고 중직자들에게서 혐오 표현이 아니라는 응답이 많이 나와서 중직자들이 여성 혐오 표현에 대해 더 무딘 것으로 나타났다.

동성애자

동성애자에 대한 혐오 표현인 '똥꼬충, 동성애자는 에이즈를 전염시킨다, 동성애자는 변태다, 동성애는 병이다'를 제시하고 이런 표현을 들어 본 적이 있는지 물었는데, 66.7퍼센트가 경험한 것으로 나타났다. 20대와 학생들에서 경험률이 가장 높게 나왔다.

이에 대해 개신교인은 73.0퍼센트, 비개신교인은 65.2퍼센트로 개신교인의 접촉 경험률이 7.8퍼센트포인트 더 높게 나왔다. 개신교인 가운데는 남성(77.8퍼센트)들의 접촉 경험률이 높았다. 이에 대하여, 연령별로는 뚜렷한 경향이

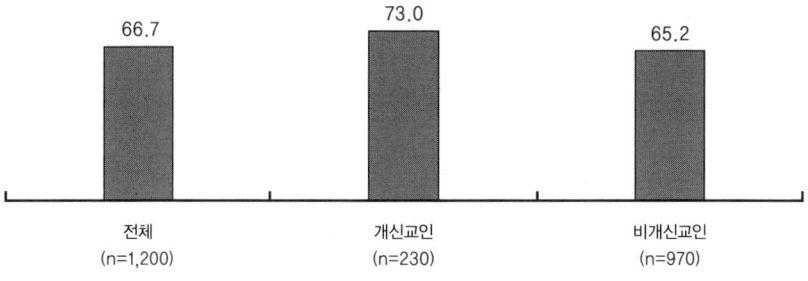

〈그림 9〉 주요 대상-동성애자-에 대한 혐오 표현 접촉 경험 (전체)   (Base=전체, %)

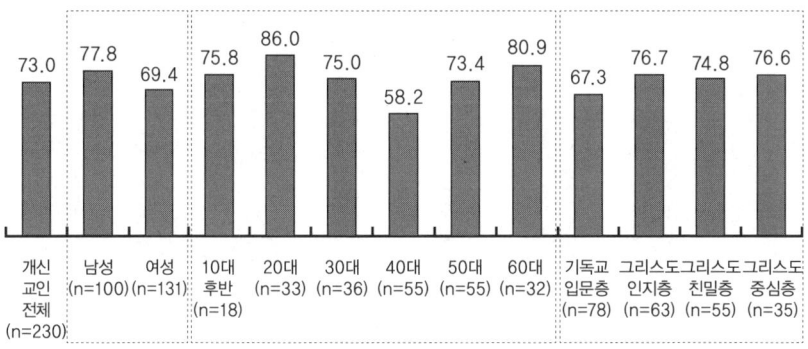

〈그림 10〉 '동성애자'에 대한 혐오 표현 접촉 경험 (개신교인)   (Base=개신교인 전체, %)

안 나타났으나 20대에서 가장 접촉 경험이 많았고, 직분별로는 중직자(85.3퍼센트)의 접촉 경험이 높게 나타났다. 그리고 기독교 입문층에서는 다른 단계에 비해 10퍼센트포인트가량 접촉 경험이 낮게 나왔는데, 이것은 초신자에 해당하는 이들이 다른 기독교인들과 접촉할 수 있는 기회가 상대적으로 적기 때문으로 해석된다.

위의 제시 문장 중 '동성애자는 변태다'라는 표현을 제시하고 이것이 혐오

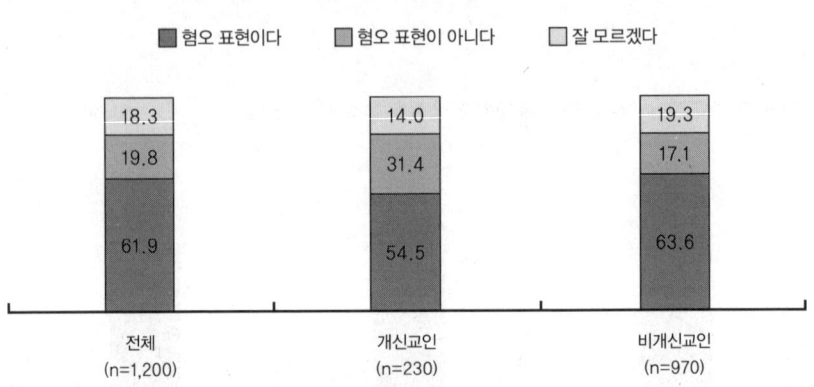

〈그림 11〉 주요 대상-동성애자-에 대한 혐오 표현 여부에 대한 판단 (전체) (Base=전체, %)

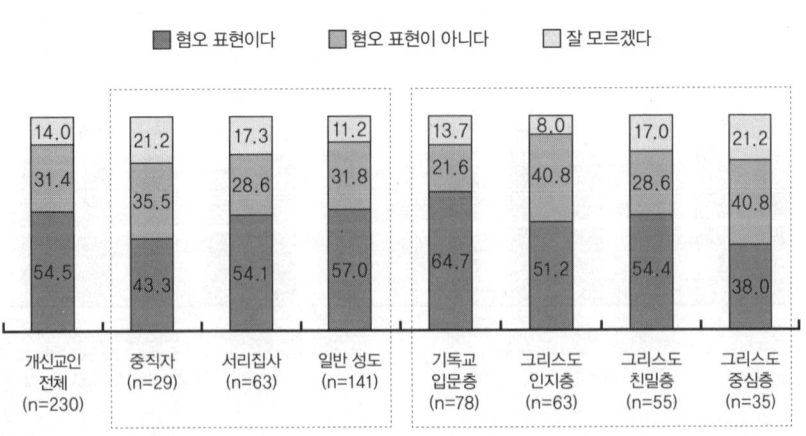

〈그림 12〉 주요 대상-동성애자-에 대한 혐오 표현 여부에 대한 판단 (개신교인) (Base=개신교인 전체, %)

표현이라고 생각하는지 물어 보았는데, 61.9퍼센트가 혐오 표현이라고 응답했고, 19.8퍼센트가 아니라고 응답했다. 남성들은 혐오 표현이 아니라는 응답이 여성보다 11.3퍼센트포인트 높았고, 나이가 많을수록 혐오 표현이 아니라는 응답이 많았다.

개신교인의 경우 절반가량은 혐오 표현이라고 생각하지만 혐오 표현이 아니라고 생각하는 비율이 31.4퍼센트로 비개신교인의 17.1퍼센트보다 2배 가까이 높게 나타나 인식의 차이를 보였다. 특히 개신교인 가운데 직분이 높을수록, 신앙 단계가 그리스도 중심층에 가까울수록 혐오 표현이 아니라고 생각하는 응답이 높게 나와서 신앙적 요인이 작용하는 것으로 해석된다.

장애인

장애인에 대한 혐오 표현인 '병신, 애자, 장애인은 밖에 못 돌아다니게 해야 한다, 장애인은 복지 예산을 축낸다'를 제시하고 이런 표현을 들은 경험이 있는지 물었는데, 74.8퍼센트가 경험이 있다고 응답했다. 대체로 젊은 층에서 경험이 있다는 응답이 많았다.

개신교인은 69.5퍼센트, 비개신교인은 76.0퍼센트로 개신교인의 접촉 경험률이 6.5퍼센트포인트 더 낮게 나왔다. 이에 대하여 개신교인 가운데 젊을수

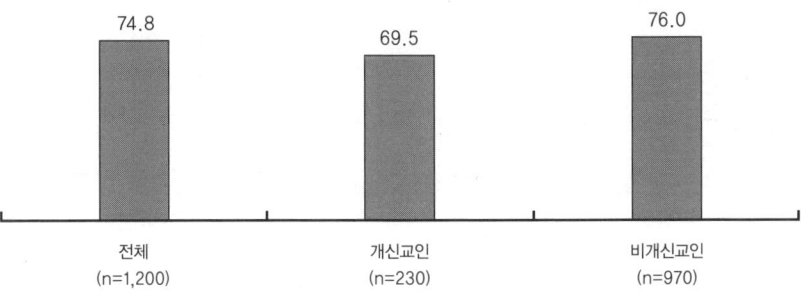

〈그림 13〉 주요 대상-장애인-에 대한 혐오 표현 접촉 경험 (전체)　　(Base=전체, %)

<그림 14> 주요 대상-장애인-에 대한 혐오 표현 접촉 경험 (개신교인) (Base=개신교인 전체, %)

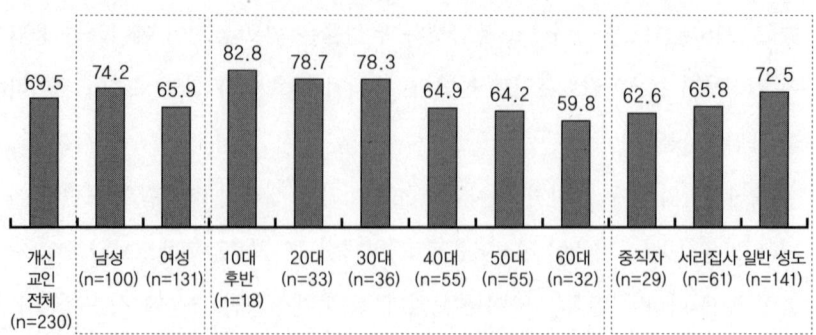

<그림 15> 주요 대상-장애인-에 대한 혐오 표현 여부에 대한 판단 (전체) (Base=전체, %)

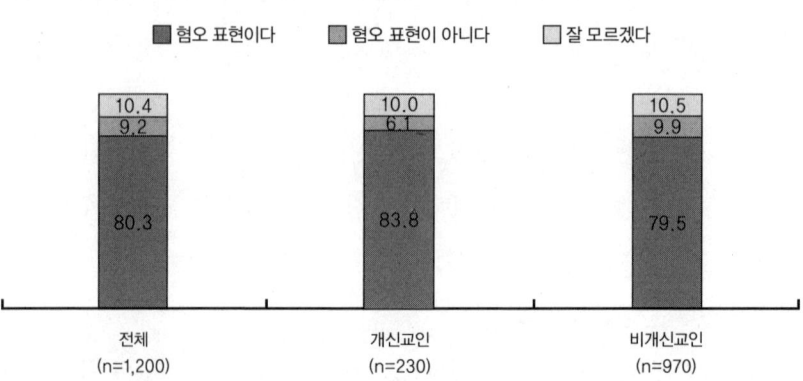

<그림 16> 주요 대상-장애인-에 대한 혐오 표현 여부에 대한 판단 (개신교인)

(Base=개신교인 전체, %)

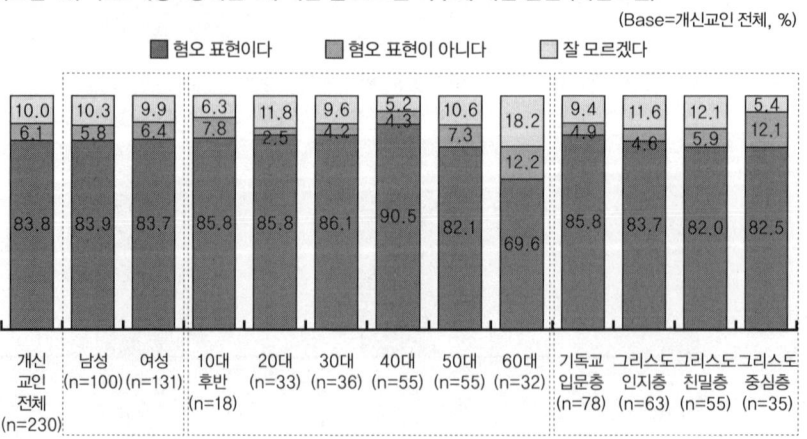

록, 특히 10대의 접촉 경험율이 더 높게 나타났고, 중직자보다 일반 성도(72.5퍼센트)의 접촉 경험이 높게 나타났다.

위의 제시 문장 중 '장애인은 복지 예산을 축낸다'라는 표현을 제시하고 이것이 혐오 표현이라고 생각하는지 물었는데, 80.3퍼센트가 혐오 표현이라고 응답했고, 9.2퍼센트가 아니라고 응답했다. 20대와 블루칼라에서 상대적으로 혐오 표현이 아니라는 응답이 많았다. 개신교인은 83.8퍼센트, 비개신교인은 79.5퍼센트가 혐오 표현이라고 응답하여 차이가 없었다.

외국인 노동자/난민/다문화 가족

외국인 노동자/난민/다문화 가족에 대한 혐오 표현인 '파퀴벌레, 흑형, 우리 일자리 뺏어 가는 것들, 너희 나라로 돌아가라, 우리나라에 와서 왜 너희 나라 말 쓰냐?'를 제시하고 들어 본 적이 있는지 물었는데, 72.4퍼센트가 경험이 있다고 응답했다. 젊은 층에서 경험이 있다는 응답이 많았다. 개신교인은 68.3퍼센트, 비개신교인은 73.3퍼센트로 개신교인과 비개신교인 간의 차이가 크지 않았다. 개신교인 가운데서는 남성(73.2퍼센트), 20대(86.0퍼센트)와 30대(81.7퍼센트), 신앙 단계나 낮을수록 혐오 표현 접촉 경험이 높았다.

위의 제시 문장 중 '우리나라에 와서 왜 너희 나라 말 쓰냐?'라는 표현을

〈그림 17〉 주요 대상-외국인 노동자/난민/다문화 가족-에 대한 혐오 표현 접촉 경험 (전체)

(Base=전체, %)

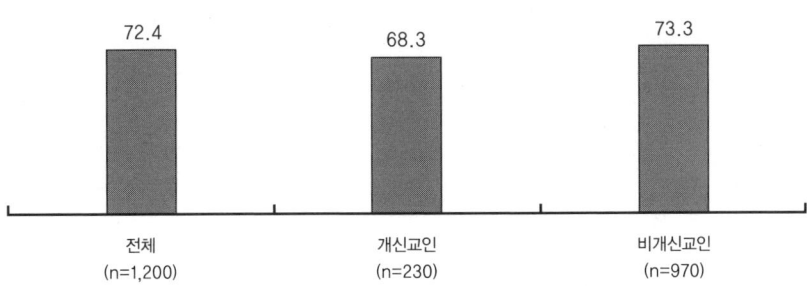

<그림 18> '외국인 노동자/난민/다문화 가족'에 대한 혐오 표현 접촉 경험 (개신교인)

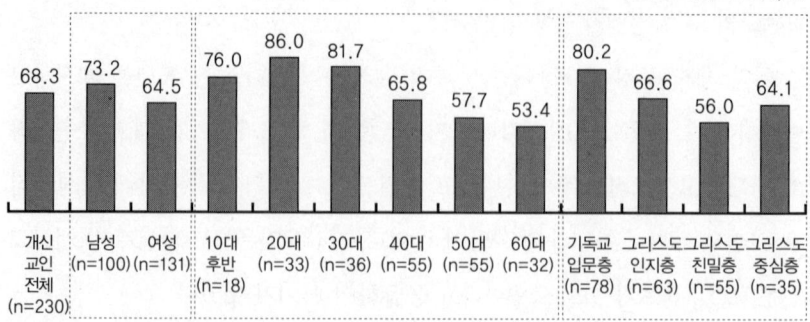

<그림 19> 주요 대상-외국인 노동자/난민/다문화 가족-에 대한 혐오 표현 여부에 대한 판단 (전체)

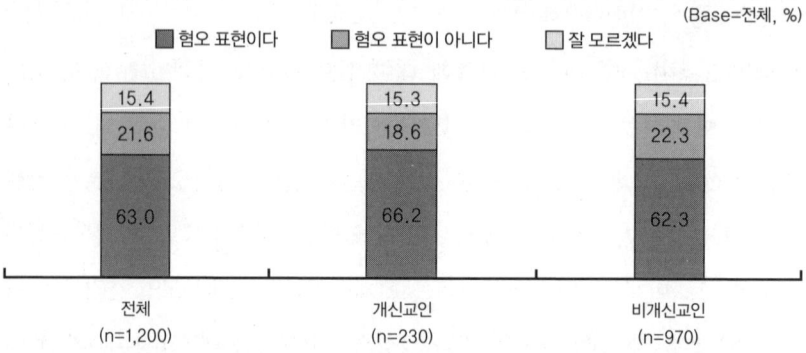

<그림 20> 주요 대상-외국인 노동자/난민/다문화 가족-에 대한 혐오 표현 여부에 대한 판단 (개신교인)

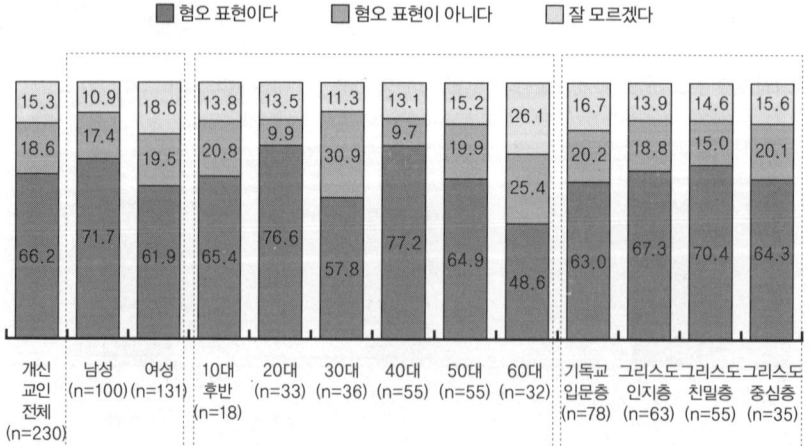

제시하고 이것이 혐오 표현이라고 생각하는지 물었는데, 63.0퍼센트가 혐오 표현이라고 응답했고, 21.6퍼센트가 아니라고 응답했다. 20대에서 혐오 표현이 아니라는 응답이 가장 높게 나왔다. 개신교인은 66.2퍼센트, 비개신교인은 62.3퍼센트가 혐오 표현이라고 응답해 차이가 없었다. 개신교인 가운데 남성(71.7퍼센트)이 여성(61.9퍼센트)보다 혐오 표현이라고 생각하는 비율이 더 높았는데, 전체 응답자 중에서는 여성(66.2퍼센트)이 남성(60.0퍼센트)보다 혐오 표현이라고 생각하는 비율이 더 높게 나온 것과 비교된다. 신앙 단계에 따른 차이는 없었다.

이슬람교인

이슬람교인에 대한 혐오 표현인 '이슬람교인은 폭력적이다, 이슬람 남자가 많아지면 성범죄가 늘어난다'를 제시하고 들어 본 적이 있는지 물었는데, 50.0퍼센트가 경험이 있다고 응답했다. 20대와 30대에서 경험이 있다는 응답이 높게 나왔다. 개신교인은 56.2퍼센트, 비개신교인은 48.5퍼센트로 개신교인이 비개신교인보다 7.7퍼센트포인트 더 높은 경험을 보였다. 개신교인 가운데서는 남성(60.9퍼센트), 20대(64.6퍼센트)와 30대(71.4퍼센트), 중직자(62.2퍼센트)와 서리집사(61.5퍼센트)의 접촉 경험이 높게 나타났다.

〈그림 21〉 주요 대상-이슬람교인-에 대한 혐오 표현 접촉 경험 (전체)   (Base=전체, %)

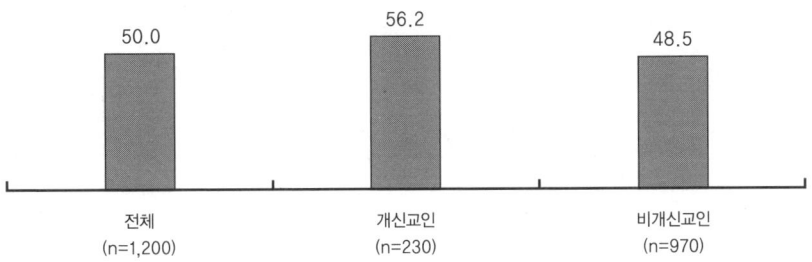

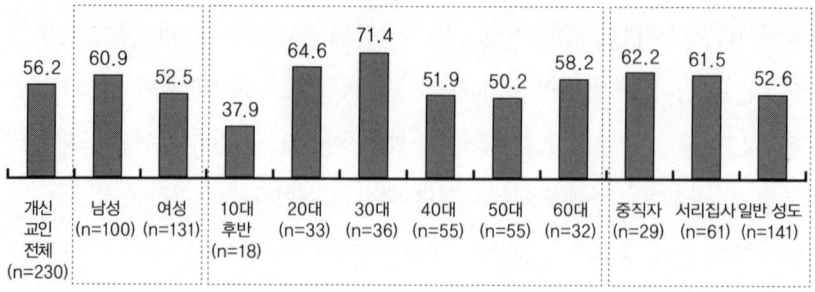

〈그림 22〉 주요 대상-이슬람교인-에 대한 혐오 표현 접촉 경험 (개신교인) (Base=개신교인 전체, %)

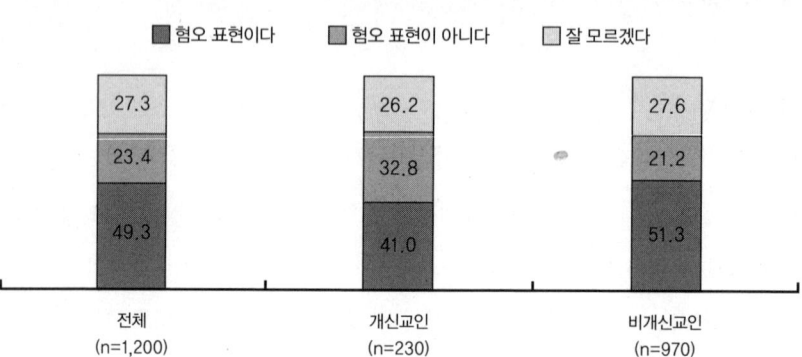

〈그림 23〉 주요 대상-이슬람교인-에 대한 혐오 표현 여부에 대한 판단 (전체) (Base=전체, %)

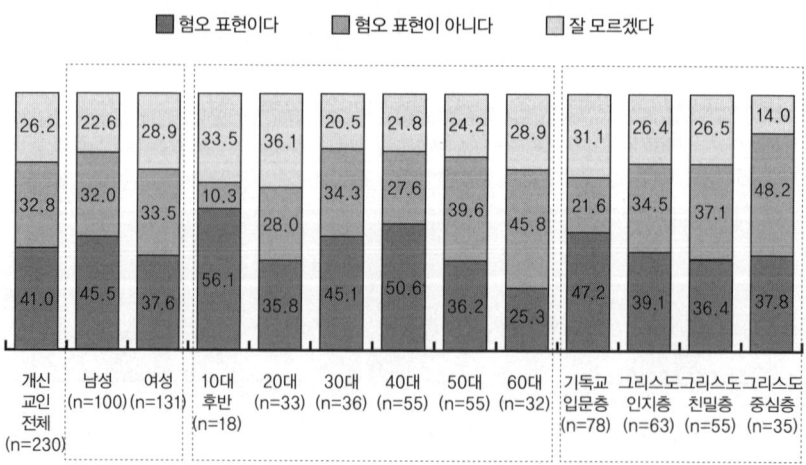

〈그림 24〉 주요 대상-이슬람교인-에 대한 혐오 표현 여부에 대한 판단 (개신교인) (Base=개신교인 전체, %)

위의 제시 문장 중 '이슬람교인은 폭력적이다'라는 표현을 제시하고 이것이 혐오 표현이라고 생각하는지 물었는데, 49.3퍼센트가 혐오 표현이라고 응답했고, 23.4퍼센트가 아니라고 응답했다. 연령으로는 20대, 직업으로는 블루칼라와 무직/기타에서 혐오 표현이 아니라는 응답이 많았다.

개신교인은 32.8퍼센트, 비개신교인은 21.2퍼센트가 혐오 표현이 아니라고 응답해 개신교인이 11.6퍼센트포인트 더 높았다. 개신교인 가운데 남성(45.5퍼센트)과 10대(56.1퍼센트)에서 혐오 표현이라고 생각하는 비율이 더 높게 나타났다. 그리고 50대(39.6퍼센트)와 60대(45.8퍼센트), 신앙 단계별로는 그리스도 중심층(48.2퍼센트)으로 갈수록 혐오 표현이 아니라고 응답하는 경향이 강하게 나타나 신앙 요인이 작용하는 것으로 해석된다.

4) 타인에 대한 본인의 혐오 표현 경험

자신이 타인에 대해 혐오 표현을 한 경험에 대해서 '자주 있다' '가끔 있다' '드물게 있다'를 합하여 48.0퍼센트가 있다고 응답하였는데, 20대에서 한 경험이 62.7퍼센트로 가장 많았다. 국가인권위원회에서 조사한 결과에서 "사회적 소수자에 속하는 사람들에 대하여 그들이 사회적 소수자라는 이유로 비난, 멸시, 위협하는 내용의 말을 하거나 글을 공개한 적이 있다"는 응답이 10퍼센트 이하로 나온 것에 비하면 상당히 높은 비율이다.[3] 이것은 국가인권위원회의 조사에서 '사회적 소수자'라고 특정한 반면 이번 조사에서는 '타인에게'라고 포괄적으로 질문하였고, "의도적이든 비의도적이든"이라는 표현이 있어 생긴 차이 때문이라고 생각된다. 따라서 사회적 소수자만이 아닌 불특정자에게 '혐오적 표현'을 해 본 경험은 훨씬 많다고 볼 수 있을 것이다.

이번 조사에서 자신이 타인에 대해 혐오 표현을 한 경험에 대해 개신교인

---

3   국가인권위원회, 같은 글, pp. 135-148.

은 43.9퍼센트, 비개신교인은 49.0퍼센트로 개신교인이 비개신교인보다 약간 적었다. 그리고 기독교 입문층에서 혐오 표현 경험이 과반수로 가장 많았고, 그리스도 중심층에서는 26.6퍼센트로 기독교 입문층의 절반 수준이었다. 따라서 신앙 단계가 높을수록 혐오 표현을 많이 하지 않는 것으로 나타났다.

자신이 타인에 대해 한 혐오 표현 종류는 '정치적 반대자'가 46.5퍼센트로 가장 높았으며, 다음으로 '외국인 노동자/난민/다문화 가족'(23.2퍼센트), '노년층'(20.2퍼센트), '여성'(19.4퍼센트) 순으로 나타났다. 앞에서 혐오 표현을 들

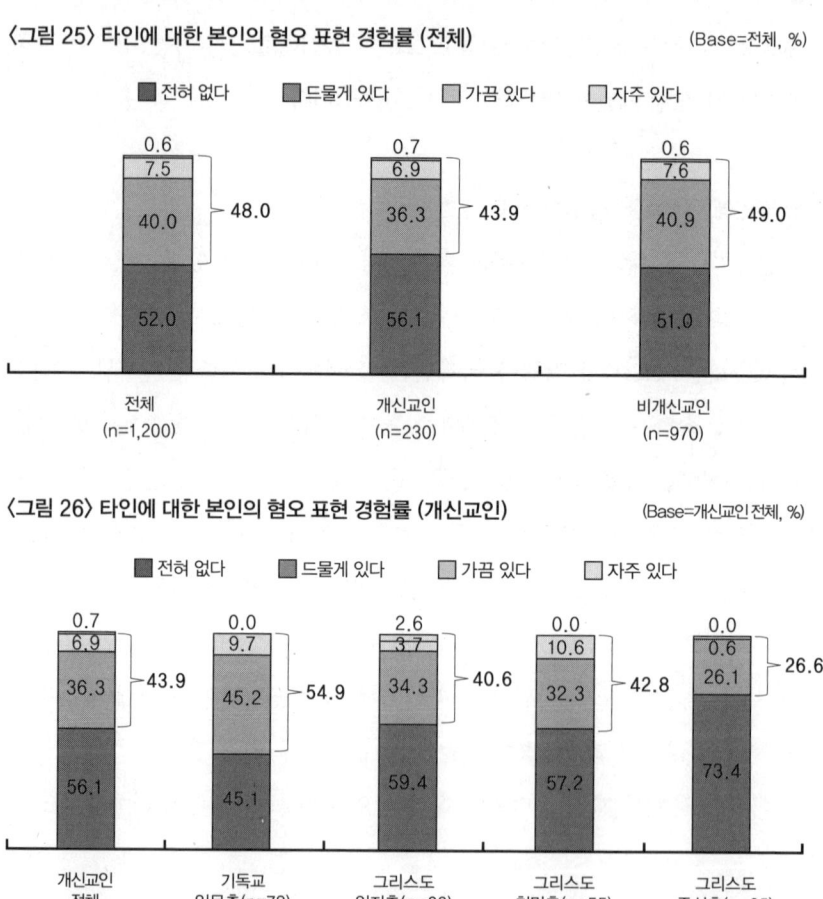

은 경험에서는 정치적 반대자와 여성이 비슷하게 가장 많았는데, 본인이 혐오 표현을 한 경험으로는 정치적 반대자라는 응답이 다른 대상자보다 두 배가량 많이 나왔다. 이것은 다른 이슈에 비해 정치 문제에 더 민감하게 느낀다고 볼 수도 있고, 다른 대상자들에 비해 정치 반대자에게 혐오 표현을 하는 것에 부담을 느끼지 않는다고 볼 수도 있다.

남성은 '정치적 반대자' 다음으로 '여성'이 2순위를 차지했고, 20대에서는 '정치적 반대자' 다음으로 '성소수자'가 2순위를 차지했다. 그리고 자신의 정치사회적 이념이 보수라고 응답한 사람들은 '성소수자' '이슬람교인' '특정 지역 주민'에 대한 혐오 표현 경험이 상대적으로 많았고, 진보라고 응답한 사람들은 상대적으로 '노년층'이 많아 2순위를 차지했다.

개신교인과 비개신교인 간 순위는 차이가 없었고, '성소수자'(35.8퍼센트)와

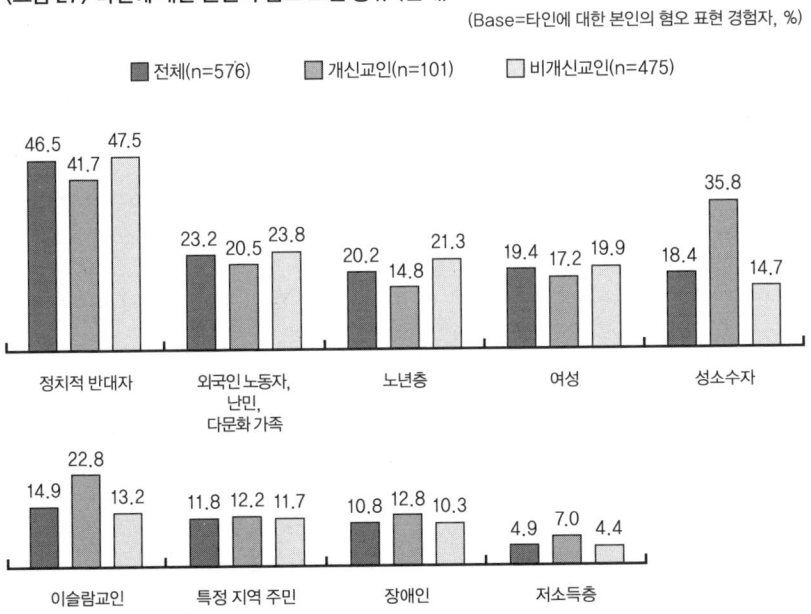

〈그림 27〉 타인에 대한 본인의 혐오 표현 종류 (전체)

(Base=타인에 대한 본인의 혐오 표현 경험자, %)

<표 6> 타인에 대한 본인의 혐오 표현 종류 (개신교인)

(Base=타인에 대한 본인의 혐오 표현 경험 개신교인, %)

		사례수	정치적 반대자	성소수자	이슬람교인	외국인노동자, 난민, 다문화가족	여성	노년층	장애인	특정 지역 주민	저소득층
	전 체	(101)	41.7	35.8	22.8	20.5	17.2	14.8	12.8	12.2	7.0
연령	10대 후반	(11)	10.4	29.4	0.0	6.3	22.8	6.3	28.7	10.5	0.0
	20대	(19)	38.3	38.0	14.0	10.7	40.3	7.0	17.8	3.2	3.3
	30대	(21)	49.7	38.0	31.1	41.1	22.2	31.5	19.6	12.6	11.1
	40대	(20)	44.7	21.2	24.8	21.5	4.0	18.2	4.0	16.1	10.4
	50대	(17)	52.8	40.6	25.3	17.9	3.9	10.5	2.4	23.0	12.1
	60대	(13)	41.3	51.8	36.0	15.0	8.0	6.2	7.7	5.8	0.0
신앙단계	기독교 입문층	(43)	39.4	27.9	16.5	19.4	22.3	22.4	21.3	21.2	10.3
	그리스도 인지층	(26)	42.3	28.5	15.5	16.6	12.1	12.6	6.4	9.4	9.5
	그리스도 친밀층	(24)	52.2	51.2	37.5	34.8	14.5	4.6	7.0	3.8	1.3
	그리스도 중심층	(9)	23.3	53.6	35.2	0.0	14.2	11.8	6.0	0.0	0.0

'이슬람교인'(22.8퍼센트)은 개신교인이 더 많이 한 것으로 나타났다. 특히 '성소수자'는 1순위인 '정치적 반대자'를 제외하고 다른 대상자보다 10퍼센트포인트 이상 많이 한 것으로 나와 개신교인들이 성소수자에 대해 혐오 표현을 상당히 많이 하는 것으로 나타났다. 개신교인 가운데서 30대 이상은 '정치적 반대자'에 대해, 30대 이하는 '여성'과 '장애인'에 대해 혐오 표현을 한 경험이 더 많았다. 신앙 단계로 보면, 그리스도 친밀층과 중심층에서 '성소수자'와 '이슬람교인'에 대한 혐오 표현 경험이 높게 나타났다.

자신이 타인에 대해 혐오 표현을 한 이유는 '사회적 규범/윤리에 어긋난 행동을 해서'가 50.2퍼센트로 가장 높았으며, '평소 좋지 않은 생각을 갖고 있어서'(17.3퍼센트), '주변 사람들이 많이 사용해서'(13.9퍼센트) 순으로 나타났다. '사회적 규범/윤리에 어긋난 행동을 해서'라는 응답은 고연령층에서 상대적으로 더 많았고, 20대에서는 '내가 당한 피해/비난에 대응하기 위해서'가 2순위를 차지했다. 그리고 10대에서는 '주변 사람들이 많이 사용해서'(34.8퍼센트)가 2순위로 나타나 10대에서는 혐오 표현이 또래문화로 형성되어 있음을 알 수 있다.

개신교인은 비개신교인에 비해 '사회적 규범/윤리에 어긋난 행동을 해서' (43.0퍼센트)라는 응답은 적었고 '평소 좋지 않은 생각을 갖고 있어서'(26.7퍼센트)라는 응답을 더 많이 하였다. 따라서 개신교인들이 혐오 표현을 하는 것에 합리적이거나 타당한 이유가 있다기보다는 그냥 싫은 느낌이 들어서 하는 경우가 상대적으로 더 많다고 볼 수 있다. 개신교인 가운데 30대 이상은 '사회적 윤리/규범에 벗어난 행동을 해서'를, 10대는 '주변 사람들이 많이 사용해서'(35.3퍼센트)를 가장 많이 응답했다. 10대의 '기타'(15.0퍼센트) 가운데 9.4퍼센트는 '혐오 표현을 쓰지 않으면 주변 사람들과의 자리에서 어울리기 어려워서', 5.6퍼센트는 '재미있어서'라고 응답해 기독교 청소년들 사이에서도 혐오 표현이 일상적으로 사용되고 있음을 알 수 있다.

혐오 표현 대상자들이 그런 표현을 들을 만한 타당한 이유가 있는지에 대해 '성소수자'(31.4퍼센트)와 '정치적 반대자'(29.0퍼센트) 다음으로 '이슬람교인' (22.5퍼센트) 순으로 나타나 다른 대상자들에 비해 이들에 대한 혐오 감정이 더 큰 것을 알 수 있다. '성소수자'가 혐오 표현을 받을 만한 이유가 있다는

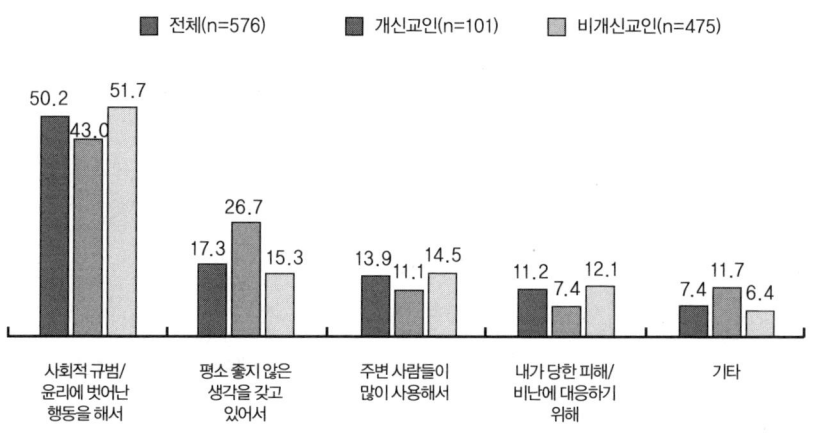

〈그림 28〉 타인에 대한 혐오 표현 이유 (전체) (Base=타인에 대한 본인의 혐오 표현 경험자, %)

〈표 7〉 타인에 대한 혐오 표현 이유 (개신교인)

(Base=타인에 대한 본인의 혐오 표현 경험 개신교인, %)

		사례수	사회 규범/윤리에 벗어난 행동을 해서	평소 좋지 않은 생각을 갖고 있어서	주변 사람들이 많이 사용해서	내가 당한 피해/비난에 대응하기 위해	내가 믿는 종교 교리에 어긋나서	기타
	전체	(101)	43.0	26.7	11.1	7.4	6.8	4.9
연령	10대 후반	(11)	16.9	21.3	35.3	11.5	0.0	15.0
	20대	(19)	28.0	40.9	7.2	12.6	4.6	6.7
	30대	(21)	48.8	23.1	11.0	0.0	9.1	8.1
	40대	(20)	39.9	45.4	1.9	10.9	1.9	0.0
	50대	(17)	59.9	9.5	17.8	5.3	7.4	0.0
	60대	(13)	61.5	9.0	1.8	5.8	19.6	2.2
신앙단계	기독교 입문층	(43)	37.2	34.0	12.9	6.9	2.8	6.2
	그리스도 인지층	(26)	51.9	23.4	9.6	10.5	0.0	4.5
	그리스도 친밀층	(24)	48.0	18.4	11.5	3.7	17.2	1.2
	그리스도 중심층	(9)	32.8	22.8	6.3	10.7	18.0	9.4

응답은 개신교인이 비개신교인에 비해 두 배 가까이 높게 응답했으며, '이슬람교인'이 혐오 표현을 받을 만한 이유가 있다는 응답도 개신교인이 비개신교인보다 13.1퍼센트포인트 더 높았다. 개신교인 가운데 남성들은 여성보다 '여성' '특정 지역 주민' '정치적 반대자'가 혐오 표현을 받을 만한 이유가 있어서 받는 것이라고 응답했다. 그리고 신앙 단계가 올라갈수록 '성소수자'와 '이슬람교인'은 혐오 표현을 받을 만한 이유가 있다는 응답이 많이 나왔다.

5) 혐오 표현 대상자별 혐오 근거에 대한 인식

여성이 혐오 표현을 받을 만한 이유가 있다(약간 있다+매우 있다)는 응답자들은 그 이유를 '여성이 자기 권리를 과도하게 요구해서'(74.1퍼센트)라고 응답했고, 그다음으로 '여성이 사회적으로 특혜를 받아서'(10.2퍼센트)라고 응답했다. '여성이 자기 권리를 과도하게 요구해서'라는 응답은 50대에서 가장 많았고, 60대에서는 상대적으로 '여성이 사회적으로 특혜를 받아서' '여성이 사회에 기

<표 8> 혐오 표현을 받을 만한 근거 존재 여부(약간 있다+매우 있다)에 대한 생각 (개신교인)

(Base=개신교인 전체, %)

		사례수	여성	성소수자	장애인	저소득층	노년층	외국인 노동자/난민/다문화 가족	특정 지역 주민	정치적 반대자	이슬람교인
	전체	(230)	13.6	51.5	7.5	8.6	16.4	20.2	8.2	27.9	33.1
성별	남성	(100)	18.8	51.2	8.2	7.5	20.6	17.4	13.3	35.7	30.9
	여성	(131)	9.6	51.7	7.0	9.4	13.3	22.4	4.4	22.0	34.9
신앙단계	기독교 입문층	(78)	14.4	37.2	7.5	8.3	24.4	21.3	11.4	35.6	23.2
	그리스도 인지층	(63)	15.4	50.4	9.6	12.1	13.9	21.5	10.2	24.5	33.8
	그리스도 친밀층	(55)	12.3	59.4	4.7	6.3	11.5	16.8	3.2	24.7	38.2
	그리스도 중심층	(35)	10.3	73.2	8.1	6.4	11.1	20.8	5.5	22.2	46.9

여하는 것이 없어서'라는 응답이 많았다. 개신교인과 비개신교 간 인식의 차이는 거의 없었고, 개신교인 가운데 성별, 연령별, 신앙 단계별 차이도 없었다.

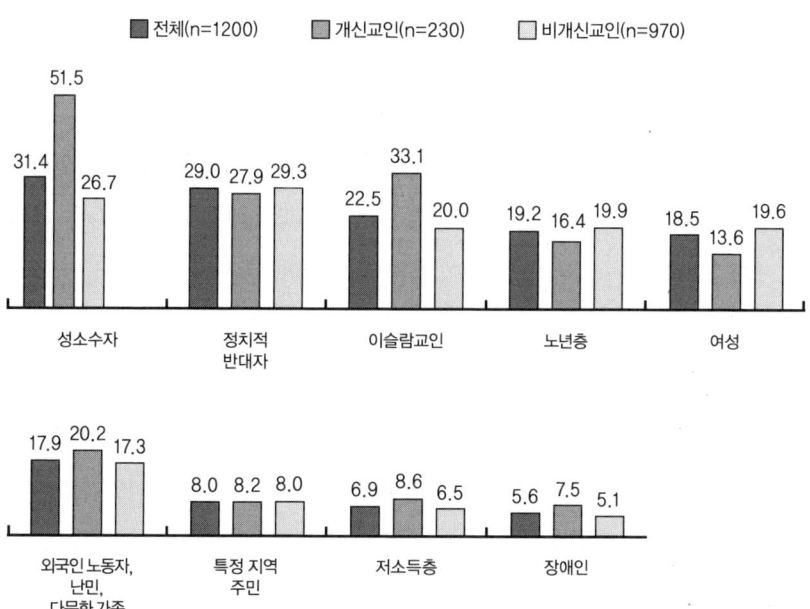

<그림 29> 혐오 표현을 받을 만한 근거 존재 여부(약간 있다+매우 있다)에 대한 생각 (전체)

(Base=전체, %)

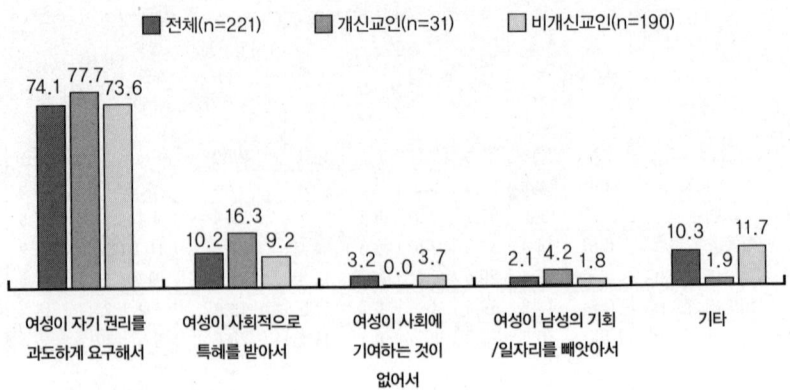

〈그림 30〉 여성이 혐오 표현을 받을 만하다고 생각하는 이유 (전체)

(Base=여성이 혐오 표현을 받을 만한 이유가 있다는 응답자, %)

성소수자가 혐오 표현을 받을 만한 이유가 있다(약간 있다+매우 있다)는 응답자들은 그 이유로 '자연질서/신의 섭리에 어긋나므로'(36.2퍼센트)를 가장 많이 응답하였으며, 그다음으로 '사회적 제도와 관습에 어긋나므로'(29.5퍼센트)와 '에이즈와 같은 치명적 질병을 퍼뜨리므로'(29.3퍼센트)라고 응답하였는데 1, 2, 3순위 사이에 큰 차이가 없었다. 반면 연령에 따른 차이가 컸는데, 40대 이상에서는 '자연질서/신의 섭리에 어긋나므로'에 가장 많이 응답하였으나 30대 이하에서는 '에이즈와 같은 치명적 질병을 퍼뜨리므로'에 가장 많이 응답했다. 정치사회적 이념이 보수적인 사람들은 '자연질서/신의 섭리에 어긋나므로'에 가장 많이 응답했고, 진보적인 사람들은 '에이즈와 같은 치명적 질병을 퍼뜨리므로'에 가장 많이 응답해 인식의 차이를 보였다.

개신교인은 과반수인 53.1퍼센트가 '자연질서/신의 섭리에 어긋나므로'를 이유로 응답해 다른 이유보다 신앙적 이유가 큰 것으로 나타났다. 개신교인 가운데 기독교 입문층에서는 '자연질서/신의 섭리에 어긋나므로'가 27.2퍼센트로 평균의 절반 수준이었고 '에이즈와 같은 치명적 질병을 퍼뜨리므로'라는 응답이 상대적으로 높게 나와서 신앙 요인이 크지 않은 것으로 나타났다. 같은 기독교지만 천주교에서는 '사회적 제도와 관습에 어긋나므로'에 가장

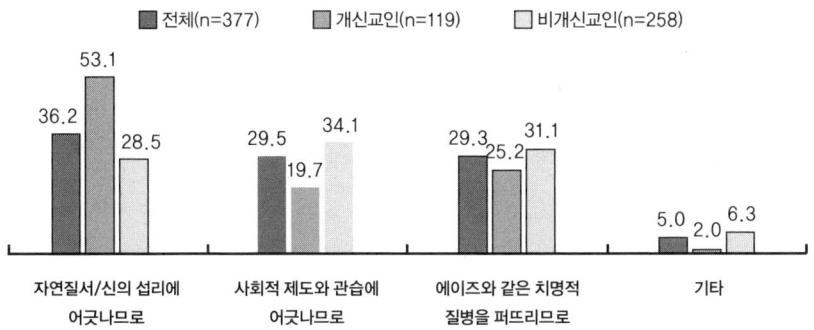

〈그림 31〉 성소수자가 혐오 표현을 받을 만하다고 생각하는 이유 (전체)
(Base=성소수자가 혐오 표현을 받을 만한 이유가 있다는 응답자, %)

〈표 9〉 성소수자가 혐오 표현을 받을 만하다고 생각하는 이유 (개신교인)
(Base=성소수자가 혐오 표현을 받을 만한 이유가 있다는 개신교인 응답자, %)

		사례수	자연질서/ 신의 섭리에 어긋나므로	에이즈와 같은 치명적 질병을 퍼뜨리므로	사회적 제도와 관습에 어긋나므로	기타
	전체	(119)	53.1	25.2	19.7	2.0
신앙단계	기독교 입문층	(29)	27.2	37.2	29.4	6.2
	그리스도 인지층	(32)	70.0	18.5	11.5	0.0
	그리스도 친밀층	(33)	48.5	26.0	24.8	0.6
	그리스도 중심층	(25)	67.4	18.8	12.1	1.7

많이 답해 차이를 나타냈다.

장애인이 혐오 표현을 받을 만한 이유가 있다(약간 있다+매우 있다)는 67명의 응답자들은 그 이유로 '장애인은 자기 권리를 과도하게 요구해서'(52.9퍼센트)를 가장 많이 응답하였고, 다음으로 '장애인은 사회적으로 특혜를 받아서'(19.0퍼센트)라고 응답했다. 직업별로 화이트칼라에서는 '장애인은 자기 권리를 과도하게 요구해서'에 상대적으로 많은 응답을 하였고, 블루칼라에서는 '장애인은 사회에 짐이 되어서'에 상대적으로 많은 응답을 해 비교가 되었다.

장애인이 혐오 표현을 받을 만한 이유가 있다는 개신교인 17명 가운데 44.5퍼센트인 8명이 '장애인은 사회에 짐이 되어서'라고 응답했다. 응답자 수가 적다는 점을 감안해야 하지만, 기독교인 중 가장 많은 비율이 장애인을 사회에 부담이 되는 존재로 인식하는 것은 매우 심각한 문제다. 개신교인 가운데 신앙 단계가 상대적으로 낮은 층은 '장애인은 사회에 짐이 되어서'를, 신앙 단계가 상대적으로 높은 층은 '장애인은 자기 권리를 과도하게 요구해서'

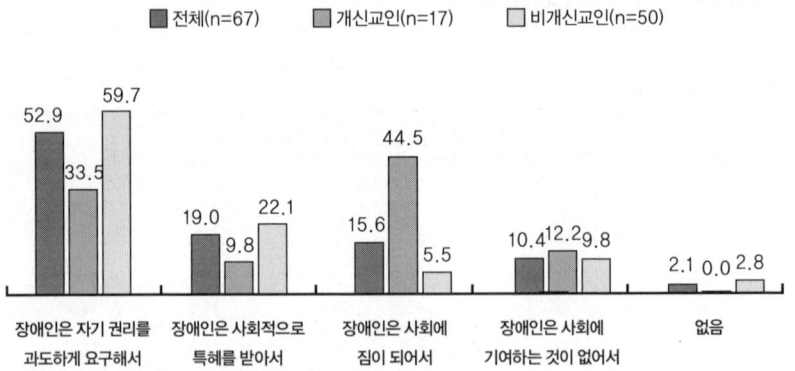

〈그림 32〉 장애인이 혐오 표현을 받을 만하다고 생각하는 이유 (전체)
(Base=장애인이 혐오 표현을 받을 만한 이유가 있다는 응답자, %)

〈표 10〉 장애인이 혐오 표현을 받을 만하다고 생각하는 이유 (개신교인)
(Base=장애인이 혐오 표현을 받을 만한 이유가 있다는 개신교인 응답자, %)

		사례수	장애인은 사회에 짐이 되어서	장애인은 자기 권리를 과도하게 요구해서	장애인은 사회에 기여하는 것이 없어서	장애인은 사회적으로 특혜를 받아서
전체		(17)	44.5	33.5	12.2	9.8
신앙단계	기독교 입문층	(6)	41.6	29.3	4.0	25.1
	그리스도 인지층	(6)	82.9	11.0	6.1	0.0
	그리스도 친밀층	(3)	0.0	73.7	26.3	0.0
	그리스도 중심층	(3)	8.7	53.5	29.1	8.7

를 더 많이 응답하였다. 이 역시 응답자 수가 적으므로 일반화하기에는 무리가 있다.

저소득층이 혐오 표현을 받을 만한 이유가 있다(약간 있다+매우 있다)는 82명의 응답자들은 그 이유로 '저소득층은 자기 권리를 과도하게 요구해서'(43.6퍼센트)를 가장 많이 응답하였고, 다음으로 '저소득층은 사회적으로 특혜를 받아서'(19.8퍼센트), '저소득층은 사회에 짐이 되어서'(18.4퍼센트)의 순으로 응답했다. 소득이 적은 층에서는 상대적으로 '저소득층은 자기 권리를 과도하게 요구해서'에 더 많은 응답을 하였고, 소득이 많은 층에서는 상대적으로 '저소득층은 사회적으로 특혜를 받아서'에 더 많은 응답을 해 인식의 차이를 보였다.

반면에 장애인이 혐오 표현을 받을 만한 이유가 있다는 개신교인 20명은 '저소득층은 자기 권리를 과도하게 요구해서'(39.3퍼센트)와 '장애인은 사회에 짐이 되어서'(37.6퍼센트)에 비슷하게 응답했다. 위의 장애인에 대한 응답에서와 같이, 저소득층이 사회에 부담을 준다는 인식은 개신교인들이 이러한 문제를 효율성의 측면에서 바라보고 있다는 점에서 바람직하지 않다고 생각된

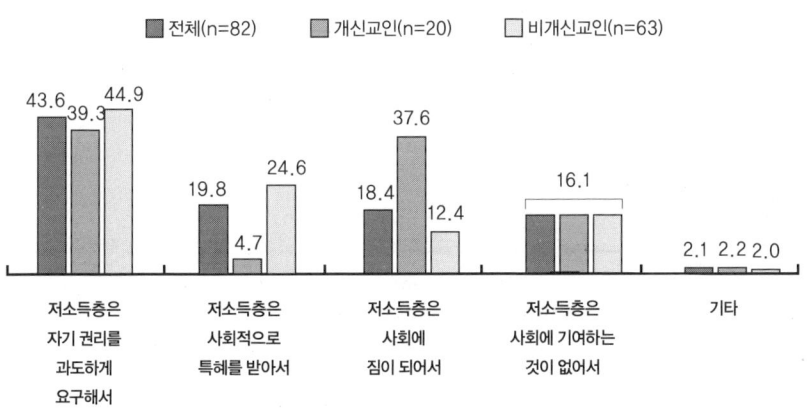

〈그림 33〉 저소득층이 혐오 표현을 받을 만하다고 생각하는 이유 (전체)
(Base=저소득층이 혐오 표현을 받을 만한 이유가 있다는 응답자, %)

다. 이 역시 응답자 수가 적으므로 추가의 연구가 필요한 부분이다. 개신교인 가운데 성별, 연령, 신앙 단계별로 뚜렷한 차이가 보이지 않았다.

노년층이 혐오 표현을 받을 만한 이유가 있다(약간 있다+매우 있다)는 230명의 응답자들은 그 이유로 '노년층이 자기 권리를 과도하게 요구해서'(41.3퍼센트)를 가장 많이 응답하였다. 다음으로 '노년층은 무례해서'(37.8퍼센트)가 비슷하게 많이 나왔다. 연령별로 차이가 있었는데, '노년층이 자기 권리를 과도하게 요구해서'가 40대와 50대에서 가장 많이 나온 응답이었으나 30대 이하와 60대에서는 '노년층은 무례해서'가 가장 많이 나온 응답이었다.

노년층이 혐오 표현을 받을 만한 이유가 있다는 개신교인 38명 가운데 가장 많은 48.7퍼센트의 응답자들은 '노년층이 무례해서'를 가장 큰 이유로 응답했고, '노년층이 자기 권리를 과도하게 요구해서'는 26.4퍼센트로 거의 절반 수준이었다. 앞에서와 같이 이들 개신교인 응답자들에게 타당한 이유가 있다기보다는 감정적인 이유가 강한 것으로 나타났다. 개신교인 가운데 성별, 연령, 신앙 단계별로 뚜렷한 차이가 보이지 않았다.

〈그림 34〉 노년층이 혐오 표현을 받을 만하다고 생각하는 이유 (전체)
(Base=노년층이 혐오 표현을 받을 만한 이유가 있다는 응답자, %)

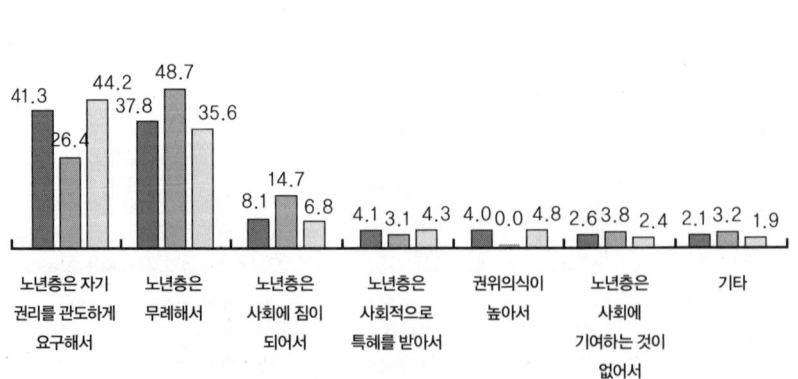

외국인 노동자/난민/다문화 가족이 혐오 표현을 받을 만한 이유가 있다(약간 있다+매우 있다)는 215명의 응답자들은 그 이유로 '외국인 노동자 등은 범죄 위험이 있어서'(54.0퍼센트)를 가장 많이 응답하였고, 다음이 '외국인 노동자 등이 한국인의 일자리를 빼앗아 가므로'(20.6퍼센트)였다. 여성은 상대적으로 '외국인 노동자 등은 범죄 위험이 있어서'에 더 많이 응답했고, 남성은 상대적으로 '외국인 노동자 등이 한국인의 일자리를 빼앗아 가므로'에 더 많이 응답해 혐오 감정의 이유에서 차이가 있었다.

또한 사례수가 적은 10대(6명)를 제외하고 30대 이하에서는 '외국인 노동자 등은 범죄 위험이 있어서'에 더 많이 응답했고, 40대 이상에서는 '외국인 노동자 등이 한국인의 일자리를 빼앗아 가므로'에 더 많이 응답해 인식의 차이를 보였다. 또한 정치사회적 이념으로는 보수인 사람들이 '외국인 노동자 등이 한국인의 일자리를 빼앗아 가므로'에 더 많이 응답했고, 진보인 사람들은 '외국인 노동자 등은 범죄 위험이 있어서'에 더 많이 응답했다.

개신교인과 비개신교인 간 인식의 차이가 거의 없었고, 개신교인 가운데

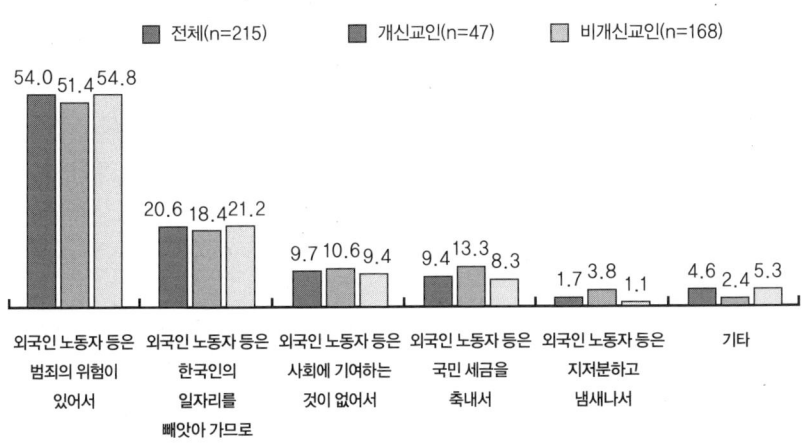

〈그림 35〉 외국인 노동자/난민/다문화 가족이 혐오 표현을 받을 만하다고 생각하는 이유 (전체)
(Base=외국인 노동자/난민/다문화 가족이 혐오 표현을 받을 만한 이유가 있다는 응답자, %)

성별, 연령, 신앙 단계별로 뚜렷한 차이가 없었다.

특정 지역 주민이 혐오 표현을 받을 만한 이유가 있다(약간 있다+매우 있다)는 97명의 응답자들은 그 이유로 '특정 지역 주민들은 지역주의에 사로잡혀서'(44.0퍼센트)를 가장 많이 응답하였고, 다음으로 '특정 지역 주민들은 정치적으로 편향돼서'(38.4퍼센트)라고 응답했다. 남성은 '특정 지역 주민들은 지역주의에 사로잡혀서'와 '특정 지역 주민들은 정치적으로 편향돼서'가 각각 40.2퍼센트와 40.5퍼센트로 거의 같은 비율이었는데, 여성은 '특정 지역 주민들은 지역주의에 사로잡혀서'가 20퍼센트포인트 가까이 더 많았다. 사례수가 적은 10대(4명)를 제외하고 40대 이하에서는 '특정 지역 주민들은 지역주의에 사로잡혀서'가 가장 많은 응답이었으나 50대 이상에서는 '특정 지역 주민들은 정치적으로 편향돼서'가 가장 많은 응답으로, 인식의 차이를 보였다. 따라서 남성과 50대 이상에서는 상대적으로 정치적인 이유가 큰 것으로 나타났다.

여기서 특정 지역이 어느 지역인지는 입장에 따라 다를 것이다. 우리 사회에서는 주로 호남 지역이 혐오 표현의 대상이 되어 왔다. 인구수로도 호남은 영남보다 훨씬 적으므로 사회적 소수자에 해당한다고 볼 수 있다. 그러나 설문조사에서 '혐오 표현은 사회적 소수자에 해당된다'는 것을 설명했더라도 응답자들이 이를 인지하지 못한 채 영남이나 다른 지역을 염두에 두고 답했을 가능성이 있음을 고려해야 한다. 어느 쪽이든 고연령층에서는 정치적 이유로 특정 지역을 혐오 대상으로 여기고 있는데 반해 젊은 층에서는 지역주의라는 보다 현실적인 이유로 특정 지역을 혐오 대상으로 여기고 있음을 알 수 있다.

개신교인 19명 중에서는 '특정 지역 주민들은 정치적으로 편향되어서'(58.0퍼센트)를 가장 큰 이유로 응답해 정치적 측면에서 보는 입장을 나타냈으나 응답자 수가 적다는 점을 감안해야 한다.

정치적 반대자가 혐오 표현을 받을 만한 이유가 있다(약간 있다+매우 있다)

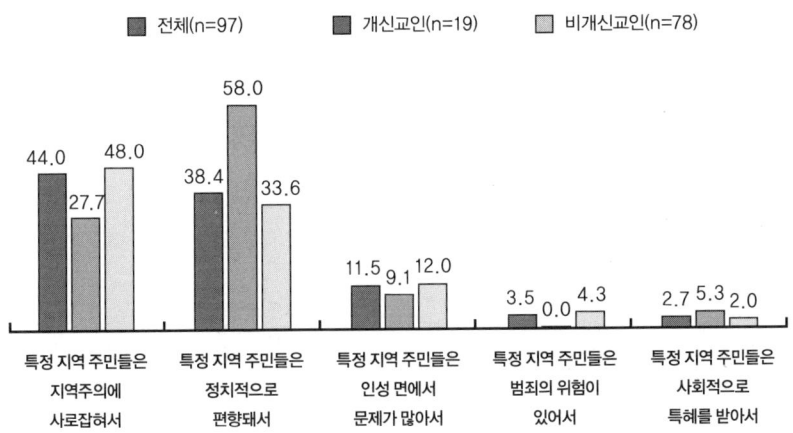

〈그림 36〉 특정 지역 주민이 혐오 표현을 받을 만하다고 생각하는 이유 (전체)
(Base=특정 지역 주민이 혐오 표현을 받을 만한 이유가 있다는 응답자, %)

는 348명의 응답자들은 그 이유로 '정치적 반대자가 사회적 갈등을 부추기는 정책을 주장해서'(65.1퍼센트)를 압도적으로 많이 응답했다. 타 지역에 비해 대구/경북에서는 '국가 재정에 과도한 부담을 주는 정책을 주장해서'라는 응답이 높게 나왔고, 20대에서는 '북한에 대한 태도가 마음에 안 들어서'가 상대적으로 많이 나왔다. 정치사회적 이념이 보수인 사람들은 '국가 재정에 과도한 부담을 주는 정책을 주장해서'와 '북한에 대한 태도가 마음에 안 들어서'라는 응답이 각각 21.8퍼센트와 18.6퍼센트로 평균보다 두 배 정도 더 나왔고, 중도와 진보는 '사회적 갈등을 부추기는 정책을 주장해서'라는 응답이 상대적으로 더 많았다.

이 문항 역시 앞의 문항과 마찬가지로 정치적 반대자가 어느 부류인가에 따라 해석이 다를 것이다. 오랫동안 우리 사회에서는 진보나 좌파가 사회적 소수자에 해당하고 혐오 표현의 대상이 되어 왔으나 현재 정권이 기존 정권에 비해 진보 정권이기 때문에 지금의 시점에서는 좌파나 진보 진영을 사회적 소수자로 보기 어렵다. 그런데 이 역시 응답자들이 '혐오 표현은 사회적

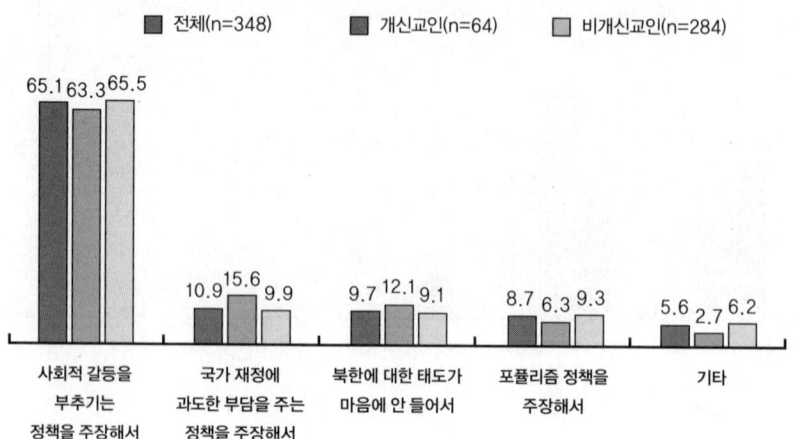

〈그림 37〉 정치적 반대자가 혐오 표현을 받을 만하다고 생각하는 이유 (전체)
(Base=정치적 반대자가 혐오 표현을 받을 만한 이유가 있다는 응답자, %)

소수자에 해당된다'는 것을 인지하지 못한 채 자신의 정치 이념과 다른 상대방을 염두에 두고 답했을 것으로 가정하고 결과를 해석하는 것이 타당할 것이다. 곧 보수는 진보 또는 좌파 성향의 정치적 반대자를, 진보는 보수 또는 우파 성향의 정치적 반대자에 대해 답한 것으로 보고 해석해야 할 것이다.

이에 대하여 개신교인과 비개신교인 사이에 인식의 차이가 드러나지 않았고, 개신교인 가운데 성별, 연령, 신앙 단계별로 뚜렷한 차이가 보이지 않았다.

이슬람교인이 혐오 표현을 받을 만한 이유가 있다(약간 있다+매우 있다)는 270명의 응답자들은 그 이유로 '이슬람교인이 범죄를 저지를 위험이 높아서' (44.5퍼센트)를 가장 많이 응답하였고, 다음으로 '폭력을 옹호하는 종교를 믿어서'(26.3퍼센트)라고 응답했다. 20대와 30대에서는 '범죄를 저지를 위험이 높아서'가 상대적으로 더 많았고, 50대에서는 '폭력을 옹호하는 종교를 믿어서' 라는 응답이 가장 많았으며, 60대에서도 상대적으로 '폭력을 옹호하는 종교를 믿어서'라는 응답이 많았다. 정치사회 이념이 보수인 사람들은 '폭력을 옹호하는 종교를 믿어서'라는 응답이 상대적으로 더 많았고, 진보인 사람들은

〈그림 38〉 이슬람교인이 혐오 표현을 받을 만하다고 생각하는 이유 (전체)

(Base=이슬람교인이 혐오 표현을 받을 만한 이유가 있다는 응답자, %)

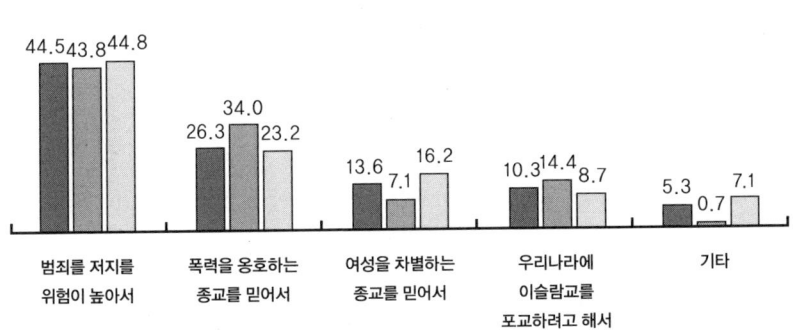

〈표 11〉 이슬람교인이 혐오 표현을 받을 만하다고 생각하는 이유 (개신교인)

(Base=이슬람교인이 혐오 표현을 받을 만한 이유가 있다는 개신교인 응답자, %)

		사례수	범죄를 저지를 위험이 높아서	폭력을 옹호하는 종교를 믿어서	우리나라에 이슬람교를 포교하려고 해서	여성을 차별하는 종교를 믿어서	기타
	전체	(76)	43.8	34.0	14.4	7.1	0.7
신앙단계	기독교 입문층	(18)	62.9	17.6	7.4	8.9	3.1
	그리스도 인지층	(21)	38.8	34.7	14.2	12.4	0.0
	그리스도 친밀층	(21)	34.0	47.5	13.0	5.5	0.0
	그리스도 중심층	(16)	41.9	33.7	24.4	0.0	0.0

'여성을 차별하는 종교를 믿어서'라는 응답이 상대적으로 더 많았다.

개신교인은 비개신교인에 비해 '이슬람교인은 폭력을 옹호하는 종교를 믿어서'(34.0퍼센트)라는 응답을 10.8퍼센트포인트 더 많이 하였고, '우리나라에 이슬람교를 포교하려고 해서'도 비개신교인에 비해 5.7퍼센트포인트 더 많았다.

이에 대해 개신교인 가운데 기독교 입문층은 '이슬람교인은 범죄를 저지를 위험이 높아서'(62.9퍼센트)를, 그리스도 중심층은 '우리나라에 이슬람교를 포교하려고 해서'(24.4퍼센트)를 다른 응답자보다 상대적으로 더 많이 응답했다.

6) 혐오 표현에 대한 반응

개인적 반응

최근 1년간 혐오 표현을 경험했다고 응답한 사람들에게, 주변에서 다른 사람에게 혐오 표현을 하는 것을 보았을 때 어떤 생각이 들었는지 물었는데, 69.6퍼센트가 '문제가 있는 표현'이라고 인식했다. 그러나 '타당한 점이 있다'는 응답도 15.5퍼센트 나왔다. 여성이 남성에 비해 '문제가 있는 표현'이라는 응답이 20퍼센트포인트 가까이 더 나와서 혐오 표현에 대해 더 민감함을 나타냈다. 연령별로 '문제가 있는 표현'이라는 응답은 10대에서 가장 많았고, '타당한 점이 있다'는 응답은 60대에서 상대적으로 많았다. 정치사회적 이념이 진보인 사람들은 평균보다 많은 80.1퍼센트가 '문제가 있는 표현'이라고 응답했

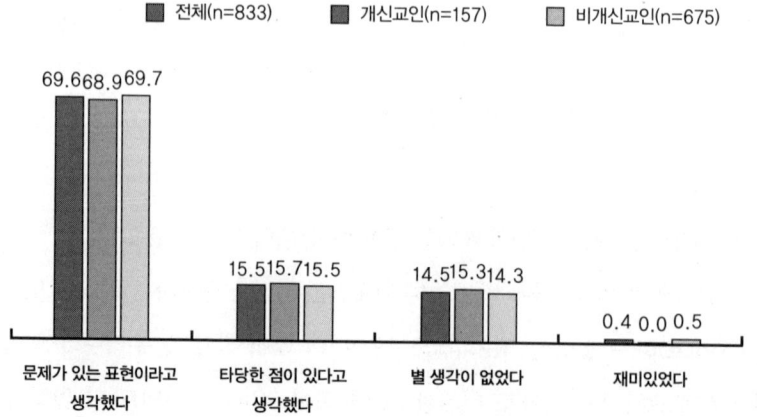

〈그림 39〉 주변에서 혐오 표현을 들었을 때의 감정 (전체)

(Base=최근 1년간 혐오 표현 경험자, %)

으나 보수인 사람들은 59.6퍼센트만 '문제가 있는 표현'이라고 응답했고, 평균보다 훨씬 많은 26.8퍼센트가 '타당한 점이 있다'고 응답하여 혐오 표현에 민감하지 않음을 나타냈다.

개신교인과 비개신교인 간 인식의 차이가 보이지 않았다. 개신교인 가운데 남성은 '별 생각이 없었다'(21.8퍼센트) 응답이, 여성은 '타당한 점이 있다고 생각했다'(20.5퍼센트)는 응답이 상대적으로 더 많았다.

다음으로, 주변에서 다른 사람에게 혐오 표현을 하는 것을 보았을 때 어떻게 했는지 복수응답으로 물었는데, '혼자만 알고 가만히 있었다'는 반응이 50.3퍼센트, '혐오 표현을 한 주체와의 접촉을 피했다'가 36.5퍼센트로 혐오 표현에 대해 소극적·회피적 반응을 보였다. 여성은 남성에 비해 '주위 사람들에게 문제 있는 표현이라고 알려 주었다'는 응답이 남성보다 10퍼센트포인트 이상 많아서 보다 적극적으로 반응한 것으로 나타났다. 연령별로는 30대가 가장 소극적으로 반응했고, 10대가 가장 적극적으로 반응했다. 정치사회적 이념으로는 보수인 사람들이 더 소극적으로 반응했고, 진보인 사람들이 더

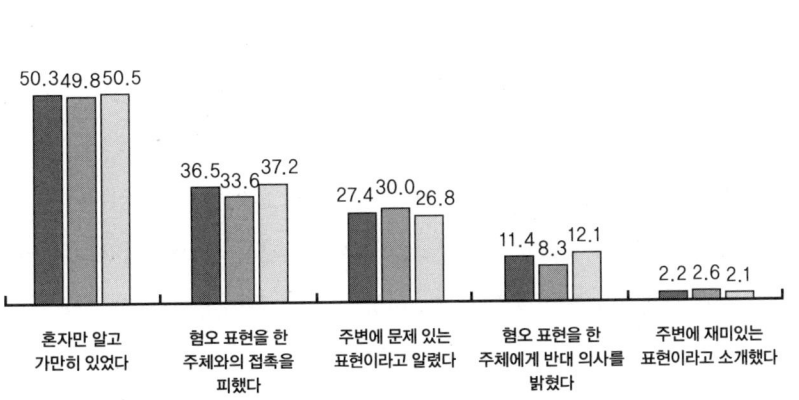

〈그림 40〉 주변에서 혐오 표현을 들었을 때의 행동 (전체)
(Base=최근 1년간 혐오 표현 경험자, %)

<표 12> 주변에서 혐오 표현을 들었을 때의 행동 (개신교인)

(Base=최근 1년간 혐오 표현 경험 개신교인, %)

		사례수	혼자만 알고 가만히 있었다	혐오 표현을 한 주체와의 접촉을 피했다	주변에 문제있는 표현이라고 알렸다	혐오 표현을 한 주체에게 반대 의사를 밝혔다	주변에 재미있는 표현이라고 소개했다
	전체	(157)	49.8	33.6	30.0	8.3	2.6
성별	남성	(75)	55.8	29.7	25.2	11.7	2.4
	여성	(82)	44.3	37.1	34.4	5.2	2.8
신앙단계	기독교 입문층	(53)	46.9	36.4	32.4	7.4	1.2
	그리스도 인지층	(45)	58.2	32.8	26.4	6.9	0.7
	그리스도 친밀층	(36)	49.3	31.2	33.8	12.9	3.2
	그리스도 중심층	(24)	41.2	32.4	26.0	6.3	8.4

적극적으로 반응했다.

개신교인과 비개신교인 간 인식의 차이는 없었는데, 개신교인 가운데 남성은 '혼자만 알고 가만히 있었다'(55.8퍼센트)는 반응을, 여성은 '문제 있는 표현이라고 알렸다'(34.4퍼센트)는 반응을 다른 응답자보다 상대적으로 더 많이 보였다.

사회적 대응

혐오 표현에 대해 우리 사회가 어떻게 대응해야 한다고 생각하는지에 대해 우리 사회가 '혐오 표현을 자제하도록 권유해야 한다'는 응답이 69.0퍼센트로 가장 높게 나왔고, '표현의 자유가 있으므로 관여해서는 안 된다'(12.6퍼센트)와 '혐오 표현을 하지 못하도록 법적으로 규제해야 한다'(10.1퍼센트)는 응답은 적게 나왔다. 남성은 '표현의 자유가 있으므로 관여해서는 안 된다'는 응답이 여성보다 다소 많았고, 여성은 '혐오 표현을 자제하도록 권유해야 한다'는 응답이 남성보다 10퍼센트포인트 이상 많았다. 20대에서는 '표현의 자유가 있으므로 관여해서는 안 된다'는 응답이 상대적으로 더 많았고, 60대에서

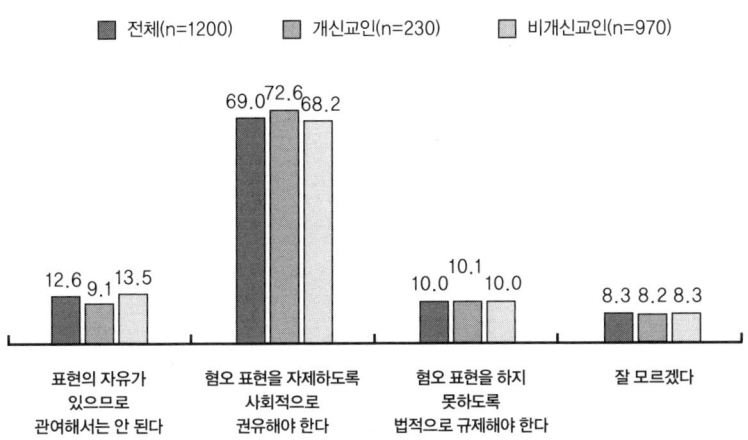

〈그림 41〉 혐오 표현에 대한 사회적 반응 (전체)

는 '혐오 표현을 자제하도록 권유해야 한다'는 응답이 상대적으로 더 많았다. 보수는 '표현의 자유가 있으므로 관여해서는 안 된다'는 응답이 상대적으로 더 많았고, 진보는 '혐오 표현을 자제하도록 권유해야 한다'와 '혐오 표현을 하지 못하도록 법적으로 규제해야 한다'는 응답이 상대적으로 더 많았다.

개신교인과 비개신교인 간에 인식의 차이가 보이지 않았다. 개신교인 가운데 성별, 연령, 신앙 단계별로도 뚜렷한 차이가 보이지 않았다.

모든 혐오 표현 대상자에게 같은 대응을 해야 한다고 생각하는지 아니면 혐오 표현 대상자에 따라 다른 대응을 해야 한다고 생각하는지 물었는데, '대상자에 따라 차별적으로 적용해야 한다'는 의견이 71.1퍼센트로, '모든 대상자에게 같은 대응을 해야 한다'는 의견(28.9퍼센트)보다 두 배 이상 많아 차별적 대응이 바람직하다고 생각하는 것으로 나타났다.

개신교인과 비개신교인 간 인식의 차이가 보이지 않았는데, 개신교인 가운데 남성과 신앙 단계가 높아질수록 '대상자에 따라 차별적 대응'을, 여성과 신앙 단계가 낮을수록 '모든 대상자에게 같은 대응'을 원했다. 신앙 단계가 높아

〈그림 42〉 혐오 표현에 대한 사회적 반응의 적용 범위 (전체)

(Base=전체, %)

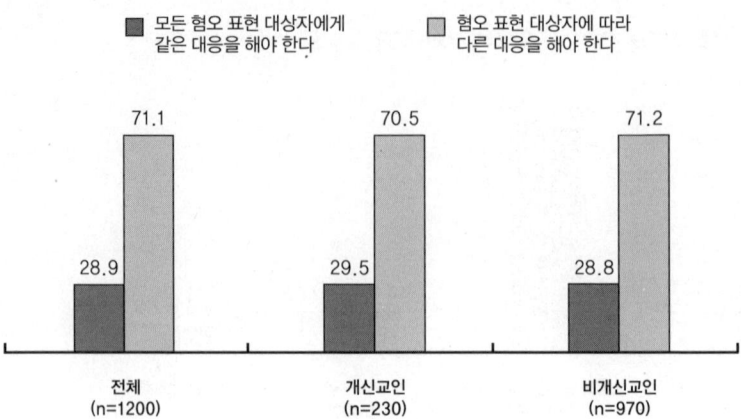

〈표 13〉 혐오 표현에 대한 사회적 반응의 적용 범위 (개신교인)

(Base=전체, %)

		사례수	모든 혐오 표현 대상자에게 같은 대응을 해야 한다	혐오 표현 대상자에 따라 다른 대응을 해야 한다
	전체	(230)	29.5	70.5
성별	남성	(100)	23.7	76.3
	여성	(131)	33.9	66.1
신앙단계	기독교 입문층	(78)	35.6	64.4
	그리스도 인지층	(63)	28.9	71.1
	그리스도 친밀층	(55)	25.1	74.9
	그리스도 중심층	(35)	23.8	76.2

질수록 차별적 대응을 해야 한다는 응답을 많이 한 것은 신앙과 관련되었다고 생각하는 성소수자와 이슬람교인에 대한 혐오 표현과 다른 대상자들에 대한 혐오 표현에 차별적으로 대응해야 한다는 입장을 가진 것으로 해석된다.

〈그림 43〉 교회 및 교계에서 혐오 표현 경험률 (개신교인)

(Base=혐오 표현 접촉 개신교인, %)

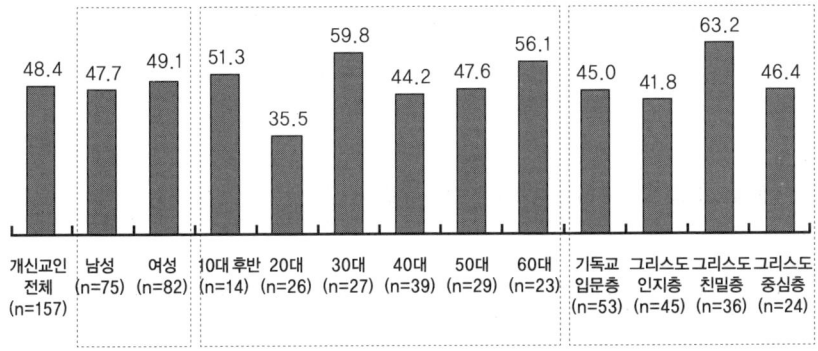

7) 교회 및 교계에서 혐오 표현 접촉

다음으로 개신교인만을 대상으로 혐오 표현을 교회, 기독교인 모임/단체, 기독교인 관련 온라인/모바일에서 들은 적이 있는지 물었는데 절반에 가까운 48.4퍼센트가 '있다'고 응답했다. 앞에서 일반 사회 영역에 대해 질문했을 때 69.8퍼센트가 나온 것에 비하면 다소 낮은 수치이지만 교계에서도 적지 않은 혐오 표현 경험이 있다는 것을 알 수 있다. 특히 '30대'(59.8퍼센트)와 '60대' (56.1퍼센트)의 경험률이 상대적으로 높게 나타나 젊은 층에서만큼 노년층에서도 혐오 표현이 적지 않음을 알 수 있다. 신앙 단계별로 보면, '그리스도 친밀층'에서 혐오를 경험한 비율(63.2퍼센트)이 상대적으로 높게 나타났다.

혐오 표현을 누구로부터 들었는지 중복응답으로 질문했는데, '본인이 출석하지 않은 교회 모임 및 온라인/모바일'이 77.1퍼센트로, '본인이 출석하고 있는 교회/교인' 30.5퍼센트보다 두 배 이상 많았다. 따라서 출석 교회 교인들 사이에서보다는 다른 교회 교인들과 모였을 때 또는 다른 교회 교인들과의 온라인 대화나 인터넷 매체 등에서 혐오 표현이 많다고 볼 수 있다. '본인이 출석하지 않은 교회 모임 및 온라인/모바일' 응답률은 여성과 30대에서 상대적으로 높고, '본인이 출석하고 있는 교회/교인' 응답률은 남성과 10대, 그리고 60대에서 상대적으로 높게 나타났다. 10대는 교회학교, 60대는 교회 노년층 모임에서 혐오 표현이 많이 나오는 것으로 보인다. 또한 '본인이 출석하지 않은 교회 모임 및 온라인/모바일' 응답률은 신앙 단계가 높을수록, '본인

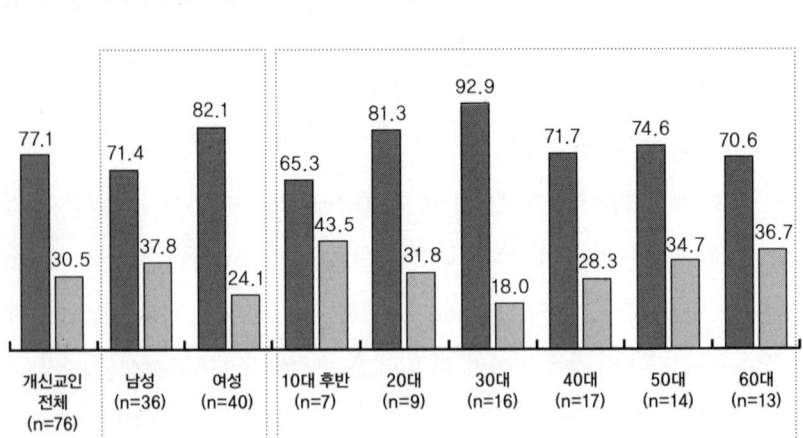

〈그림 44〉 교회 및 교계에서 혐오 표현 접촉 경로 (개신교인)
(Base=교회 등에서 혐오 표현 경험자, %, 중복응답)

〈표 14〉 교회 및 교계에서 혐오 표현 접촉 경로 (개신교인)
(Base=교회 등에서 혐오 표현 경험자, %, 중복응답)

		사례수	본인이 출석하지 않은 교회 모임 및 온라인/모바일	본인이 출석하고 있는 교회/교인
전체		(76)	77.1	30.5
신앙단계	기독교 입문층	(24)	64.5	50.1
	그리스도 인지층	(19)	79.4	20.6
	그리스도 친밀층	(23)	80.1	29.5
	그리스도 중심층	(11)	94.1	7.6

이 출석하고 있는 교회/교인' 응답률은 기독교 입문층에서 상대적으로 높게 나타났다. 기독교 입문층은 교회 밖 신앙 모임이 많지 않기 때문으로 보이고, 상대적으로 이러한 모임이 많은 신앙 단계가 높은 교인들이 혐오 표현에 많이 노출되어 있음을 알 수 있다.

출석 교회에서 혐오 표현을 경험했다고 응답한 사람들에게 교회의 누구로부터 얼마나 들었는지 물었는데, '서리집사/일반 성도'(74.9퍼센트)가 가장 높았으나 '목사/전도사'(66.9퍼센트)와 '중직자'(55.1퍼센트)도 상당한 비율로 나타났다. 교인 구성에서 목사/전도사의 비율이 매우 적고 중직자도 상대적으로 적다는 점을 감안하면 이 두 부류가 그만큼 영향이 크고 혐오 표현을 매우 빈번하게 사용한다는 것을 의미한다. 또한 '청년부/주일학교 학생'에게 혐오 표현을 들은 비율은 네 가지 중 가장 낮지만(49.0퍼센트) '자주 듣는다'는 비율이 10.0퍼센트로 네 직분과 비교했을 때 가장 높게 나타났다.

국가인권위원회의 조사에서는 오프라인에서 혐오 표현을 경험한 곳 중

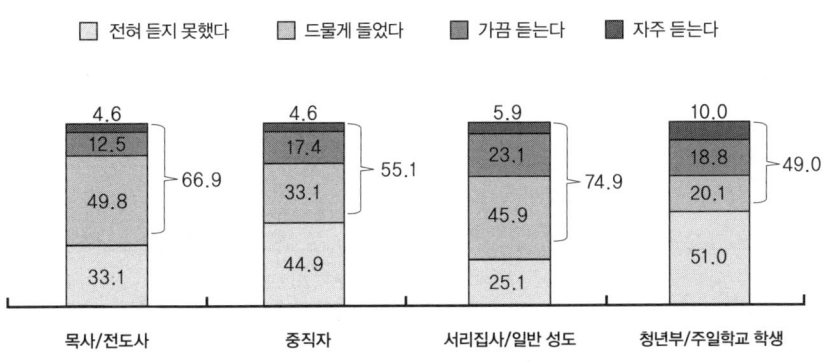

〈그림 45〉 출석 교회에서 혐오 표현 접촉 경로 (개신교인)
(Base=출석 교회에서 혐오 표현 경험자, n=23, %)

'개신교인 성직자'라는 응답이 57.6퍼센트로 '개신교 외 성직자' 38.4퍼센트

보다 높게 나왔다. 전체 경험한 곳 중에서는 낮은 수준이지만 다른 성직자보다 개신교 성직자에게서 많이 경험했다는 것은 경각심이 필요한 부분이다.⁴

출석 교회 외부에서 혐오 표현을 경험한 사람들에게 구체적으로 어디에서 접했는지 중복응답으로 물었는데, '기독교 온라인/모바일 뉴스 사이트'에서 혐오 표현을 겪은 경험(40.7퍼센트)이 가장 많았고, 다음으로 '타 교회 아는 지인'(32.9퍼센트), '기독교 관련 유튜브'(22.5퍼센트), '기독교인 SNS'(22.2퍼센트), '기독교 관련 온라인 커뮤니티'(22.0퍼센트) 등의 순으로 나타났다. '기독교 온라인/모바일 뉴스 사이트' 응답률은 남성과 20대에서, '타 교회 아는 지인'은 여성과 50대에서 상대적으로 더 높게 나타났다.

교회 및 교계에서 혐오 표현 동향에 대해 교회, 기독교인 모임/단체, 기독교 관련 온라인/모바일에서의 혐오 표현은 과거 1년 전과 비교해 얼마나 증가 혹은 감소했다고 생각하는지 물었다. 25.2퍼센트가 '증가', 19.9퍼센트가 '감소'했다고 응답해 약간 증가한 것으로 해석된다. '감소했다'는 응답률은 '60대'에서, '증가했다'는 응답률은 '여성'과 '30대'에서 상대적으로 높았다. 또

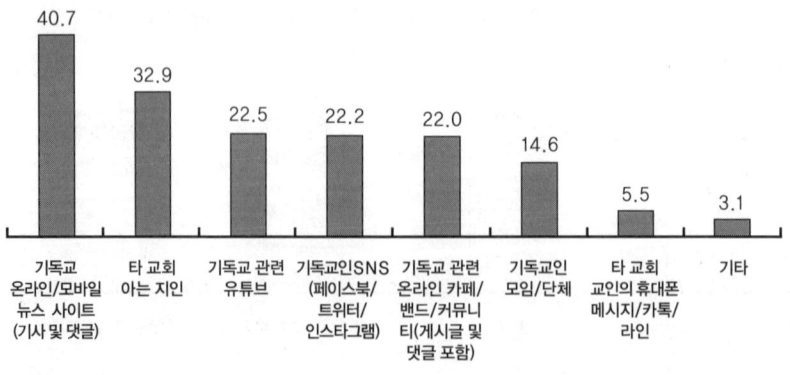

〈그림 46〉 출석 교회 외 혐오 표현 접촉 경로 (개신교인)
(Base=출석 교회 외에서 혐오 표현 경험자, n=59, %, 중복응답)

---

4   국가인권위원회, 위의 글, p. 117.

<표 15> 출석 교회 외 혐오 표현 접촉 경로 (개신교인)

(Base=출석 교회 외에서 혐오 표현 경험자, %, 중복응답)

		사례수	기독교 온라인/ 모바일 뉴스 사이트	타 교회 아는 지인	기독교 관련 유튜브	기독교인 SNS	기독교 관련 온라인 카페 등 커뮤니티	기독교인 모임/ 단체	타 교회 교인의 휴대폰 메시지/ 카톡 등	기타
	전체	(59)	40.7	32.9	22.5	22.2	22.0	14.6	5.5	3.1
성별	남성	(26)	47.0	25.8	20.0	24.9	35.0	10.6	7.5	0.0
	여성	(33)	35.8	38.3	24.4	20.1	12.1	17.7	3.9	5.4
연령	10대 후반	(5)	30.6	28.9	27.8	43.4	12.7	12.5	0.0	0.0
	20대	(7)	82.1	21.4	0.0	24.7	0.0	8.2	4.1	5.6
	30대	(15)	37.3	36.5	16.3	26.5	26.8	10.4	2.1	2.1
	40대	(12)	24.1	17.3	14.6	19.5	28.2	4.5	3.4	6.3
	50대	(10)	38.1	52.6	29.4	23.0	19.5	18.6	9.9	2.6
	60대	(9)	42.6	37.3	51.1	5.1	31.2	36.6	12.8	0.0
신앙단계	기독교 입문층	(15)	50.4	32.2	12.0	20.3	14.7	10.5	0.0	9.9
	그리스도 인지층	(15)	14.3	52.1	7.2	19.2	34.3	10.8	9.4	0.0
	그리스도 친밀층	(18)	60.1	24.2	32.5	25.6	26.4	23.1	3.5	0.0
	그리스도 중심층	(10)	30.4	21.6	42.5	23.3	7.6	11.3	11.5	2.6

<그림 47> 교회 등에서 혐오 표현 증감 (개신교인)

(Base=교회 등에서 혐오 표현 경험자, %)

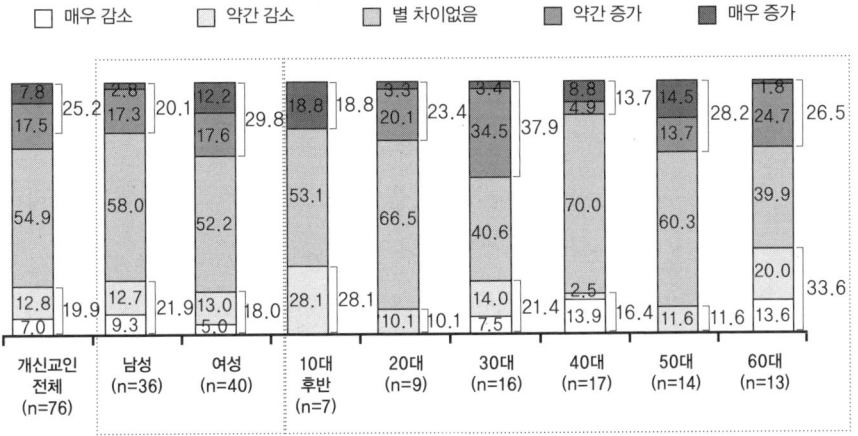

08 혐오 표현에 대한 개신교인의 인식

<표 16> 교회 등에서 혐오 표현 증감 (개신교인)

(Base=교회 등에서 혐오 표현 경험자, %)

		사례수	매우 감소	약간 감소	별차이 없음	약간 증가	매우 증가	감소 (매우+ 약간)	증가 (매우+ 약간)
	전체	(76)	7.0	12.8	54.9	17.5	7.8	19.9	25.2
신앙단계	기독교 입문층	(24)	5.1	11.1	56.1	16.6	11.1	16.2	27.7
	그리스도 인지층	(19)	11.3	16.7	58.2	13.9	0.0	27.9	13.9
	그리스도 친밀층	(23)	9.0	11.9	43.8	22.3	13.0	20.9	35.3
	그리스도 중심층	(11)	0.0	12.0	69.2	15.8	3.0	12.0	18.8

한 '감소했다'는 응답률은 '그리스도 인지층'에서, '증가했다'는 응답률은 '그리스도 친밀층'에서 상대적으로 높았다.

교계에서의 혐오 표현은 사회에서의 혐오 표현과 비교해 어느 정도인지 물었는데, '사회에서 혐오 표현을 더 많이 한다'가 53.3퍼센트, '교회, 교회 모임/단체, 기독교 온라인/모바일에서 혐오 표현을 더 많이 한다'가 9.5퍼센트로 사회에서 혐오 표현이 더 많다고 인식하고 있는 것으로 나타났다. '교회 및 관련 모임/온라인에서 더 많이 한다'는 응답률은 50대에서 상대적으로 높았다. 한편 기독교 입문층과 그리스도 인지층에서도 '교회 및 관련 모임/온라인에서 더 많이 한다'는 응답률이 다른 단계보다 상대적으로 높게 나타났다. 교회 문화에 익숙하지 않거나 깊게 편입되지 않은 부류에서는 교계에서 혐오 표현하는 것을 더 민감하게 느끼는 것으로 해석된다.

교회에서의 혐오 표현에 대한 인식을 알아 보았는데, '동성애에 대한 비판은 동성애가 하나님의 창조 섭리에 어긋나므로 혐오 표현이 아니다'라는 항목에 대해 가장 많은 45.4퍼센트가 동의했고, 다음으로 '이슬람에 대한 비판은 종교의 자유이므로 혐오 표현이 아니다' 32.1퍼센트, '친북/종북에 대한 비판은 북한이 종교를 부인하므로 혐오 표현이 아니다' 24.3퍼센트, '여성에 대한 비판은 성경이 남녀의 차이를 가르치므로 혐오 표현이 아니다' 20.7퍼센트의 순으로 나타났다. 즉 여성에 대한 비판은 성경적이지 않고 혐오 표현을 하면 안 된다는 인식이 세 배 가까이 많은 반면, 동성애에 대한 비판은 성경

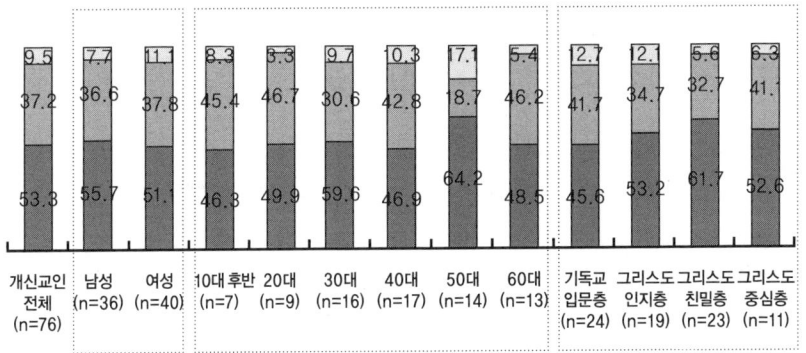

〈그림 48〉 교계와 사회에서의 혐오 표현 비교 (개신교인)

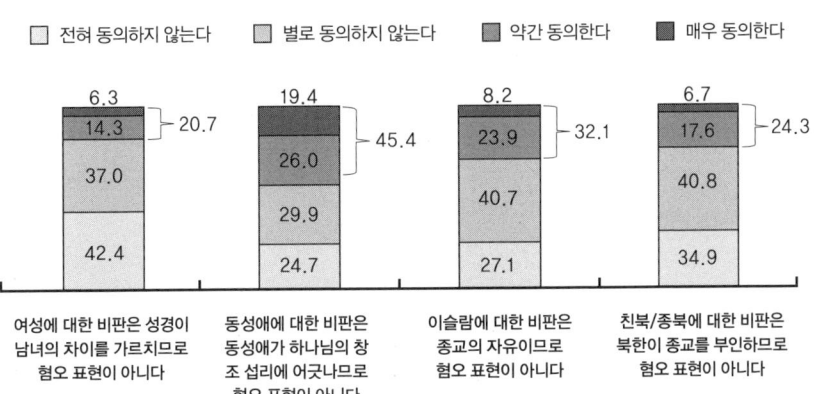

〈그림 49〉 교회의 혐오 표현에 대한 생각 (개신교인)

〈표 17〉 교회의 혐오 표현에 대한 생각: 동의율 (개신교인)

(Base=개신교인, %)

		사례수	여성에 대한 비판은 성경이 남녀의 차이를 가르치므로 혐오 표현이 아니다	동성애에 대한 비판은 동성애가 하나님의 창조 섭리에 어긋나므로 혐오 표현이 아니다	이슬람에 대한 비판은 종교의 자유이므로 혐오 표현이 아니다	친북/종북에 대한 비판은 북한이/종교를 부인하므로 혐오 표현이 아니다
	전체	(230)	20.7	45.4	32.1	24.3
성별	남성	(100)	25.4	50.1	33.5	26.7
	여성	(131)	17.1	41.9	31.0	22.4
연령	10대 후반	(18)	17.2	20.8	24.7	19.7
	20대	(33)	24.9	45.1	34.1	19.2
	30대	(36)	30.2	42.4	34.2	21.8
	40대	(55)	12.9	45.1	26.5	17.9
	50대	(55)	22.9	54.4	40.0	35.5
	60대	(32)	17.0	48.3	28.1	26.3
신앙단계	기독교 입문층	(78)	18.8	26.8	30.9	21.8
	그리스도 인지층	(63)	24.7	53.2	35.6	23.4
	그리스도 친밀층	(55)	19.1	45.7	25.7	23.4
	그리스도 중심층	(35)	19.9	72.6	38.9	32.8

적이고 혐오 표현을 할 수도 있다는 인식이 그렇지 않다는 인식과 큰 차이가 없는 것이다. '여성'과 '동성애'에 대한 동의율은 남성에서 상대적으로 높고, '동성애' '이슬람' '친북'에 대한 동의율은 50대와 그리스도 중심층에서 상대적으로 높게 나와 신앙 단계가 높다고 생각하는 사람일수록 동성애, 이슬람, 친북에 대한 혐오 표현을 타당하다고 생각하는 경향이 강한 것으로 나타났다.

4. 결론 및 제언

1) 조사 결과 요약

이번 조사 결과 우리 사회에서 사회적 소수자에 대한 혐오 표현은 상당히 널리 퍼져 있음을 알 수 있었다. 응답자의 69.4퍼센트가 혐오 표현 접촉 경험이 있다고 응답했고, 개신교인은 비개신교인보다 '온라인/모바일 뉴스와 댓글'을 비롯한 다양한 매체에서 혐오 표현을 접촉한 경험이 더 많았다. 또한 전체 응답자 중 '종교기관/모임'에서 혐오 표현을 접촉한 경험이 23.2퍼센트로 낮기는 하지만 어느 정도 있는 것으로 나타났다. 특히 60대는 종교기관/모임에서의 접촉 경험이 모든 연령대 중 가장 높게 나와서 노년층의 종교 모임에서 혐오 표현이 상대적으로 많이 사용되는 것으로 보인다. 혐오 표현의 대상자는 '정치적 반대자' '여성' '성소수자' 순으로 높았다.

여성들은 남성들에 비해 혐오 표현 접촉 경험이 적지만, 혐오 표현 접촉 경험이 있는 여성들은 남성들보다 더 여러 경로에서 더 많은 대상자들에 대해 접촉 경험이 있는 것으로 나타나 혐오 표현 접촉 경험이 있는 여성과 그렇지 않은 여성이 뚜렷하게 구별되는 경향이 있었다. 반면 남성들은 혐오 표현에 대한 경험은 많지만 경로나 대상자 면에서 정도가 약하다고 볼 수 있다. 또한 혐오 표현에 대한 반응에서도 여성이 남성에 비해 '문제가 있는 표현'이라는 응답이 20퍼센트포인트 가까이 더 나와서 혐오 표현에 대해 더 민감하고, 대체로 남성들은 혐오 표현에 대한 감수성이 부족한 것으로 나타났다. 그리고 여성들은 혐오 표현에 대한 반응으로 '주위 사람들에게 문제 있는 표현이라고 알려 주었다'는 응답이 남성보다 10퍼센트포인트 이상 더 많아서 보다 적극적으로 행동함을 알 수 있었다. 사회적 대응에 대해서도 남성은 '표현의 자유가 있으므로 관여해서는 안 된다'는 응답이 여성보다 다소 많았고, 여성은 '혐오 표현을 자제하도록 권유해야 한다'는 응답이 남성보다 많아 인식의 차이가 두드러졌다.

개신교인들의 경우, 전체적으로는 비개신교인들과 큰 차이가 없었는데 신앙 요인이 작용하는 성소수자, 이슬람교인에 대해서는 혐오 표현 접촉 경험도 많고, 이것이 혐오 표현이 아니라는 응답도 많아서 이들에 대한 비난이 정당하다고 인식하고 있었다. 특히 중직자나 신앙 단계에서 그리스도 중심층으로 갈수록 혐오 표현이 아니라고 응답하는 경향이 강하게 나타났다. 그리스도 친밀층과 중심층에서 '성소수자'와 '이슬람교인'에 대한 혐오 표현을 한 경험도 상대적으로 높게 나타났다.

긍정적인 결과는 개신교인이 비개신교인보다 타인에 대해 혐오 표현을 한 경험이 약간 적었고, 특히 그리스도 중심층에서는 기독교 입문층의 절반 수준으로 낮은 편이었다는 사실이다. 그러나 개신교인들이 혐오 표현을 한 이유에 대해 비개신교인들에 비해 합리적이거나 타당한 이유가 있다는 응답보다 그냥 싫은 느낌이 들어서 하는 경우가 더 많은 것으로 나타났다. 또한 성소수자, 장애인, 저소득층, 노인에 대한 응답에서 보면, 사례수가 적기는 하지만 개신교인들이 이런 문제를 사회적 차원에서 인식하기보다 개인적 차원과 효율성 측면으로 바라보는 경향을 드러내 사회 문제를 이해하는 태도가 교정되어야 할 필요가 있는 것으로 나타났다.

혐오 표현은 출석 교회와 교계에서도 적지 않게 나타났다. 일반 사회 영역에 비해 다소 낮기는 하지만 48.4퍼센트가 경험이 있다고 응답했고, 그리스도 친밀층에서는 60퍼센트 넘게 경험한 것으로 나타났다. 교계에서의 혐오 표현에 대해 기독교 입문층과 그리스도 인지층에서는 사회에서보다 더 많이 한다는 응답이 상대적으로 높게 나타나 교회 문화에 익숙하지 않거나 깊게 편입되지 않은 부류에서 교계에서 혐오 표현하는 것을 더 민감하게 느끼고 있었다.

혐오 표현은 주로 출석 교회 교인들 사이에서보다 다른 교회 교인들과 모였을 때 또는 다른 교회 교인들과의 온라인 대화나 인터넷 매체 등에서 경험했다. 출석 교회에서는 '목사/전도사'(66.9퍼센트)와 '중직자'(55.1퍼센트)로부터 경험했다는 응답이 상당한 비율로 나타났다. 교인 구성에서 목사/전도사의 비율이 매우 적고 중직자도 상대적으로 적다는 점을 감안하면 이 두 부류가 그만큼 영향이 크고 혐오 표현을 매우 빈번하게 사용한다는 것을 의미한다. 특히 교회에서는 신앙이라는 명분으로 혐오 표현을 정당화하는 경향이 강하다는 점에서 더욱 문제가 되고 있다. 이에 대한 교계의 성찰이 요구된다.

2) 제언

이번 조사 결과에서 보듯이, 교회 밖의 사회에서만이 아니라 교회와 교계에서도 혐오 표현이 널리 퍼져 있다. 하는 사람은 별 생각 없이 하는 말이더라도 혐오 표현은 그 말을 듣는 대상자에게 큰 상처가 된다. 국가인권위원회 조사에서는 혐오 대상자에게 질문한 설문 문항이 있었는데, '자신이 여성, 성적 소수자, 장애인, 이주민이라는 이유로 비난을 받을까 봐 두려움을 느낀다'는 항목에서 '어느 정도 그렇다' 또는 '매우 그렇다'를 선택한 비율이 성적 소수자의 84.7퍼센트, 장애인의 70.5퍼센트, 여성의 63.9퍼센트, 이주민의 52.3퍼센트로, 모든 집단에서 비난의 두려움을 느꼈다는 응답이 많았다. 특히 이주민 집단을 제외하고는 단순한 비난의 두려움보다 증오범죄 피해의 우려가 더 높았다. 자신의 정체성으로 인해 평소 누군가에게 욕을 듣거나 위협이나 폭행을 당하는 등 범죄 피해를 입을 수도 있다는 두려움을 느끼는지에 대해 성적 소수자의 92.6퍼센트, 여성의 87.1퍼센트, 장애인의 81.0퍼센트가 '어느 정도 그렇다' 또는 '매우 그렇다'고 답해, 정체성으로 인한 범죄 피해의 우려가 매우 높은 수준임을 보여 주고 있다. 이 조사에서 본인이 사회적 소수자에게 혐오 표현을 했다는 응답이 10퍼센트 미만으로 조사된 것을 보면, 혐오 표현을 하는 사람이 생각하는 것보다 당하는 사람이 느끼는 두려움이나 불안감이 훨씬 큰 것을 알 수 있다.

우리 사회의 혐오 시대를 조망하고 분석한 『말이 칼이 될 때』의 저자는 대다수 사람들이 혐오 표현이라는 문제를 가볍게 혹은 남의 일 정도로 여기고 있고, 그만큼 우리는 차별과 편견에 무감각하고 무신경하다고 말하며 혐오 표현은 칼이 되고 폭력이 되고 영혼을 죽이는 일이 될 수 있다고 강하게 비판한다.[5] 여기서 중요한 것은 혐오 표현이지 혐오 감정이 아니다. 감정은 비교적 자연스럽게 생기는 것이고 스스로 통제하기 어렵지만 그것을 말이나 행위로 표현하는 것은 별개의 문제다. 감정은 개인적 차원의 문제이지만 표현은 사회적 행위이고 사회 문제가 된다. 이런 혐오 표현이 교계에서도 적지 않게 사용되고, 심지어 목회자나 교회 중직자로부터 많이 경험한다는 사실은 기독교인들이 혐오 표현에 매우 무감각하고 이를 소홀히 여기고 있음을 알려준다.

흔히 혐오나 증오의 대상이 되는 이들은 특정한 사회적 '표준'에서 벗어난다는 이유로 멸시와 배제의 대상이 된다. 『혐오사회』(Gegen den Hass, 다산초당)의 저자 카롤린 엠케(Carolin Emcke)는 이러한 '표준'이라는 믿음 자체가 실제로는 존재하지 않는 순수성에 대한 맹신이자 폭력적 편견에 불과하다고 비판한다. 그는 다양한 사례를 바탕으로 편견이 개개인의 다양성을 지우고 집단적 편견을 덧씌워 혐오하거나 증오해 마땅한 존재로 만들며 편견에 근거한 폭력을 정당화하려는 행위를 벌인다고 이야기하며, 우리가 누군가를 집단적으로 혐오해 마땅한 이유 같은 것은 없다고 단언한다.[6]

여기에 기독교인의 딜레마가 있다. 기독교인은 성경을 절대적 '표준'으로 믿고 있기 때문에 성경의 가르침에서 벗어나는 모든 일에 대해 비판적 태도를 갖게 된다. 특히 최근 문제가 된 성소수자나 이슬람교에 대해 더욱 그렇다. 이번 조사에서는 다루지 않았지만, 이단 종파에 대해서도 마찬가지다. 특정 행위가 죄라고 생각하는 것과 그것이 죄라고 말하는 것, 그리고 특정인을 죄인이라고 말하는 것 사이에는 매우 큰 차이가 있다. 어떤 사람도 다른 사람에게 죄인이라고 함부로 말할 권리는 없을 것이다. 특히 대상자가 있는 자리에

---

5   홍성수, 『말이 칼이 될 때』(어크로스, 2018).
6   카롤린 엠케, 『혐오사회』, 정지인 역(다산초당, 2017).

서 그렇게 말하는 것은 매우 무례하고 폭력적인 행위다. 성경을 표준으로 받아들이고 믿는 것과 그것을 혐오스럽게 표현하는 것은 별개의 문제라는 것이다.

그럼에도 많은 기독교인들이 성경의 가르침 운운하며 무례를 범하는 일이 우리 사회에서 자주 벌어지고 있다. 사찰에 가서 '땅 밟기'를 하면서 불상이 무너지기를 기도하는 일이 끊이지 않고, 사람들이 많은 번화가에서 "예수 천당, 불신 지옥"을 외치는 이들도 흔히 볼 수 있다. 이런 행위들은 복음을 제대로 전하기보다는 불쾌감을 유발하고 오히려 혐오감을 안겨 준다. 우리 사회는 다종교 사회이고 다양한 가치가 공존하는 다원화된 사회다. 이런 사회에서 우리가 믿는 종교만이 유일하고 우월한 종교라고 일방적으로 외치는 것은 크게 설득력을 얻을 수 있는 방법이 아니다. 다른 사람을 배려하고 존중하며 우리의 삶의 모습과 행위로 기독교가 얼마나 위대한 종교인지를 보여 줄 수 있어야 한다. 설령 혐오하는 마음을 가지고 있더라도 그것을 폭력적으로 표현하기보다는 스스로 절제하며 상대방을 배려하고 대화와 설득을 통해 자신의 신념을 주장할 수 있어야 할 것이다.

한 가지, 이번 조사에서는 혐오 표현을 사회적 소수자에 해당하는 것이라는 일반적인 정의를 받아들여서 이 원칙에 따라 설문 문항을 구성하고 조사를 실시했지만, 현실에서는 남성에 대한 혐오 표현이나 개신교나 개신교인에 대한 혐오 표현도 적지 않게 사용되고 있음을 기억해야 한다. 그리고 이런 표현들 역시 사회 갈등을 조장하고 실제로 사회 문제가 되고 있는 실정임을 감안할 때, 보다 포괄적인 의미에서 다양한 혐오 표현과 사회 갈등의 문제도 생각해 봐야 할 것이다. 이번 조사 결과가 이러한 사회 갈등을 극복하고 우리 사회가 보다 평화롭고 조화로운 사회를 이루는 데 도움이 되기를 기대한다.

부록

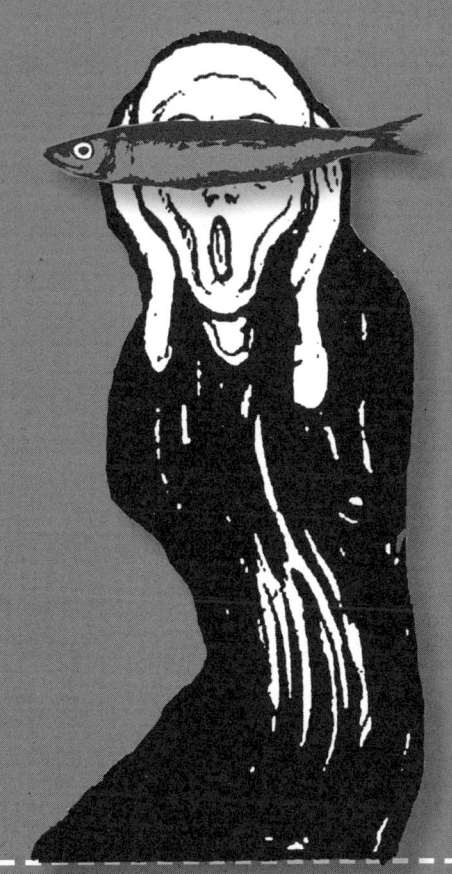

부록: 설문조사 문항

사회적 표현에 대한 전 국민 인식 조사

안녕하십니까?
여론조사 전문회사 '지앤컴리서치'입니다. 저희들은 사회적 표현에 대한 국민들의 인식을 설문조사하고 있습니다. 귀하의 응답 내용은 통계법 33조에 의해 통계 목적에만 사용되고 절대 외부로 유출되지 않습니다.
2019. 3.
㈜지앤컴리서치 송예슬 과장(02-322-0726)

SQ1. 귀하의 성별은 무엇입니까?
  1) 남성   2) 여성

SQ2. 귀하의 나이는 올해 만으로 몇 세입니까? 만 _____ 세 → 만 15세 이상 69세 이하만 조사 대상
  1) 만 15세 미만   2) 만 15-19세   3) 만 20-29세   4) 만 30-39세
  5) 만 40-49세   6) 만 50-59세   7) 만 60-69세

SQ3. 귀하의 거주지는 어디입니까?
  1) 서울   2) 부산   3) 대구   4) 인천   5) 광주   6) 대전   7) 울산
  8) 경기   9) 강원   10) 충북   11) 충남(세종)   12) 전북   13) 전남   14) 경북
  15) 경남   16) 제주

SQ4. 귀하의 종교는 무엇입니까?
  1) 기독교(개신교)   2) 기독교(천주교)   3) 불교   4) 기타   5) 종교 없음

혐오 표현 접촉 경험

문1) 귀하께서는 지난 1년 동안 특정 개인이나 집단을 차별/비하/위협하는 말, 즉 혐오 표현을 보거나 들은 적이 있습니까?

> **'혐오 표현'의 정의**
>
> 혐오 표현이란 어떤 개인이나 집단에 대하여, 그들이 사회적 소수자라는 이유로,
> -비난하거나, 멸시하거나(깔보거나), 위협하는 표현
> -그들에 대한 차별이나 폭력이 당연하다고 느껴지는 표현
> -그들을 차별하자고 하거나 그들에게 폭력을 사용하고자 하는 표현 등을 말합니다.
>
> 혐오 표현의 대상은 사회적 소수자입니다.
> 　사회적 소수자란 사회적·역사적으로 차별받아 온 집단을 말합니다. 숫자가 많더라도 사회적 소수자가 될 수 있습니다. 예를 들어, 여성, 성적 소수자(게이나 레즈비언 같은 동성애자, 양성애자, 트랜스젠더 등), 장애인, 이주민(이주노동자, 결혼 이주자), 소수 종교 신도 등의 집단을 비난하거나 차별하자고 한다면 혐오 표현이 될 수 있습니다.
> 　예를 들어, 일본에서 반한시위대가 조선인을 몰아내자!고 외치는 것은 일본에서 소수자인 한국인 집단에 대한 혐오 표현이라고 할 수 있습니다.
> 　또한 맘충, 김치녀와 같이 특정 집단을 비하하는 신조어도 혐오 표현입니다.

　　　　1) 있다 ☞ 문 2로 가시오.　　　2) 없다 ☞ 문 4로 가시오.

문2) 귀하께서는 사회적 소수자를 차별/비하/위협하는 말, 즉 혐오 표현을 어디서 접해 보셨습니까? (단수)

경로	접촉 여부
1. 가정	1) 있다　　2) 없다
2. 학교/직장	1) 있다　　2) 없다
3. 공공장소(대중이 모인 곳)	1) 있다　　2) 없다

4. 사회적 모임(동창회, 친목 모임 등)	1) 있다	2) 없다
5. 대중매체(신문, 방송, 영화 등)	1) 있다	2) 없다
6. 메신저(카카오톡/라인 등)	1) 있다	2) 없다
7. 온라인/모바일 포털/뉴스 사이트(기사 및 댓글)	1) 있다	2) 없다
8. 유튜브	1) 있다	2) 없다
9. 팟캐스트	1) 있다	2) 없다
10. SNS(블로그/페이스북/트위터/인스타그램)	1) 있다	2) 없다
11. 온라인/모바일 카페/밴드/커뮤니티 (게시글 및 댓글 포함)	1) 있다	2) 없다
12. 온라인/모바일 게임	1) 있다	2) 없다
13. 종교 기관/모임	1) 있다	2) 없다
14. 기타(구체적으로)	1) 있다	2) 없다

문3)   귀하께서는 다음 대상자를 차별/비하/위협하는 말, 즉 혐오 표현을 얼마나 접하셨습니까? (단수)

	전혀 듣지 못했다	드물게 듣는다	가끔 듣는다	자주 듣는다
1) 여성	1	2	3	4
2-1) 성소수자(동성애자 등)	1	2	3	4
2-2) 장애인	1	2	3	4
2-3) 저소득층	1	2	3	4
3) 노년층	1	2	3	4
4) 외국인 노동자, 난민, 다문화 가족	1	2	3	4
5) 자신이 속하지 않은 특정 지역 주민	1	2	3	4
6) 정치적 이념 또는 지지 정당이 다른 자	1	2	3	4
7) 이슬람교인	1	2	3	4

부록: 설문조사 문항

문4)   귀하께서는 주변에서 여성에 대한 아래와 같은 표현을 전부 혹은 일부라도 들어 보신 적이 있습니까?

> 김치녀
> 맘충
> 여자치고 잘하는데
> 여자는 군대도 안 가면서 특혜만 요구한다

1) 있다   2) 없다

문4-1)   그러면 다음 표현에 대한 귀하의 생각은 어떻습니까?

> **여자는 군대도 안 가면서 특혜만 요구한다.**

1) 혐오 표현이라고 생각한다.
2) 혐오 표현이 아니라고 생각한다.
3) 잘 모르겠다.

문5)   귀하께서는 주변에서 동성애자에 대한 아래와 같은 표현을 전부 혹은 일부라도 들어 보신 적이 있습니까?

> 똥꼬충
> 동성애자는 에이즈를 전염시킨다.
> 동성애자는 변태다.
> 동성애는 병이다.

1) 있다   2) 없다

문5-1)   그러면 다음 표현에 대한 귀하의 생각은 어떻습니까?

> 동성애자는 변태다.

        1) 혐오 표현이라고 생각한다.
        2) 혐오 표현이 아니라고 생각한다.
        3) 잘 모르겠다.

문6)   귀하께서는 주변에서 장애인에 대한 아래와 같은 표현을 전부 혹은 일부라도 들어 보신 적이 있습니까?

> 병신
> 애자
> 장애인은 밖에 못 돌아다니게 해야 한다.
> 장애인은 복지 예산을 축낸다.

        1) 있다   2) 없다

문6-1)   그러면 다음 표현에 대한 귀하의 생각은 어떻습니까?

> 장애인은 복지 예산을 축낸다.

        1) 혐오 표현이라고 생각한다.
        2) 혐오 표현이 아니라고 생각한다.
        3) 잘 모르겠다.

문7)   귀하께서는 주변에서 이주노동자/난민/다문화 가족에 대한 아래와 같은 표현을 전부 혹은 일부라도 들어 보신 적이 있습니까?

> 파퀴벌레
> 흑형
> 우리 일자리 뺏어 가는 것들
> 너희 나라로 돌아가라
> 우리나라에 와서 왜 너희 나라 말 쓰냐?

1) 있다   2) 없다

문7-1)   그러면 다음 표현에 대한 귀하의 생각은 어떻습니까?

> 우리나라에 와서 왜 너희 나라 말 쓰냐?

1) 혐오 표현이라고 생각한다.
2) 혐오 표현이 아니라고 생각한다.
3) 잘 모르겠다.

문8)   귀하께서는 주변에서 이슬람에 대한 아래와 같은 표현을 전부 혹은 일부라도 들어 보신 적이 있습니까?

> 이슬람교인은 폭력적이다.
> 이슬람 남자가 많아지면 성범죄가 늘어난다.

1) 있다   2) 없다

문8-1) 그러면 다음 표현에 대한 귀하의 생각은 어떻습니까?

> 이슬람교인은 폭력적이다.

1) 혐오 표현이라고 생각한다.
2) 혐오 표현이 아니라고 생각한다.
3) 잘 모르겠다.

앞에서의 여러 표현도 국가인권위의 정의에 따르면 혐오 표현의 일부입니다. 아래 질문부터는 앞에서와 같은 종류의 혐오 표현을 포함해서 질문드리겠습니다.

혐오 표현 사용 경험

문9) 귀하께서 타인을 향한 혐오 표현을 의도적이든 비의도적이든 하신 적이 있습니까? (단수)
1) 전혀 없다. ☞ 문 11로 가시오.
2) 드물게 있다. ☞ 문 9-1로 가시오.
3) 가끔 있다. ☞ 문 9-1로 가시오.
4) 자주 있다. ☞ 문 9-1로 가시오.

문9-1) 귀하께서 하신 타인을 향한 혐오 표현은 어떤 종류였습니까? 해당하는 것을 모두 응답해 주십시오. (복수)
1) 여성
2) 성소수자
3) 장애인
4) 저소득층
5) 노년층
6) 외국인 노동자/난민/기타 이주자/다문화 가족
7) 자신이 속하지 않은 특정 지역 주민
8) 정치적 이념 또는 지지 정당이 다른 자
9) 이슬람교인
10) 기타 (   )

문10)   귀하께서 가장 최근에 혐오 표현을 하신 이유는 무엇입니까? 가장 중요한 이유를 중요한 응답해 주세요.

1) 쓰지 않으면 주변 사람들과의 자리에서 어울리기 어려워서
2) 혐오 표현이 재미있어서
3) 혐오 표현의 대상자에 대해 평소 좋지 않은 생각을 하고 있어서
4) 혐오 표현의 대상자가 사회 규범이나 윤리 기준에서 벗어난 행동을 했기 때문에
5) 내가 당한 피해/비난에 대응하기 위해서
6) 주변 사람들이 많이 사용하다 보니 익숙해서
7) 혐오 표현의 대상자가 내가 믿는 종교 교리에 어긋나는 행동을 해서
8) 기타(   )

혐오 표현에 대한 반응

이제부터는 귀하와 관련 없이 주변에서 다른 사람을 대상으로 하는 혐오 표현에 대해 질문드리겠습니다.

문11)   귀하께서는 다음 대상자가 혐오 표현을 들을 만한 타당한 이유가 있다고 생각하십니까?

	전혀 없다	별로 없다	약간 있다	매우 있다
1) 여성	1	2	3	4
2-1) 성소수자(동성애자 등)	1	2	3	4
2-2) 장애인	1	2	3	4
2-3) 저소득층	1	2	3	4
3) 노년층	1	2	3	4
4) 외국인 노동자, 난민, 기타 이주민, 다문화 가족	1	2	3	4
5) 자신이 속하지 않은 특정 지역 주민	1	2	3	4
6) 정치적 이념 또는 지지 정당이 다른 자	1	2	3	4
7) 이슬람교인	1	2	3	4

문12-1)   (문11의 '여성'에서 3번과 4번 응답자에게) 여성이 혐오 표현을 들을 만한 가장 중요한 이유는 무엇이라고 생각하십니까? (단수)
   1) 여성이 사회에 기여하는 것이 없어서
   2) 여성이 남성의 기회/일자리를 빼앗아서
   3) 여성이 사회적으로 특혜를 받아서
   4) 여성이 자기 권리를 과도하게 요구해서
   5) 기타 (   )

문12-2)   (문11의 '성소수자'에서 3번과 4번 응답자에게) 동성애자 등 성소수자가 혐오 표현을 들을 만한 가장 중요한 이유는 무엇이라고 생각하십니까? (단수)
   1) 자연 질서/신의 섭리에 어긋나므로
   2) 사회적 제도와 관습에 어긋나므로
   3) 에이즈와 같은 치명적 질병을 퍼뜨리므로
   4) 기타 (   )

문12-3)   (문11의 '장애인'에서 3번과 4번 응답자에게) 장애인이 혐오 표현을 들을 만한 가장 중요한 이유는 무엇이라고 생각하십니까? (단수)
   1) 장애인은 사회에 기여하는 것이 없어서
   2) 장애인은 사회에 짐이 되어서
   3) 장애인은 사회적으로 특혜를 받아서
   4) 장애인은 자기 권리를 과도하게 요구해서
   5) 기타 (   )

문12-4)   (문11의 '저소득층'에서 3번과 4번 응답자에게) 저소득층이 혐오 표현을 들을 만한 가장 중요한 이유는 무엇이라고 생각하십니까? (단수)
   1) 저소득층은 사회에 기여하는 것이 없어서
   2) 저소득층은 사회에 짐이 되어서
   3) 저소득층은 사회적으로 특혜를 받아서
   4) 저소득층은 자기 권리를 과도하게 요구해서
   5) 기타 (   )

문12-5) (문11의 '노년층'에서 3번과 4번 응답자에게) 노년층이 혐오 표현을 들을 만한 이유는 무엇이라고 생각하십니까? (단수)
 1) 노년층은 사회에 기여하는 것이 없어서
 2) 노년층은 사회에 짐이 되어서
 3) 노년층은 사회적으로 특혜를 받아서
 4) 노년층은 자기 권리를 과도하게 요구해서
 5) 노년층은 무례해서
 6) 기타 (   )

문12-6) (문11의 '외국인 노동자/난민/다문화 가족'에서 3번과 4번 응답자에게) 외국인 노동자/난민/다문화 가족 등이 혐오 표현을 들을 만한 가장 중요한 이유는 무엇이라고 생각하십니까? (단수)
 1) 외국인 노동자/난민/다문화 가족은 사회에 기여하는 것이 없어서
 2) 외국인 노동자/난민/다문화 가족은 국민 세금을 축내서
 3) 외국인 노동자/난민/다문화 가족은 한국인의 일자리를 빼앗아 가므로
 4) 외국인 노동자/난민/다문화 가족은 지저분하고 냄새나서
 5) 외국인 노동자/난민/다문화 가족은 범죄의 위험이 있어서
 6) 기타 (   )

문12-7) (문11의 '자신이 속하지 않은 특정 지역 주민'에서 3번과 4번 응답자에게) 특정 지역 주민들이 혐오 표현을 들을 만한 이유는 무엇이라고 생각하십니까? (단수)
 1) 특정 지역 주민들은 정치적으로 편향돼서
 2) 특정 지역 주민들은 지역주의에 사로잡혀서
 3) 특정 지역 주민들은 사회적으로 특혜를 받아서
 4) 특정 지역 주민들은 인성 면에서 문제가 많아서
 5) 특정 지역 주민들은 범죄의 위험이 있어서
 6) 기타 (   )

문12-8) (문11의 '정치적 이념 또는 지지 정당이 다른 자'에서 3번과 4번 응답자에게) 정치 이념이 다른 사람이 혐오 표현을 들을 만한 가장 중요한 이유는 무엇이라고 생각하십니까? (단수)
 1) 포퓰리즘 정책을 주장해서
 2) 사회적 갈등을 부추기는 정책을 주장해서

3) 국가 재정에 과도한 부담을 지는 정책을 주장해서
4) 북한에 대한 태도가 마음에 안 들어서
5) 기타 (   )

문12-9) (문11의 '이슬람교인'에서 3번과 4번 응답자에게) 이슬람을 믿는 사람이 혐오 표현을 들을 만한 가장 중요한 이유는 무엇이라고 생각하십니까? (단수)
1) 폭력을 옹호하는 종교를 믿어서
2) 여성을 차별하는 종교를 믿어서
3) 범죄를 저지를 위험이 높아서
4) 우리나라에 이슬람교를 포교하려고 해서
5) 기타 (   )

문13) 귀하께서는 주변에서 다른 사람에게 혐오 표현을 하는 것을 보았을 때 전반적으로 어떤 생각이 들었습니까? (단수)
1) 별 생각이 없었다.
2) 재미있었다.
3) 타당한 점이 있다고 생각하였다.
4) 문제가 있는 표현이라고 생각하였다.

문14) 귀하께서는 주변에서 다른 사람에게 혐오 표현을 하는 것을 보았을 때 어떻게 하셨습니까? 아래에서 해당하는 것을 모두 응답해 주세요. (복수)
1) 혼자만 알고 가만히 있었다.
2) 주위 사람들에게 재미있는 표현이라고 소개해 주었다.
3) 주위 사람들에게 문제가 있는 표현이라고 알려 주었다.
4) 혐오 표현을 한 사람, 모임/단체, 관련 사이트 등을 접하는 것을 회피하였다.
5) 혐오 표현을 한 사람, 모임/단체, 관련 사이트 등에서 반대 의사를 표명하였다.
6) 기타 (   )

문15부터는 모두 질문하세요.

문15) 혐오 표현에 대해 우리 사회가 어떻게 대응해야 한다고 생각하십니까? 가장 중요한 것 하나만 응답해 주세요. (단수)

1) 표현의 자유가 있으므로 관여해서는 안 된다.
2) 혐오 표현을 자제하도록 사회적으로 권유해야 한다.
3) 혐오 표현을 하지 못하도록 법적으로 규제해야 한다.
4) 잘 모르겠다.

문15-1) 지금 말씀하신 대응 방법은 모든 혐오 표현 대상자에게 같은 대응을 해야 한다고 생각하십니까 아니면 혐오 표현 대상자에 따라 다른 대응을 해야 한다고 생각하십니까? (단수)

1) 모든 혐오 표현 대상자에게 같은 대응을 해야 한다.
2) 혐오 표현 대상자에 따라 다른 대응을 해야 한다.

문16-문22까지는 SQ4에서 1번 기독교(개신교)인에게만 질문

문16) (문1에서 1번 '있다' 응답자에게) 귀하께서는 혐오 표현을 교회, 기독교인 모임/단체, 기독교인 관련 온라인/모바일에서 들으시거나 보신 적이 있습니까? (단수)

1) 있다 ☞ 질문 계속   2) 없다 ☞ 문22로 가시오.

문17) 귀하께서는 혐오 표현을 누구로부터 들으셨습니까? 해당하는 것을 모두 응답해 주세요. (복수)

1) 본인이 출석하고 있는 교회/교인
2) 본인이 출석하지 않은 교회 모임 및 온라인/모바일

문17-1) (문17에서 1번만 또는 1번과 2번 모두 응답자) 혐오 표현을 본인이 출석하시는 교회의 누구로부터 얼마나 들으셨습니까? (단수)

	전혀 듣지 못했다	드물게 듣는다	가끔 듣는다	자주 듣는다
1) 목사/전도사	1	2	3	4
2) 중직자(장로/권사/안수집사)	1	2	3	4
3) 서리집사/직분 없는 성도	1	2	3	4
4) 청년부 포함 주일학교 학생	1	2	3	4

문17-2) (문17에서 2번만 또는 1번과 2번 모두 응답자) 혐오 표현을 본인이 출석하시는 교회 외부에서 접하셨다고 하셨는데 구체적으로 어디입니까? 해당하는 것을 모두 응답해 주세요. (복수)
1) 타 교회 아는 지인
2) 기독교인 모임/단체
3) 타 교회 교인의 휴대폰 메시지/카톡/라인
4) 기독교 온라인/모바일 뉴스 사이트(기사 및 댓글)
5) 기독교 관련 유튜브
6) 기독교인 SNS(페이스북/트위터/인스타그램)
7) 기독교 관련 온라인 카페/밴드/커뮤니티(게시글 및 댓글 포함)
8) 기타(구체적으로   )

문18) 교회, 기독교인 모임/단체, 기독교 관련 온라인/모바일에서의 혐오 표현은 과거 1년 전과 비교해서 얼마나 증가 혹은 감소했다고 생각하십니까? (단수)
1) 매우 감소하였다.
2) 약간 감소하였다.
3) 별 차이 없다.
4) 약간 증가하였다.
5) 매우 증가하였다.

문19) 교회, 기독교인 모임/단체, 기독교 관련 온라인/모바일에서의 혐오 표현은 사회에서의 혐오 표현과 비교하면 어느 정도라고 생각하십니까? (단수)
1) 사회에서 혐오 표현을 더 많이 한다.
2) 사회와 교회에서 혐오 표현을 하는 것은 비슷하다.
3) 교회, 교회 모임/단체, 기독교 온라인/모바일에서 혐오 표현을 더 많이 한다.

문20) 귀하께서는 교회의 혐오 표현과 관련하여 다음 의견에 대해 어떻게 생각하십니까?

	전혀 동의하지 않는다	별로 동의하지 않는다	약간 동의한다	매우 동의한다
1) 여성에 대한 비판은 성경이 남녀의 차이를 가르치므로 혐오 표현이 아니다.	1	2	3	4
2) 동성애에 대한 비판은 동성애가 하나님의 창조 섭리에 어긋나므로 혐오 표현이 아니다.	1	2	3	4
3) 이슬람에 대한 비판은 종교의 자유이므로 혐오 표현이 아니다.	1	2	3	4
4) 친북/종북에 대한 비판은 북한이 종교를 부인하므로 혐오 표현이 아니다.	1	2	3	4

【자료 분류를 위해 몇 가지 질문드리겠습니다】

DQ1) 귀하는 결혼하셨습니까 ? (단수)
1) 예   2) 아니오   3) 기타(이혼, 사별 등)

DQ2) 귀하의 학력은 무엇입니까?
1) 중졸 이하   2) 고졸/대학 중퇴   3) 대학 재학   4) 대졸 이상

DQ3) 귀하의 직업은 무엇입니까?

1) 농업/임업/어업
2) 자영업(상업, 소규모 장사, 개인택시 운전사 등)
3) 판매/서비스직(상점 점원, 세일즈맨 등)
4) 기능/숙련공(운전사, 선반목공 등)
5) 일반 작업직(현장작업, 청소관리, 경비원 등)
6) 사무/기술직(차장 이하 사무직, 기술직, 교사 등)
7) 경영/관리직(5급 이상 공무원, 기업체 부장 이상 등)
8) 전문/자유직(변호사, 의사, 건축사, 대학교수 등)
9) 가정주부(가사에만 종사하는 부인)
10) 학생
11) 무직
12) 기타(적어 주세요:)

DQ4) 실례지만, 귀댁의 월평균 가구 실소득은 어느 정도 되십니까? 귀댁의 구성원 모두의 수입 및 이자수입, 연금 등을 포함한 전체 가구소득을 말씀해 주십시오.

1) 150만 원 미만
2) 150-200만 원 미만
3) 200-300만 원 미만
4) 300-400만 원 미만
5) 400-500만 원 미만
6) 500-600만 원 미만
7) 600-700만 원 미만
8) 700-800만 원 미만
9) 800-900만 원 미만
10) 900-1,000만 원 미만
11) 1,000만 원 이상

DQ5) 귀하의 정치 사회적 이념적 성향은 다음 중 어디에 해당한다고 생각하십니까?

1) 매우 보수적이다.
2) 다소 보수적인 편이다.
3) 보수도 진보도 아니다.
4) 다소 진보적인 편이다.
5) 매우 진보적인 편이다.

DQ6~DQ9 질문은 SQ4에서 1)기독교(개신교) 응답자에게만 질문

DQ6) 귀하가 기독교 신앙을 가지신 지는 얼마나 됐습니까? _____ 년

DQ7) 귀하께서 처음 교회에 다니신 것은 언제였습니까?
1) 모태신앙
2) 초등학교 또는 그 이하
3) 중학교
4) 고등학교
5) 대학교
6) 학교 졸업 후 결혼 전
7) 결혼 후

DQ8) 현재 교회에 출석하십니까?
1) 출석한다.   2) 출석하지 않는다.

DQ9) 귀하의 교회 직분은 무엇입니까? (단수)
1) 목회자 2) 장로 3) 안수집사/권사(남자) 4) (서리)집사 5) 직분 없는 성도

DQ10) 다음 항목은 신앙의 정도 단계를 나타나는 단계의 설명입니다. 귀하 신앙의 정도는 다음 중 어디에 속한다고 생각하십니까? 솔직하게 응답해 주십시오. (단수)

	1단계: 기독교 입문층	2단계: 그리스도 인지층	3단계: 그리스도 친밀층	4단계: 그리스도 중심층
	나는 하나님을 믿지만, 그리스도에 대해서는 잘 모르겠다. 내 종교는 아직까지 삶에서 큰 비중을 차지하지 않는다	나는 예수님을 믿으며, 그분을 알기 위해 여러 가지 일을 하고 있다	나는 그리스도와 가까이 있으며, 매일 그분의 인도하심에 의지한다	하나님은 내 삶의 전부이며, 나는 그분으로 충분하다. 나의 모든 일은 그리스도를 드러낸다
신앙 정도	1	2	3	4

끝까지 조사에 응해 주셔서 대단히 감사합니다

한국교회탐구센터

한국 교회, 특히 개신교는 지난 120년 동안 초기의 민족적 수난과 열악한 상황 속에서 민족과 함께 고난받으며 괄목할 성장을 거듭했습니다. 그러나 오늘날 한국 교회는 사회에 희망을 주지 못한 채 오히려 비난을 받으며 쇠락의 모습을 보이고 있습니다. 그동안 한국 교회의 변화와 갱신, 개혁을 위한 제안들이 많았습니다. 그러나 단순히 아름다운 과거로 돌아가거나 새로운 프로그램을 도입하는 것으로는 해결되지 않는 보다 근본적인 대수술이 필요합니다. 이를 위해서는 무엇보다 한국 교회가 자신을 객관적으로 살피고 성찰함으로써 밑바닥에서부터 일어나는 뼈저린 회심과 새로운 비전이 중요합니다.

한국교회탐구센터(The Research Center for the Korean Churches)는 이러한 노력의 일환으로 시작된 작은 몸짓으로서, '하나님나라를 위한 교회, 한국 교회를 위한 탐구'를 모토로 2011년에 설립되었습
니다. 우리가 습관적으로 답습해 왔지만 성서적·신학적·역사적 기반은 모호한 한국 교회의 관행과 면모들을 하나하나 밝혀 갈 것입니다. 신학교에서도 교회에서도 제대로 다루지 않았던, 그리고 세상 속에서 하나님 나라를 위해 거룩한 제사장으로 부름받은 성도들의 삶 속에서도 구현되지 못했던 과제들을 진지하게 탐구할 것입니다. 한국교회탐구센터는 한국 교회의 참된 회복을 위해 우리의 신앙 공동체에 대한 비판적인 분석과 선지자적 연민을 함께 일깨울 것입니다.

구체적으로 매년 '교회탐구포럼'을 개최함은 물론 연구 활동 및 자료 발간 등을 위해 힘 쓸 것입니다. 그동안 "한국 교회와 직분자: 직분제도와 역할"(2011년), "한국 교회와 여성"(2012년), "급변하는 직업 세계와 직장 속의 그리스도인"(2013년), "교회의 성(性), 잠금해제?"(2014년), "한국 교회 큐티 운동 다시 보기"(2015년), "한국 교회와 제자훈련"(2016년), "종교개혁과 평신도의 재발견"(2017년), "페미니즘 시대의 그리스도인"(2018년), "혐오의 시대를 사는 그리스도인"(2019년) 등의 주제로 포럼을 개최했습니다.

한국교회탐구센터
주소_ 04031 서울 마포구 동교로 156-10
전화_ 070-8275-6314
팩스_ 02-333-7361
홈페이지_ http://www.tamgoo.kr

혐오의 시대를 사는 그리스도인

초판 발행_ 2019년 6월 13일

편집위원장_ 송인규
지은이_김선욱·최종원·김회권·송인규·이일·김동문·송진순·정재영
펴낸이_ 신현기

펴낸곳_ 한국기독학생회출판부
등록번호_ 제313-2001-198호(1978.6.1)
주소_ 04031 서울시 마포구 동교로 156-10
대표 전화_ (02)337-2257 팩스_ (02)337-2258
영업 전화_ (02)338-2282 팩스_ 080-915-1515
홈페이지_ http://www.ivp.co.kr
이메일_ ivp@ivp.co.kr

ISBN 978-89-328-1180-2 94230
ISBN 978-89-328-1636-4 (세트)

ⓒ 한국기독학생회출판부 2019

책값은 뒤표지에 있습니다.
무단 전재와 복제를 금합니다.